O direito ao sexo

Amia Srinivasan

O direito ao sexo

Feminismo no século XXI

tradução
Maria Cecilia Brandi

todavia

Para minha mãe, Chitra

aquilo pelo que eu vim:
o naufrágio e não a história do naufrágio
a coisa em si e não o mito

Adrienne Rich, "Mergulhar no naufrágio"*

---

* Tradução de Marcelo Lotufo, publicada em *Que tempo são estes* (São Paulo: Jabuticaba, 2018, p. 38). Texto original: *"the thing I came for:/ the wreck and not the story of the wreck/ the thing itself and not the myth"*, "Diving into the Wreck". [N.T.]

Prefácio 11

A conspiração contra os homens 17
Conversando com meus alunos sobre pornografia 55
O direito ao sexo 103
Coda: A política do desejo 125
Sobre não dormir com seus alunos 159
Sexo, carceralismo, capitalismo 189

Agradecimentos 227
Notas 231
Referências bibliográficas 275
Índice remissivo 307

Prefácio

Feminismo não é uma filosofia nem uma teoria, não é nem mesmo um ponto de vista. É um movimento político sem precedentes de transformação do mundo. Apresenta a pergunta: o que aconteceria se acabasse a subordinação política, social, sexual, econômica, psicológica e física das mulheres? E responde: não sabemos; vamos tentar descobrir.

Feminismo começa com a mulher reconhecendo que faz parte de uma classe sexual: isto é, ela integra uma classe de pessoas designadas a um status social inferior, com base numa coisa chamada "sexo" — algo que é tido como natural, pré-político, um fundamento material objetivo sobre o qual o universo cultural humano é construído.

Investigamos essa coisa supostamente natural, o "sexo", e logo descobrimos que ela já está carregada de significados. Todos os corpos, ao nascer, são classificados como "masculino" ou "feminino", embora muitos tenham que ser mutilados para caber em uma dessas categorias, e muitos depois venham a protestar contra a decisão que foi tomada. Essa divisão originária determina qual função social será atribuída a um corpo. Alguns desses corpos servem para criar novos corpos; para lavar, vestir e alimentar outros corpos (por amor, nunca por obrigação); para fazer outros corpos se sentirem bem, inteiros e no controle; para fazer outros corpos se sentirem livres. O sexo, então, é algo cultural que se apresenta como se fosse natural.

O sexo, que as feministas nos ensinaram a distinguir do gênero, já é, ele próprio, gênero disfarçado.[1]

Existe outro sentido para a palavra "sexo": é algo que fazemos com nossos corpos sexuados. Alguns corpos servem para outros corpos fazerem sexo. Alguns corpos são para o prazer, a posse, o consumo, a adoração, o serviço, a validação de outros corpos. "Sexo" nesse segundo sentido também é considerado algo natural, que existe fora da política. O feminismo mostra que isso também é uma ficção, e uma ficção que serve a certos interesses. O sexo, que supomos ser o mais privado dos atos, é na verdade algo público. Os papéis que desempenhamos, as emoções que sentimos, quem dá, quem tira, quem exige, quem serve, quem deseja, quem é desejado, quem se beneficia, quem sofre: todas essas regras foram estabelecidas muito antes de entrarmos no mundo.

Um filósofo famoso certa vez me disse que se opunha às críticas feministas ao sexo porque era apenas durante o sexo que ele se sentia verdadeiramente fora da política, se sentia verdadeiramente livre. Eu lhe perguntei o que sua mulher diria sobre isso. (Não pude perguntar diretamente a ela, que não tinha sido convidada para o jantar.) Isso não quer dizer que o sexo não possa ser livre. Há muito tempo as feministas sonham com a liberdade sexual. O que se recusam a aceitar é o simulacro: o sexo que se diz livre não porque é igualitário, mas porque é ubíquo. Neste mundo, a liberdade sexual não é dada, mas algo a ser conquistado, e é sempre incompleta. Simone de Beauvoir, sonhando com um sexo mais livre por vir, escreveu em *O segundo sexo*:

> seguramente a autonomia da mulher, embora poupe aos homens muitos aborrecimentos, lhes negará também muitas facilidades; seguramente certas maneiras de viver a aventura sexual serão perdidas no mundo de amanhã; mas

isso não significa que o amor, a felicidade, a poesia, o sonho dele sejam banidos. Atentemos para o fato de que nossa falta de imaginação despovoa sempre o futuro [...]; entre os sexos surgirão novas relações carnais e afetivas de que não temos ideia [...]. É absurdo pretender que [...] o vício, o êxtase, a paixão se tornariam impossíveis se o homem e a mulher fossem concretamente semelhantes; as contradições que opõem a carne ao espírito, o instante ao tempo, a vertigem da imanência ao apelo da transcendência, o absoluto do prazer ao nada do esquecimento não serão jamais suprimidos; na sexualidade, se materializarão sempre a tensão, o tormento, a alegria, o fracasso e o triunfo da existência [...]. Ao contrário, é quando for abolida a escravidão de uma metade da humanidade e todo o sistema de hipocrisia que implica [...] que o casal humano encontrará sua forma verdadeira.[2]

O que seria necessário para o sexo ser realmente livre? Não sabemos ainda; vamos tentar descobrir.

Estes ensaios são sobre as políticas e a ética do sexo neste mundo, estimulados pela esperança de um mundo diferente. Eles remontam a uma tradição feminista mais antiga, que não tinha medo de pensar no sexo como um fenômeno político, como algo marcadamente dentro dos limites da crítica social. As mulheres nessa tradição — de Simone de Beauvoir e Alexandra Kollontai a bell hooks, Audre Lorde, Catharine MacKinnon e Adrienne Rich — nos desafiam a pensar sobre a ética do sexo para além dos estreitos parâmetros do "consentimento". Elas nos obrigam a indagar que forças estão por trás do *sim* de uma mulher; o que esse *sim* revela sobre o sexo, que é algo que tem que ser consentido; como é que chegamos ao ponto de colocar tanto peso psíquico, cultural e legal em uma noção de "consentimento" que não pode ser sustentada. E pedem para nos unirmos a elas no sonho de um sexo mais livre.

Ao mesmo tempo, estes ensaios procuram reformular, para o século XXI, a crítica política do sexo: levar a sério a complexa relação entre sexo e raça, classe, deficiência, nacionalidade e casta; pensar no que o sexo se tornou na era da internet; questionar o que significa invocar o poder do Estado capitalista e carcerário para resolver os problemas do sexo.

Estes ensaios respondem amplamente a situações nos Estados Unidos e no Reino Unido; e presto também alguma atenção à Índia. Em parte, isso é reflexo da minha própria formação. Mas também é uma escolha deliberada. Os ensaios aqui reunidos abordam de forma crítica boa parte do pensamento e da prática do feminismo anglófono tradicional, que por décadas foi a mais conhecida e poderosa forma de feminismo no mundo. (É claro que as feministas que atuam fora do circuito anglófono nunca ficaram invisíveis ou "marginais" para si mesmas nem para suas comunidades.) É bom poder escrever que nos últimos tempos essa dominância tem diminuído, sobretudo porque as expressões recentes mais animadoras das energias feministas têm vindo de fora do contexto anglófono. Para citar apenas alguns exemplos em vigor enquanto escrevo: na Polônia, onde o governo de coalizão de direita está implementando mais restrições legais ao aborto, as feministas lideraram uma rebelião por todo o país, com protestos em mais de quinhentas cidades e províncias; na Argentina, cinco anos de manifestações feministas sob o lema *"Ni una menos"* forçaram o Congresso a legalizar o aborto, enquanto feministas no Brasil, no Chile e na Colômbia, onde o aborto continua amplamente ilegal, estão se organizando para seguir o exemplo; no Sudão, as mulheres lideraram os protestos revolucionários que derrubaram o regime ditatorial de Omar al-Bashir, e foi uma jovem feminista sudanesa de vinte e poucos anos, Alaa Salah, quem exigiu que o Conselho de Segurança das Nações Unidas garantisse que mulheres, grupos de resistência e minorias religiosas fossem incluídos em condições de igualdade no governo de transição do Sudão.[3]

Em algumas questões — os direitos de profissionais do sexo, o caráter destrutivo das políticas carcerárias, as patologias da sexualidade contemporânea —, estes ensaios são irredutíveis. Mas em outras eles são ambivalentes, buscando não reduzir o que é denso e difícil a algo simplista. O feminismo deve dizer a verdade de modo implacável, em especial sobre si próprio. (Como escreve o historiador do trabalho David Roediger, um movimento radical "falar de maneira franca consigo mesmo" é uma "atividade muito mais importante do que 'falar a verdade ao poder'".)[4] O feminismo não pode se permitir fantasiar que os interesses sempre convergem, que nossos planos não terão consequências inesperadas e indesejáveis, que a política é algo que conforte.

A estudiosa e ativista feminista Bernice Johnson Reagon, ao falar no século passado sobre este século, advertiu que uma política realmente radical — isto é, uma política de coalizão — não pode ser um lar para seus integrantes:

> O trabalho de coalizão não é feito na sua casa. Ele deve ser feito nas ruas […]. E você não deve procurar conforto. Algumas pessoas vão entrar em uma coalizão e avaliar o sucesso dela em função de se sentirem bem ou não lá dentro. Essas pessoas não estão procurando uma coalizão; estão procurando um lar! Estão em busca de uma mamadeira com um pouco de leite e de um mamilo, o que não acontece em uma coalizão.[5]

Para Reagon, é a crença de que a política deve ser um lar perfeito — um lugar de absoluto pertencimento, "um útero", como ela diz — que leva às contradições excludentes de boa parte do feminismo. O feminismo concebido como um "lar" insiste de antemão na semelhança, deixando de lado todos aqueles que perturbariam seu idílio doméstico. Uma política verdadeiramente inclusiva é uma política desconfortável e insegura.

Nestes ensaios, tento habitar, quando necessário, o desconforto e a ambivalência. Estes ensaios não oferecem um lar. Mas espero que ofereçam, para alguns, um lugar de reconhecimento. Eu os escrevi para que fossem lidos juntos ou individualmente. Eles não têm a intenção de convencer ou persuadir ninguém de nada, embora eu não fosse ficar triste se o fizessem. Em vez disso, representam minha tentativa de colocar em palavras o que muitas mulheres, e alguns homens, já sabem. Este sempre foi o jeito do feminismo: mulheres trabalhando de forma coletiva para articular o não dito, o anteriormente indizível. Na melhor das hipóteses, a teoria feminista se baseia no que as mulheres pensam quando estão sozinhas, no que dizem umas às outras no piquete e na linha de montagem e na esquina e no quarto de dormir, no que elas tentaram dizer milhares de vezes aos seus maridos e pais e filhos e patrões e candidatos eleitos. Em seus melhores momentos, a teoria feminista revela possibilidades de vida para as mulheres que são latentes nas suas lutas, tornando essas possibilidades mais próximas. Mas, muitas vezes, a teoria feminista desconsidera particularidades da vida das mulheres, apenas para dizer a elas, com autoridade, o que suas vidas de fato significam. Para a maioria das mulheres, essas presunções são pouco úteis. Elas têm muito trabalho a fazer.

Oxford, 2020

A conspiração contra os homens

Conheço dois homens que foram, tenho quase certeza, acusados falsamente de estupro. Um deles era um jovem rico, acusado por uma jovem desesperada que havia roubado cartões de crédito e estava fugindo. A acusação de estupro era apenas parte de uma fraude maior. Quando o suposto estupro aconteceu, o homem não estava onde ela tinha dito, não havia nenhuma evidência do crime além de seu testemunho, e muitas outras coisas que ela disse se revelaram falsas. Ele nunca foi detido ou incriminado, e desde o início a polícia lhe garantiu que tudo ficaria bem.

O outro homem é um canalha: narcisista, charmoso, manipulador e mentiroso. Ele é conhecido por usar os mais variados métodos coercitivos para conseguir sexo, mas não do tipo que se enquadra na definição legal de estupro. As mulheres com quem ele tem relação sexual (jovens, precoces, confiantes) consentem; na verdade, ele é o tipo de homem que faz as mulheres acharem, na hora H, que são elas que o estão seduzindo — que são elas que têm o poder e dão as cartas, quando na verdade isso quase não acontece. ("Foi ela que *me* seduziu" é, como se sabe, uma defesa habitual dos estupradores — e dos pedófilos.) Quando uma dessas mulheres, anos mais tarde — após observar o padrão de conduta do homem e entender quem ele era — o acusou de assédio, quem o conhecia achou que ela poderia estar buscando uma solução jurídica para o que ele a fez passar: por ter sido usada, manipulada e vítima de uma mentira. Talvez, além de tudo isso, ele de fato tenha abusado dela. Mas as evidências sugeriam o contrário. Ele nunca foi acusado de estupro, embora tenha sido obrigado a pedir demissão por conta do seu comportamento imprudente e pouco profissional. Pelo que ouvi, o homem (agora em um novo emprego) continua a agir como antes, embora de forma mais cuidadosa e discreta e com um jeito mais plausível para negar. Hoje ele se autodenomina feminista.

Conheço bem mais de duas mulheres que foram estupradas. Isso não surpreende. Muito mais mulheres são estupradas do que acusam falsamente homens de estupro. Com exceção de uma, nenhuma dessas mulheres que conheço fez uma denúncia à polícia. Uma amiga, quando estávamos na faculdade, me ligou para dizer que um cara que ela conhecia, amigo de um amigo — durante uma saída com um grupo de amigos, quando os dois estavam se pegando encostados em uma mesa de sinuca em uma sala vazia do dormitório estudantil —, penetrou-a à força. Ela disse não, resistiu, por fim o empurrou. A noite seguiu. Nem ela nem eu pensamos em ir à polícia. O objetivo do telefonema foi simplesmente admitir que essa coisa — não chamávamos de estupro — havia acontecido.

Alguns homens são falsamente acusados de estupro; não traz nenhum benefício negar isso. Mas acusações falsas são raras. O estudo mais detalhado de todos os tempos sobre denúncias de agressão sexual, divulgado pelo Ministério do Interior do Reino Unido em 2005, estimou que apenas 3% das 2643 denúncias de estupro feitas ao longo de quinze anos eram "provavelmente" ou "possivelmente" falsas.[1] No entanto, a polícia britânica, no mesmo período, classificou 8% — mais do que o dobro — dessas denúncias como falsas, com base no julgamento pessoal de seus policiais.[2] Em 1996, o FBI também reportou uma taxa de 8% de relatos "infundados" ou "falsos" de estupro, reunidos por departamentos de polícia espalhados pelos Estados Unidos.[3] Tanto na Grã--Bretanha quanto nos Estados Unidos, a taxa de 8% foi, em grande medida, resultado da suscetibilidade dos policiais aos mitos de estupro. Nos dois países, os policiais eram propensos a considerar falsa uma denúncia que não envolvesse conflito físico e armas ou quando quem acusava tivesse tido uma relação anterior com a pessoa acusada.[4] Em 2014, de acordo com números publicados na Índia, 53% das denúncias de estupro feitas em Delhi no ano anterior eram falsas, uma estatística atordoante, que era usada por ativistas indianos pelos direitos dos homens. Mas a definição de denúncias "falsas" havia sido ampliada de modo a cobrir todos os casos que não chegaram ao tribunal, entre eles os que eram deixados de lado porque não se encaixavam nos padrões legais de estupro na Índia[5] — como o estupro marital, que 6% das mulheres indianas casadas relatam ter vivido.[6]

No estudo do Ministério do Interior do Reino Unido, a polícia julgou falsas 216 das 2643 denúncias. Entre esses 216 casos, 39 suspeitos foram citados pelos denunciantes, seis deles foram presos e dois foram acusados criminalmente, e em ambos os casos as acusações acabaram sendo retiradas. Portanto, em última análise, tendo em mente que o Ministério do Interior considerou só um terço das acusações falsas registradas pela polícia, apenas 0,23% resultou na prisão de um inocente e apenas 0,07% levou um inocente a ser indiciado por estupro; nenhuma resultou em condenação injusta.[7]

Não estou dizendo que acusações falsas de estupro devem ser menosprezadas. Não devem. Um homem inocente que é desacreditado, que tem sua realidade distorcida, sua reputação abalada, sua vida potencialmente arruinada pela manipulação do poder do Estado: isso é um escândalo moral. E, repare só, é um escândalo moral que tem bastante em comum com a experiência das vítimas de estupro, que em muitos casos enfrentam uma conspiração de descrença, em especial da polícia. No entanto, uma falsa acusação de estupro, como um desastre de avião, é objetivamente um evento incomum que ocupa um lugar exagerado na imaginação das pessoas. Por que, então, tem essa carga cultural? A resposta não pode apenas ser que as vítimas são homens: o número de homens estuprados — em grande parte por outros homens — com certeza ultrapassa o de falsamente acusados de estupro.[8] Poderia ser porque, além de as vítimas de falsas acusações de estupro serem em geral homens, também os supostos perpetradores são mulheres?

Acontece que, muitas vezes, são homens que acusam falsamente outros homens de estuprar mulheres. Isso é algo quase universalmente mal compreendido sobre falsas acusações de estupro. Quando pensamos em uma acusação de estupro, imaginamos uma mulher desprezada, falsa ou gananciosa mentindo para as autoridades. Mas muitas, talvez a maioria, das condenações injustas de estupro resultam de acusações falsas feitas por homens contra homens: por policiais e promotores, quase sempre homens, determinados a responsabilizar o suspeito errado por um estupro real. Nos Estados Unidos, que têm a maior taxa de encarceramento do mundo, 147 homens foram inocentados de agressão sexual com base em falsas acusações ou perjúrio, entre 1989 e 2020.[9] (No mesmo período, descobriu-se que 755 pessoas — um número cinco vezes maior — foram falsamente acusadas e injustamente condenadas por assassinato.)[10] Menos da metade desses homens foi incriminada de forma deliberada por suas supostas vítimas. Enquanto isso, mais da metade desses casos envolveu "má conduta oficial": uma categoria que se aplica quando a polícia orienta a identificação falsa da vítima ou da testemunha, acusa um suspeito apesar de a vítima não ter conseguido identificá-lo como seu agressor, oculta provas ou induz a confissões falsas.

Não há uma conspiração geral contra os homens. Mas há uma conspiração contra certas classes de homens. Nos Estados Unidos, entre 1989 e 2020, dos 147 homens absolvidos por agressão sexual baseada em uma acusação falsa ou perjúrio, 85 não eram brancos e 62 eram brancos. Desses 85 homens não brancos, 76 foram classificados como negros, o que significa que homens negros representavam 52% dos condenados por estupro com base em acusações falsas ou perjúrio. Contudo, homens negros representam apenas 14% da população masculina dos Estados Unidos e 27% dos condenados por estupro.[11] É 3,5 vezes mais provável que um homem negro cumprindo pena por agressão sexual seja inocente do que um homem branco condenado pelo mesmo motivo.[12] É provável que esse homem negro seja também pobre — não só porque é desproporcional a quantidade de negros que são pobres nos Estados Unidos, mas porque a maioria dos americanos encarcerados, de todas as raças, é pobre.[13]

O Registro Nacional de Exonerações,* que desde 1989 lista homens e mulheres presos injustamente nos Estados Unidos, não detalha o longo histórico de falsas acusações de estupro contra homens negros que consegue contornar o sistema legal por completo. Em particular, não registra a aplicação de acusações falsas de estupro na era Jim Crow como "uma desculpa para se livrar dos negros que estavam fazendo fortuna e adquirindo propriedades e, assim, manter a raça aterrorizada",[14] conforme escreveu Ida B. Wells. Também

---

* Projeto desenvolvido por universidades nos Estados Unidos. [N. T.]

não leva em consideração os 150 homens negros que foram linchados entre 1892 e 1894 por suposto estupro ou tentativa de estupro de mulheres brancas — uma acusação que incluía conhecidos casos amorosos consensuais entre homens negros e mulheres brancas —, conforme narrado no notável *A Red Record* [Um registro vermelho], de Wells.[15] Não menciona o caso de William Brooks, de Galesline, no Arkansas, linchado em 23 de maio de 1894 por ter pedido uma mulher branca em casamento, nem conta nada sobre o "negro desconhecido" que Wells relata ter sido linchado no início daquele mesmo mês, no oeste do Texas, pelo crime de "escrever cartas para uma mulher branca". Em 2007, Carolyn Bryant admitiu que havia mentido 52 anos antes, quando disse que um menino negro de catorze anos chamado Emmett Till a tinha agarrado e feito propostas sexuais — uma mentira que incitou seu marido, Roy, e o irmão dele a raptar, espancar, atirar em Till e matá-lo.[16] Roy Bryant e o irmão foram absolvidos do assassinato, apesar das provas acachapantes contra eles, e quatro meses depois receberam 3 mil dólares da revista *Look* para contar como tinham feito tudo. Não há registro que detalhe o uso de falsas acusações de estupro como tática de domínio colonial: na Índia, na Austrália, na África do Sul, na Palestina.[17]

Pode parecer surpreendente, então, que falsas acusações de estupro sejam hoje uma preocupação predominante entre homens brancos e ricos. Mas, na verdade, não surpreende. O receio em relação a acusações falsas de estupro supostamente tem a ver com injustiça (pessoas inocentes sendo prejudicadas), mas tem de fato a ver com gênero, com homens inocentes sendo prejudicados por mulheres malignas. Também é um receio em relação a raça e classe: à possibilidade de que a lei possa tratar homens brancos e ricos do mesmo modo que trata rotineiramente homens pobres negros e de outras identidades raciais minorizadas.* Para homens e mulheres pobres e de minorias étnicas,** a acusação falsa de estupro feita por mulheres brancas é apenas um elemento em uma matriz de vulnerabilidade ao poder do Estado.[18] Mas acusações falsas de estupro são um caso único de vulnerabilidade de homens brancos ricos ou de classe média às injustiças que costumam ser perpetradas pelo sistema carcerário contra pessoas pobres e de minorias étnicas. Homens brancos abastados confiam de maneira instintiva e correta que o sistema judiciário cuidará deles: não vai plantar drogas neles, não vai atirar neles pelas costas (alegando depois ter visto uma arma), não vai importuná-los por andarem em uma região à qual "não pertencem", vai fazer vista grossa por carregar aquele grama de cocaína ou saco de maconha. Mas, no caso de estupro, homens brancos abastados temem que a cobrança cada vez maior de que se acredite nas mulheres afete o direito deles de serem protegidos pelos preconceitos da lei.[19]

Essa representação, obviamente, é falsa: mesmo em caso de estupro, o Estado está do lado dos homens brancos e ricos. Mas o que importa — no sentido do que é ideologicamente eficaz — não é a realidade, mas a deturpação. No caso de falsa

---

* *Black and brown*: Como a autora, de origem indiana, marca a distinção de pessoas *black and brown*, nos pareceu relevante fazer o mesmo através da expressão "de outra identidade racial minorizada", que se adequa ao contexto, embora o Estatuto da Igualdade Racial defina como população negra aqueles que se autodeclaram pretos e pardos. [N. T.] ** *Of colour*: Nos Estados Unidos, essa expressão já foi usada para se referir especificamente a pessoas negras, mas foi ressignificada ao longo do século XX. Usada por autores negros, não possui sentido pejorativo e abrange pessoas de origem africana, indígena, asiática, mas também imigrantes e outras minorias étnicas que não estão incluídas na branquitude e, por isso, sujeitas a diferentes formas de preconceito ou racismo. Optamos, assim, pelo uso de "minorias étnicas" como tradução do termo. [N. E.]

acusação de estupro, esses homens não distinguem bem sua vulnerabilidade às mulheres e ao Estado.

Em 2016, Aaron Persky, juiz do Superior Tribunal de Justiça do condado de Santa Clara, na Califórnia, sentenciou Brock Turner, um nadador da Universidade Stanford, de vinte anos, a seis meses de prisão (dos quais ele cumpriu três) por três delitos graves envolvendo agressão sexual contra Chanel Miller. Em uma carta ao juiz, o pai de Brock Turner, Dan A. Turner, escreveu:

> A vida de Brock foi profundamente e para sempre alterada pelos acontecimentos de 17 e 18 de janeiro. Ele nunca terá aquele jeito despreocupado, a personalidade descontraída e o sorriso amigável [...]. Podemos ver isso em seu rosto, em seu modo de andar, na sua voz enfraquecida, na sua falta de apetite. Brock sempre gostou de certos tipos de comida e é um ótimo cozinheiro. Eu sempre gostava de comprar um filé de costela para ele grelhar ou providenciar seu petisco favorito. Tinha que garantir que meus *pretzels* ou batatas fritas preferidos estivessem bem escondidos, pois sabia que não durariam muito depois que Brock chegasse de um longo treino de natação. Agora ele quase não come, só o mínimo para viver. Esses veredictos deixaram Brock e nossa família quebrados e despedaçados de muitas maneiras. Sua vida nunca será aquela com que ele sonhou e trabalhou tão duro para conquistar. É um preço alto a pagar por vinte minutos de ação em seus mais de vinte anos de vida.[20]

O foco míope no bem-estar do filho — a vida de Miller também não foi "profundamente alterada para sempre"? — é impressionante. Impressiona ainda mais o (presumivelmente inadvertido) trocadilho sexual: "vinte minutos de ação" — uma diversão saudável de adolescente. Dan Turner parece querer perguntar:

será que Brock deve ser punido por isso? Depois, tem a comida. Brock deixou de amar seu filé? Não precisa mais esconder dele *pretzels* ou batatas fritas? É assim que se fala sobre um golden retriever, não sobre um ser humano adulto. Mas, em certo sentido, Dan Turner está falando de um animal, um espécime bem-criado pela infância americana branca e rica: "despreocupado", "descontraído", esportivo, amigável, dotado de um apetite saudável e pelagem reluzente. E, assim como um animal, imagina-se Brock existindo fora da ordem moral. Esses típicos garotos americanos de sangue quente, pele branca — e as típicas garotas americanas que namoram e se casam com eles (mas nunca, jamais, são abusadas sexualmente por eles) — são bons garotos, os melhores garotos, os nossos garotos.

O fato de ser um típico garoto americano foi a defesa máxima do juiz da Suprema Corte Brett Kavanaugh contra as alegações de Christine Blasey Ford de que ele a havia assediado sexualmente quando os dois estavam no colégio. Segundo Kavanaugh, Ford "não frequentava os mesmos círculos sociais" que ele e seus amigos.[21] No verão de 1982, Brett — único filho de Martha e Everett Edward Kavanaugh Jr. — passeava com seus amigos da escola preparatória de Georgetown, um dos colégios particulares mais caros dos Estados Unidos (e alma mater de Neil Gorsuch e de dois dos filhos de Robert Kennedy), e com alunas das escolas católicas para meninas da região: Stone Ridge, Holy Child, Visitation, Imaculata, Holy Cross. O grupo — Tobin, Mark, P.J., Squi, Bernie, Matt, Becky, Denise, Lori, Jenny, Pat, Amy, Julie, Kristin, Karen, Suzanne, Maura, Megan, Nicki — passou aquele verão indo à praia, treinando futebol americano, levantando peso, bebendo cerveja, indo à igreja aos domingos e, de modo geral, vivendo a melhor época de suas vidas. Sessenta e cinco mulheres que conheceram Kavanaugh no colégio assinaram uma carta defendendo-o depois que a alegação de Ford se tornou pública. "Amigas para a vida inteira", disse Kavanaugh sobre essas mulheres, "uma amizade construída em conversas durante a escola e por toda a vida desde os catorze anos de idade."

Ford era, em termos objetivos, parte da ordem social e econômica de Kavanaugh. Ela era branca, rica e — supondo que ela se lembre corretamente, você acha que não? — saiu com Brett e seus amigos pelo menos uma vez. Mas as alegações de Ford a tornam uma exilada do mundo social de meninos e meninas saudáveis e brancos, que às vezes fazem coisas (nas palavras de Kavanaugh) "tolas" e "constrangedoras" — mas nunca criminosas. Em seu anuário do último ano do ensino médio, Kavanaugh e seus amigos se descreveram como "Renate Alumnius [sic]"* — uma alusão a Renate Schroeder, uma das 65 "amigas para a vida inteira" que assinaram a carta atestando que Kavanaugh "sempre tratou mulheres com decência e respeito". Questionado sobre a expressão, Kavanaugh disse que "de um jeito meio canhestro, tinha a intenção de mostrar afeto e que ela era uma de nós", e que "não estava relacionado a sexo". Schroeder, que só tomou conhecimento da mancha no anuário depois de assinar a carta, declarou ao *Times* que aquilo era "horrível, ofensivo e totalmente falso". "Não consigo compreender o que se passa na cabeça de garotos de dezessete anos que escrevem esse tipo de coisa", ela disse. "Rezo para que as filhas deles nunca sejam tratadas assim."[22] Após Kavanaugh ser aprovado para a Suprema Corte, o pai de Christine Blasey Ford, Ralph, deu um caloroso aperto de mão em Ed Kavanaugh, pai de Brett Kavanaugh, no Burning Tree Club, em Bethesda, onde os dois jogam golfe. "Estou feliz com a

---

* Em inglês, *alumnus* significa ex-aluno, cujo plural é *alumni*. Ao usar a expressão *Renate Alumnius* (em vez de cada um assinar que foi *Georgetown Prep alumnus*), Kavanaugh e seus amigos estão dizendo que todos foram alunos de Renate, ou seja, fizeram sexo com ela. [N. T.]

confirmação de Brett", teria dito Ralph Blasey — palavras de um pai republicano para outro.[23]

E se Brett Kavanaugh não fosse branco? É uma questão contrafactual difícil de avaliar, porque o mundo teria que ser muito diferente para que um menino negro ou de outra identidade racial minorizada pudesse crescer não só com o tipo de privilégio social e financeiro que Brett teve — a família rica, a escola de elite, o legado de Yale —, mas, além disso, ter uma legião de pares igualmente privilegiados prontos para defendê-lo, faça chuva ou faça sol. A solidariedade demonstrada por quem conheceu Kavanaugh quando jovem — o que ele chama de "amizade" — foi a de pessoas ricas e brancas. Não podemos imaginar um Kavanaugh negro, por exemplo, sem inverter as regras raciais e econômicas dos Estados Unidos.

Para muitas mulheres de minorias étnicas, a ordem do feminismo dominante que diz "Acredite nas mulheres" e seu correlato online #IBelieveHer levantam mais problemas do que resolvem. Em quem devemos acreditar, na mulher branca que diz que foi estuprada ou na mulher negra que insiste que seu filho está sendo vítima de uma armação? Carolyn Bryant ou Mamie Till?

Os defensores dos "direitos dos homens" gostam de dizer que "Acredite nas mulheres" viola o princípio da presunção de inocência. Mas esse é um erro de categoria. A presunção de inocência é um princípio jurídico: responde ao nosso juízo de que é pior a lei punir de maneira equivocada do que exonerar de forma injusta quando os demais aspectos do caso são iguais. É por isso que, na maioria dos sistemas jurídicos, o ônus da prova recai sobre o acusador, não sobre o acusado. "Acredite nas mulheres" não é uma ordem para que esse princípio jurídico seja abandonado, pelo menos na maioria dos casos, mas uma resposta política à suspeita de que sua aplicação será desigual. Segundo a lei, as pessoas acusadas de crimes são consideradas inocentes, mas algumas — sabemos disso — são consideradas mais inocentes do que outras. Contra essa aplicação nociva da presunção de inocência, "Acredite nas mulheres" funciona como uma norma corretiva, um gesto de apoio para quem — mulheres — a lei tende a tratar como se estivesse mentindo.

A rejeição de "Acredite nas mulheres" como se fosse abandonar a presunção de inocência é um erro de categoria em um outro sentido. A presunção de inocência não nos diz em que acreditar. Nos diz como a culpa deve ser instituída pela lei: isto é, por um processo deliberadamente trapaceiro em favor do acusado. Harvey Weinstein tinha direito à presunção de inocência quando foi julgado. Mas nós, que não estávamos no júri, não tínhamos nenhuma obrigação de presumir que ele era inocente ou de "suspender o julgamento" até que fosse dado o veredito. Pelo contrário: as provas, incluindo os relatos convincentes, consistentes e detalhados de mais de uma centena de mulheres, mostravam que era muito provável que Weinstein fosse culpado de violação e assédio. Além do mais, sabemos que homens que têm o tipo de poder que Weinstein tinha são bastante propensos a cometer abusos. A lei deve examinar caso a caso — deve partir do pressuposto de que Weinstein não tem mais chance de ser um agressor do que uma avó de noventa anos —, mas as normas da lei não definem as da crença racional, que é proporcional às evidências: a forte evidência estatística de que homens como Weinstein tendem a abusar de seu poder, e a indubitável evidência do testemunho das mulheres que o acusaram de tê-lo feito. Sem dúvida, novas evidências podem surgir em um julgamento, e o que antes parecia uma boa prova pode ser refutado. (Da mesma maneira, riqueza e poder podem fazer com que boas evidências desapareçam.) Mas o resultado de um processo não determina aquilo em que devemos acreditar. Se Weinstein tivesse sido absolvido de tudo, deveríamos ter chegado à conclusão de que suas acusadoras estavam mentindo?

Certos comentaristas, incluindo algumas feministas,[24] insistem que em casos como o de Weinstein "nunca é possível realmente saber" se um sujeito é culpado de um crime sexual, mesmo que todas as evidências sugiram que seja. Pode-se acreditar nisso como uma questão filosófica. Mas seria preciso ser consistente na aplicação dessa crença. Se "nunca é possível realmente saber" se Weinstein é um criminoso ou vítima de uma complicada armação, então também não é possível saber o mesmo sobre, digamos, Bernie Madoff. A pergunta, de uma perspectiva feminista, é por que os crimes sexuais provocam tal ceticismo seletivo. E a resposta que as feministas deveriam dar é que a vasta maioria dos crimes sexuais é cometida por homens contra mulheres. Às vezes, exigir "Acredite nas mulheres" é apenas a demanda de que nossas crenças sejam construídas de maneira simples: de acordo com os fatos.

Dito isso, "Acredite nas mulheres" é uma ferramenta contundente. Carrega em si a ordem implícita "Não acredite nele". Mas essa lógica de soma zero — ela diz a verdade, ele mente — presume que nada além da diferença de sexo opera na avaliação das acusações de estupro. Em especial quando outros fatores além do gênero — raça, classe, religião, situação de imigrante, sexualidade — entram em jogo, está longe de ser exato a quem devemos um gesto de solidariedade epistêmica. Na Universidade Colgate, uma faculdade de elite no interior do estado de Nova York, no ano letivo de 2013-4, apenas 4,2% do corpo discente era formado por alunos negros; porém, 50% das acusações de violação sexual naquele ano foram contra estudantes negros.[25] Exigir "Acredite nas mulheres" é justo no caso da Universidade Colgate?

As feministas negras há muito tempo têm tentado complexificar as versões das feministas brancas sobre estupro. O hiperambicioso *A dialética do sexo* (1970),[26] de Shulamith Firestone, é criticamente enfraquecido pelo modo como trata raça e estupro. Para Firestone, o estupro de mulheres brancas por homens negros é o resultado de um impulso edipiano natural de destruir o pai branco e tomar e subjugar o que é dele. "Seja de forma inocente ou consciente", escreveu Angela Davis em seu clássico *Mulheres, raça e classe* (1981), as declarações de Firestone "facilitaram a restauração do desgastado mito do estuprador negro". Além do mais, Davis continuou:

> A imagem fictícia do homem negro como estuprador sempre fortaleceu sua companheira inseparável: a imagem da mulher negra como cronicamente promíscua. Uma vez aceita a noção de que os homens negros trazem em si compulsões sexuais irresistíveis e animalescas, toda a raça é investida de bestialidade.[27]

Na noite de 16 de dezembro de 2012, em Delhi, uma mulher de 23 anos chamada Jyoti Singh, que ficou conhecida na Índia como Nirbhaya ("destemida"), foi estuprada e torturada em um ônibus por seis homens, incluindo o motorista. Ela morreu treze dias depois, tendo sofrido lesão cerebral, pneumonia, parada cardíaca e complicações relacionadas à agressão, na qual lhe enfiaram uma barra de ferro enferrujada na vagina. Logo após o ataque, o pai de um amigo puxou o assunto comigo em um jantar. "Mas os indianos são um povo tão civilizado", disse ele. Eu queria responder que não há civilização sob o patriarcado.

Na mídia, comentaristas não indianos tendiam a enxergar o assassinato de Singh como sintoma de uma cultura fracassada: da repressão sexual, do analfabetismo, do conservadorismo no país. É inegável que as especificidades históricas e culturais influenciam como uma sociedade regula a violência sexual. O sistema de casta, a religião e a pobreza, além do longo legado do colonialismo britânico, são realidades que moldam o regime de violência sexual da Índia; assim como a desigualdade racial e de classe, junto com as heranças da escravidão e do império, são realidades que moldam os regimes correspondentes nos Estados Unidos ou no Reino Unido. Mas a brutalidade da agressão a Jyoti Singh foi citada por não indianos como uma forma de repudiar qualquer semelhança entre a cultura sexual daquele país e a de seus próprios. Logo após o assassinato, a jornalista britânica Libby Purves explicou que "esse desprezo assassino dos homens-hiena [pelas mulheres] é uma norma"[28] na Índia. Uma primeira pergunta: por que quando homens brancos estupram eles estão violando uma norma, mas quando homens de identidades raciais minorizadas estupram eles estão obedecendo a uma norma? Uma segunda pergunta: se os homens indianos são hienas, isso torna as mulheres indianas o quê?

Em lugares de dominação branca, mulheres negras e de outras identidades raciais minorizadas, devido a sua suposta hipersexualidade, são com frequência consideradas "inestupráveis".[29] Suas queixas de estupro são, portanto, desacreditadas a priori. Em 1850, na Colônia do Cabo sob domínio britânico, na atual África do Sul, um trabalhador de dezoito anos, Damon Booysen, foi condenado à morte após confessar ter estuprado a mulher do seu chefe, Anna Simpson. Dias depois da sentença, William Menzies, o juiz do caso, escreveu ao governador da Colônia do Cabo para dizer que havia cometido um erro terrível. Ele assumira que Anna Simpson era branca, mas um grupo de "respeitáveis" moradores da cidadezinha onde ela morava o informou depois que "a mulher e seu marido são desgraçados de cor". Menzies instou o governador a alterar a sentença de morte de Booysen, e o governador o atendeu.[30] Em 1859, um juiz no Mississippi revogou a condenação de um homem adulto escravizado que havia estuprado uma garota escravizada; a defesa argumentou que "neste Estado não existe o crime de estupro entre escravos africanos [...] [porque] as relações sexuais deles são promíscuas". A garota tinha menos de dez anos na época.[31] Em 1918, a Suprema Corte da Flórida disse que a castidade de mulheres brancas deveria ser presumida — portanto, suas acusações de estupro seriam assumidas como verdadeiras —, mas que essa regra não deveria ser aplicada a "outra raça que é amplamente imoral [e] que constitui uma parte significativa da população".[32] Um estudo conduzido pelo Centro de Pobreza e Desigualdade da escola de direito da Universidade Georgetown descobriu que americanos de todas as raças tendem a achar que garotas negras teriam mais consciência sexual e menos necessidade de cuidados, proteção e apoio que garotas brancas da mesma idade.[33] Em 2008, R. Kelly, que se autodenominava "Pied Piper of R&B", foi acusado de pornografia infantil e julgado por ter feito um vídeo com cenas de sexo dele com uma garota de catorze anos. No documentário *Sobrevivi a R. Kelly* (2019), de dream hampton, um dos jurados do caso, um homem branco, explicou a decisão do júri de absolvê-lo: "Eu não acreditei nelas, nas mulheres, só isso [...]. A maneira como se vestem, como agem — não gostei delas. Votei contra. Ignorei tudo o que tinham a dizer".[34]

A realidade é que garotas e mulheres negras, nos Estados Unidos de hoje, e em comparação com mulheres brancas, são particularmente suscetíveis a certas formas de violência interpessoal.[35] A teórica política Shatema Threadcraft escreve sobre o foco, na política negra americana, no espetáculo do cadáver do homem negro — o corpo negro linchado, o corpo negro morto a tiros pela polícia — e sobre a maneira como isso obscurece formas de violência do Estado em geral perpetradas contra mulheres negras. Embora mulheres negras também fossem linchadas no Sul durante a Reconstrução e hoje sejam assassinadas pela polícia, não são essas formas "espetaculares" de violência que o Estado costuma punir. As mulheres negras sofrem de forma desproporcional com assédio policial e agressão sexual, com a separação forçada de seus filhos, com a descrença e o abuso rotineiros ao denunciarem violência doméstica.[36] A suscetibilidade das mulheres negras à violência praticada pelo parceiro é em si um efeito do poder do Estado: as taxas de desemprego mais altas entre homens negros explicam as taxas de mortalidade mais altas entre mulheres negras que são mortas por seus parceiros.[37] Threadcraft pergunta: "O que vai motivar as pessoas a se unirem em torno dos corpos de nossas mulheres negras que foram mortas?".[38]

Há uma genialidade perturbadora em ação na mitologia branca sobre a sexualidade negra. Ao retratar homens negros como estupradores e mulheres negras como "inestupráveis" — dois lados, como diz Angela Davis, da moeda da hipersexualidade negra —, o mito branco produz uma tensão entre a busca dos homens negros para inocentar a si mesmos e a necessidade das mulheres negras de falarem abertamente contra a violência sexual, incluindo a violência praticada por homens negros contra elas. O resultado é a dupla subordinação sexual das mulheres negras. Mulheres negras que falam contra a violência praticada por homens negros são responsabilizadas por reforçar estereótipos negativos de sua comunidade e por convocar um Estado racista para protegê-las. Ao mesmo tempo, a internalização do estereótipo da garota negra sexualmente precoce significa que, aos olhos de alguns homens negros, garotas e mulheres negras estariam pedindo para ser abusadas. Em 2018, em resposta a décadas de alegações bem documentadas de estupro e abuso, a equipe de R. Kelly emitiu um comunicado dizendo que iria "resistir vigorosamente à tentativa de linchamento público de um homem negro que fez contribuições extraordinárias à nossa cultura".[39] A equipe de Kelly não abordou o fato de que quase todas as acusadoras eram negras. Em *Sobrevivi a R. Kelly*, Chance the Rapper, que colaborava musicalmente com Kelly, admitiu que não tinha acreditado nas acusações "porque eram mulheres negras".[40]

Em fevereiro de 2019, duas mulheres, ambas negras, fizeram acusações públicas e críveis contra Justin Fairfax, o vice-governador negro da Virgínia. Fairfax estava prestes a assumir o lugar do governador Ralph Northam, cuja renúncia vinha sendo reivindicada porque ele teria aparecido com *blackface* em uma foto.[41] Vanessa Tyson, professora de política do Scripps College, acusou Fairfax de forçá-la a fazer sexo oral nele em um hotel em 2004, durante a Convenção Nacional Democrata. Dias depois, Meredith Watson foi a público dizer que Fairfax a estuprara em 2000, quando ambos eram estudantes de graduação na Universidade Duke. Em um discurso não planejado no plenário do Senado estadual, dias depois de suas acusadoras indicarem que testemunhariam publicamente, Fairfax se comparou às vítimas históricas de linchamentos:

> Tenho ouvido muito sobre antilinchamento no plenário deste Senado, onde as pessoas não tiveram direito a nenhum processo legal devido, e nos arrependemos disso [...]. Porém, nos reunimos aqui de maneira apressada para um julgamento que não tem nada além de acusações, sem nenhum fato, e decidimos que estamos dispostos a repetir a mesma coisa aqui.

Fairfax não notou a ironia de comparar mulheres negras a um bando de linchadores brancos.[42] Por sinal, nem o juiz Clarence Thomas, quando acusou Anita Hill em 1991 de provocar um "linchamento de alta tecnologia". A própria lógica que tornou possível o linchamento de homens negros — a da hipersexualidade negra — é reaproveitada, de modo metafórico, para acusar falsamente mulheres negras de serem as verdadeiras opressoras.

O estupro coletivo e o assassinato de Jyoti Singh geraram uma explosão de dor e raiva em toda a Índia. Mas não gerou uma apuração completa do significado do estupro. O estupro marital — que só foi criminalizado no Reino Unido em 1991 e em todos os cinquenta estados dos Estados Unidos em 1993 — continua sendo, na Índia, uma contradição jurídica em termos. A Lei de Poderes Especiais das Forças Armadas, da Índia, cuja origem vem de uma lei colonial introduzida pelos britânicos em 1942 para reprimir a luta pela liberdade, ainda concede aos militares indianos impunidade no caso de estupro de mulheres em "áreas conturbadas", incluindo Assam e Caxemira. Em 2004, uma jovem de Manipur, Thangjam Manorama, foi raptada, torturada, estuprada e assassinada por membros da 17ª unidade de fuzileiros do Exército indiano em Assam, que alegaram que ela fazia parte de um grupo separatista. Dias depois, um grupo de doze mulheres de meia-idade fez um protesto em frente ao Kangla Fort, onde ficavam os fuzileiros de Assam; tiraram as roupas e, nuas, gritaram em coro: "Nos estuprem, nos matem! Nos estuprem, nos matem!".[43]
Na Índia, como em todo o mundo, alguns estupros contam mais do que outros. Jyoti Singh era uma mulher educada, de casta elevada e que vivia na cidade: essas foram as condições sociológicas para ser alçada após sua morte a "Filha da Índia". Em 2016, o corpo de uma estudante de direito dalit de 29 anos, chamada Jisha, foi encontrado estripado e cortado em mais de trinta retalhos no estado de Kerala, no sul do país; a autópsia concluiu que ela havia sido assassinada após lutar para não ser

estuprada. Naquele mesmo ano, o corpo de uma mulher dalit de dezessete anos, chamada Delta Meghwal, foi encontrado no reservatório de água de sua escola em Rajasthan. Um dia antes de ser assassinada, Meghwal disse a seus pais que havia sido estuprada por um professor. A atenção dada a essas duas mulheres mortas não se compara ao furor causado pelo estupro e assassinato de Jyoti Singh. Assim como as mulheres negras nos Estados Unidos e em outras sociedades dominadas por brancos, as mulheres dalit e de "casta inferior" na Índia são consideradas sexualmente promíscuas e, portanto, "inestupráveis".[44] Ninguém foi julgado pelo estupro e assassinato de Delta Meghwal, e nem ela, nem Jisha receberam títulos honoríficos da nação em luto. Em setembro de 2020, uma mulher dalit de dezenove anos morreu no hospital em Uttar Pradesh após relatar à polícia que havia sido estuprada por quatro vizinhos de casta elevada. A polícia, que negou o relato, queimou o corpo da jovem no meio da noite sob protestos de sua família.[45]

Punita Devi, a mulher de um dos homens condenados à morte pelo estupro e assassinato de Jyoti Singh, perguntou: "Onde vou morar? O que meu filho vai comer?".[46] Devi é de Bihar, um dos estados mais pobres do país. Até o dia da execução do marido, ela continuou a insistir na inocência dele. Talvez estivesse em negação. Ou talvez estivesse atenta para a suscetibilidade dos homens pobres a falsas alegações de estupro. De qualquer forma, Punita Devi viu algo com clareza. A lei do estupro — não a lei explicitamente codificada nos estatutos, mas a lei tácita que rege a maneira como o estupro é de fato tratado — não se preocupa com mulheres como ela. Se o marido de Devi tivesse estuprado a própria mulher ou uma mulher de casta inferior em vez de Jyoti Singh, hoje ele provavelmente estaria vivo. Com o marido agora morto, o Estado indiano não se importa em como Punita Devi ou seu filho vão sobreviver. "Por que os políticos não pensam em mim?", Devi perguntou, "eu também sou uma mulher."[47]

A "interseccionalidade" — termo cunhado por Kimberlé Crenshaw para nomear uma ideia inicialmente articulada por uma geração mais velha de feministas, de Claudia Jones a Frances M. Beal, Coletivo Combahee River, Selma James, Angela Davis, bell hooks, Enriqueta Longeaux y Vásquez e Cherríe Moraga — é muitas vezes reduzida, no entendimento comum, à atenção aos vários eixos de opressão e do privilégio: raça, classe, sexualidade, deficiência e assim por diante.[48] Mas reduzi-la à mera atenção à diferença é renunciar ao seu verdadeiro poder como orientação teórica e prática. O principal insight da interseccionalidade é que qualquer movimento libertário — feminismo, antirracismo, movimento operário — que se concentre apenas no que todos os integrantes do grupo relevante (mulheres, pessoas de minorias étnicas, classe trabalhadora) têm em comum é um movimento que servirá melhor aos integrantes do grupo que são menos oprimidos. Assim, um feminismo que lida apenas com casos "puros" de opressão patriarcal — casos que "não são complicados" por fatores como casta, raça ou classe — acabarão atendendo às necessidades de mulheres brancas ricas ou de alta casta. Da mesma forma, um movimento antirracista que lida apenas com casos "puros" de opressão racista acabará atendendo principalmente às necessidades de homens de minorias étnicas ricos, enquanto trata tanto mulheres quanto pessoas negras pobres como casos "complicados". Ambos os movimentos produzirão, de maneira alternada, uma política assimilacionista, que visa assegurar apenas para mulheres brancas ricas ou de alta casta e para homens de minorias étnicas ricos ou de alta casta o direito de serem tratados com as mesmas condições dos homens brancos ricos.

A política "Acredite nas mulheres", em sua forma atual, colide com as demandas da interseccionalidade. É mais comum as mulheres serem desacreditadas quando fazem acusações críveis de violência sexual, pelo menos contra certos homens. É para essa realidade que "Acredite nas mulheres" se apresenta como solução política. Ainda assim, as mulheres negras em especial sofrem com a estigmatização da sexualidade masculina negra, à qual a ordem "Acredite nas mulheres" protege de imediato, assim como as mulheres dalit sofrem especificamente com a estigmatização sexual dos homens dalit. Quando acreditamos rápido demais na acusação de uma mulher branca contra um homem negro, ou na acusação de uma mulher brâmane contra um homem dalit, quem se torna mais vulnerável à violência sexual são as mulheres negras e dalits. A capacidade delas de falar contra a violência que enfrentam de homens de sua raça ou casta é sufocada, e sua posição como complemento aos homens negros e dalit hipersexualizados é consolidada.[49] Nesse paradoxo da sexualidade feminina, essas mulheres se tornam "inestupráveis" e, portanto, mais estupráveis. Ida B. Wells documentou pacientemente os linchamentos de homens negros por causa de alegações forjadas de estupro de mulheres brancas. Mas ela também registrou os muitos estupros de mulheres negras que não inspiraram nenhuma turba de linchadores e aos quais foi dada pouca atenção. Um desses casos é o de Maggie Reese, uma menina de oito anos estuprada por um homem branco em Nashville, no Tennessee: "O ultraje contra crianças indefesas não precisava ser vingado nesse caso; ela era negra".[50]

Na era do #MeToo, o discurso em torno de falsas acusações desenvolveu uma característica inusitada. Muitos homens que consideram — ou que outros homens consideram — que foram punidos injustamente não negam ter feito o que suas supostas vítimas afirmam que fizeram. É claro que há homens que reiteraram sua inocência: Harvey Weinstein, Woody Allen, R. Kelly, James Franco, Garrison Keillor, John Travolta. Mas, com a mesma frequência, homens de destaque — Louis C.K., Jian Ghomeshi, John Hockenberry, Dustin Hoffman, Kevin Spacey, Matt Lauer, Charlie Rose — admitiram seu mau comportamento, apenas para logo em seguida exigir, como crianças cansadas do castigo, que os deixassem voltar a brincar. Um mês depois que a *Times* divulgou o segredo que todos já sabiam de Louis C.K., que tinha o hábito de se masturbar na frente de mulheres sem o consentimento delas, Matt Damon disse: "Eu imagino que o preço que ele pagou nesta altura está muito além de qualquer coisa".[51] Um ano após admitir que as alegações eram verdadeiras, C.K. foi aplaudido de pé quando entrou no palco para uma apresentação surpresa no Comedy Cellar de Nova York. Logo depois, em outra performance, ele zombou de homens asiáticos ("mulheres [com] clitóris muito grande"), de "judeu viado" e de "um garoto trans retardado".[52] Percebendo que havia algum desconforto na plateia, ele disse: "Foda-se, o que vocês vão tirar de mim, meu aniversário? Minha vida acabou, estou pouco me lixando". Os ingressos para as apresentações de C.K. continuam esgotando em poucas horas.[53] Charlie Rose, que foi acusado de assédio sexual por mais de trinta mulheres e era amigo pessoal de Jeffrey Epstein, recuou de sua admissão inicial de mau comportamento; seu advogado chamou o que ele havia feito de "interações e brincadeiras de rotina no ambiente de trabalho".[54] John Hockenberry, estrela de uma rádio pública, acusado de assediar sexualmente e intimidar várias colegas mulheres, escreveu um artigo na *Harper's* intitulado "Exile" [Exílio]:

Ser um romântico enganado, ou ter nascido na hora errada, ou seguir mal os exemplos deixados pela revolução sexual dos anos 1960, ou ter uma deficiência que o deixa impotente aos dezenove anos — nada disso justifica um comportamento ofensivo contra as mulheres. Mas a prisão perpétua do desemprego sem possibilidade de licença, o sofrimento de meus filhos e a ruína financeira são a consequência apropriada? Ser eliminado da profissão em que trabalhei por décadas constitui um passo no caminho para a verdadeira igualdade de gênero?[55]

Kevin Spacey, que foi acusado de assédio e agressão sexual por mais de trinta homens, alguns deles menores de idade na ocasião, inicialmente respondeu com as "mais sinceras desculpas" ao seu primeiro acusador, Anthony Rapp.[56] Um ano depois, postou um vídeo no YouTube, "Let Me Be Frank" [Deixe-me ser franco e/ou Deixe-me ser Frank], no qual disse aos espectadores, à maneira de Frank Underwood, seu personagem em *House of Cards*:

> Eu sei o que você quer [...], eu mostrei exatamente do que as pessoas são capazes. Deixei você em choque com a minha honestidade, mas, sobretudo, desafiei você e fiz você pensar. E você acreditou em mim, mesmo sabendo que não deveria. Portanto, não acabamos ainda, não importa o que digam e, além disso, eu sei o que você quer. Você me quer de volta.

O vídeo foi assistido mais de 12 milhões de vezes e tem mais de 280 mil curtidas.[57]

Esses homens não negam a veracidade das alegações contra eles, nem mesmo o mal que causaram. O que negam é que merecem ser punidos. Em um artigo de opinião no *New York Times*, a colunista Michelle Goldberg confessa que "se sente mal por muitos dos homens pegos de surpresa pelo movimento #MeToo". Não os que são notoriamente terríveis, como

Harvey Weinstein, ela explica, mas "os idiotas um pouco menos poderosos, menos explicitamente predadores, cujo comportamento grosseiro era tacitamente aceito por aqueles ao seu redor até que, de repente, não era mais". "Mal posso imaginar", escreve Goldberg, "o quão desorientador deve ser ver que as regras mudaram tão rápido para você."[58]

Essa ideia — de que as regras para os homens mudaram de repente, de modo que agora eles enfrentam punições por comportamentos que antes eram rotineiros e permitidos — tornou-se lugar-comum no #MeToo. A consequência parece ser que, até muito pouco tempo atrás, os homens estavam sujeitos a uma ideologia patriarcal totalizante, que tornava impossível para muitos deles saber a diferença entre flerte e assédio, coquetear e recusar, sexo e estupro. Algumas feministas defenderam algo próximo a essa visão. Trinta anos atrás, Catharine MacKinnon escreveu que mulheres são "violadas todos os dias por homens que não têm ideia do que o seu comportamento significa para as mulheres. Para eles, é sexo".[59] Em 1976, um britânico chamado John Cogan foi absolvido do estupro da esposa de seu amigo, Michael Leak.[60] Leak, que havia batido na esposa na noite anterior porque ela se recusara a lhe dar dinheiro quando ele voltou para casa bêbado, disse a Cogan, no bar, que ela queria transar com ele. Eles saíram do bar e foram para a casa de Leak, onde ele disse à esposa — "uma jovem magricela de vinte e poucos anos" — que Cogan faria sexo com ela e alertou que ela não devia lutar contra isso. Leak, então, a despiu, deitou-a na cama e chamou Cogan. Cogan assistiu Leak transando com a esposa e a seguir transou com ela. Depois que Cogan terminou, Leak transou mais uma vez com a esposa. Os homens em seguida voltaram para o bar. O tribunal decidiu que, como Cogan genuinamente acreditava que a esposa de Leak havia consentido, ele não atendia à exigência de *mens rea* (mente culpada) para estupro.[61]

Muitas vezes se considera que o #MeToo produziu uma versão generalizada da situação em que John Cogan se encontrava. O patriarcado mentiu para os homens sobre o que é ou não aceitável no sexo e nas relações de gênero como um todo. Os homens agora estão sendo pegos e punidos injustamente por seus erros inocentes, enquanto as mulheres impõem um novo conjunto de regras. Talvez essas novas regras sejam as corretas e, sem dúvida, as antigas causaram muito mal. Mas como os homens saberiam discernir? Na cabeça deles, não eram culpados, então eles também não têm motivos para absolvição?

Quantos homens são de fato incapazes de distinguir o sexo desejado do indesejado, o comportamento acolhedor do grosseiro, a decência da degradação? Cogan foi incapaz de fazer essa distinção? Ele admitiu ao tribunal que a esposa de Leak havia soluçado e tentado se afastar quando ele estava em cima dela. Ele pensou em perguntar, antes ou durante o contato sexual, se aquilo era realmente o que ela queria? Não teve nada na história dele, na vida dele, na consciência dele que lhe tenha chamado a atenção naquele momento, que lhe tenha dito que os gritos da mulher assustada na cama eram reais e clamavam por uma reação? Louis C.K. não tinha nenhum motivo para pensar que as mulheres diante das quais ele se masturbou se sentiam péssimas por isso? Por que, então, quando ele perguntou a outra mulher se podia se masturbar na frente dela e ela recusou, ele ficou vermelho e se sentiu obrigado a explicar que "tinha problemas"?[62]

É verdade que as mulheres sempre viveram em um mundo inventado por homens e governado por regras masculinas. Mas também é verdade que os homens sempre viveram junto de mulheres que contestaram essas regras. Durante grande parte da história da humanidade, a dissidência delas se deu no âmbito privado e de forma assistemática: recuando, lutando, indo embora, desistindo. Mais recentemente, tornou-se pública e organizada. Aqueles que insistem que os homens não têm condições de saber o que não devem fazer estão negando o que eles viram e ouviram. Os homens optaram por não ouvir porque isso lhes convém, porque as normas da masculinidade ditam que seu prazer seja prioridade, porque outros homens ao seu redor têm feito o mesmo. As regras que de fato mudaram, e continuam mudando, não são bem sobre o que é certo ou errado no sexo: as mulheres têm dito a verdade sobre isso aos homens, de uma forma ou de outra, há muito tempo. A regra que de fato mudou para homens como Louis C.K., Charlie Rose, John Hockenberry e muitos outros é que eles não podem mais ficar confiantes de que, ao ignorarem os gritos e os silêncios das mulheres que rebaixam, não haverá consequências.

Que consequências deve ter?

Há perguntas difíceis para as feministas fazerem e juntas tentarem responder sobre o modo peculiar de agir dos abusadores sexuais: se esses homens devem ser punidos e, em caso afirmativo, quais deles e de que formas; ou, como alternativa, se modelos não punitivos de reconciliação e reparo poderiam ser melhores. Muitas mulheres, é compreensível, têm a ânsia de ver abusadores intimidados, desmascarados e amedrontados — um acerto de contas não só desses homens, mas talvez de gerações de homens antes deles. Sobre a lista Shitty Media Men [Homens de merda da mídia], divulgada pelo BuzzFeed em 2017, Jenna Wortham escreveu no *New York Times*:

> Nas primeiras horas após a publicação da lista, quando ainda parecia secreta, apenas para mulheres, o ar que eu respirava era diferente. A energia parecia carregada [...]. Uma amiga comparou a sensação com as cenas finais de *V de vingança*. Ela gostava de ver as mulheres como vigilantes

digitais, sabendo que os homens estavam com medo. Eu também gostava. Queria que todos os homens levassem uma advertência e soubessem que eles também eram vulneráveis porque as mulheres estavam falando.[63]

Quando o poder do Estado carcerário não está disponível — quando a punibilidade já prescreveu, ou a prova consiste apenas no testemunho de mulheres, ou o comportamento não cruza a linha da criminalidade, ou o poder do homem o torna intocável —, as mulheres se voltam ao poder punitivo mais difuso, proporcionado pelas mídias sociais. Algumas parecem negar que isso mereça ser chamado de poder: criticar online um suposto assediador é apenas uma forma de discurso, e uma das poucas disponíveis para quem é relativamente impotente.

Isso não é verdade, como fica claro na referência de Wortham aos "vigilantes digitais". Tuitar sobre alguém, fazer circular uma lista com nomes ou publicar um relato de um encontro ruim pode não ser o mesmo que chamar a polícia, mas em um mundo onde as pessoas podem ser (e são) demitidas não por suas ações, mas pela indignação pública que causam, esses gestos não podem ser considerados meros discursos. (É claro, algumas mulheres sabem disso e gostam das consequências.) Tampouco podem ser vistas como meros discursos as contribuições discretas de milhares de indivíduos que se adensam formando uma voz coletiva que tem o poder de expor, causar vergonha e humilhar. Para a maioria de nós, um único tuíte é uma gota no oceano, um acréscimo insignificante a uma cacofonia de opiniões, trollagens e memes de gatos. Porém, às vezes, em retrospecto, descobrimos que compusemos — ou mesmo instigamos — algo maior, algo com consequências psíquicas e materiais significativas, e nem sempre aquelas que previmos, planejamos ou mesmo desejamos.[64] É suficiente dizer que essas consequências não foram intencionais, que sua contribuição foi apenas uma entre muitas outras, que o que você diz não pode ser tratado como a causa do que quer que aconteça em seguida? Como feministas, devemos de algum modo nos preocupar com o fato de que essa tem sido a defesa de quem produz pornografia ao ser acusado por feministas não apenas de retratar a subordinação sexual das mulheres, mas de torná-la socialmente aceitável? Justo as feministas devem apoiar a noção de que as palavras não fazem mal ou que o dano que causam não tem consequências éticas ou políticas? Justo as feministas devem negar que vozes impotentes unidas podem atuar de forma poderosa — e que com o poder vem a responsabilidade?

Não pretendo superdimensionar a questão. Homens suficientes foram criticados online por comportamento inadequado ou mesmo criminoso sem que houvesse uma repercussão séria. Muitos outros, é de imaginar, nunca são criticados. Dos dezessete homens acusados de violência sexual por várias mulheres anônimas na lista Shitty Media Men, parece que somente uns poucos enfrentaram sanções profissionais formais, sendo forçados a pedir demissão de seus empregos ou proibidos de contribuir para determinadas publicações. Nenhum está se escondendo. Ao que parece, um deles almoçou com Woody Allen, e na ocasião discutiram o quanto foram vitimizados pelas feministas. Harvey Weinstein foi condenado a 23 anos de prisão, o que foi motivo de alegria no Twitter feminista. No entanto, embora seu caso tenha motivado uma investigação jornalística ganhadora do prêmio Pulitzer e um movimento social que viralizou online, mais de cem mulheres se manifestaram, sendo que seis delas testemunharam no tribunal, e no fim das contas Weinstein foi condenado por apenas duas acusações: estupro de terceiro grau e agressão sexual de primeiro grau.

E, no entanto, se o objetivo não é apenas punir a dominação sexual masculina, mas acabar com ela, o feminismo deve dar atenção a questões que muitas feministas preferem evitar: pode um tratamento prisional que sistematicamente prejudica pessoas pobres e de minorias étnicas servir à justiça sexual? O conceito de devido processo legal — e talvez também o princípio da presunção de inocência — deve ser aplicado a mídias sociais e acusações públicas? A punição produz mudança social? O que é realmente necessário para alterar a mente do patriarcado?

Em 2014, Kwadwo Bonsu, aluno do terceiro ano na Universidade de Massachusetts, na cidade de Amherst, foi acusado de agredir sexualmente uma colega em uma festa de Halloween fora do campus. De acordo com a suposta vítima, ela e Bonsu estavam saindo, conversaram e fumaram maconha e, por fim, começaram a se beijar. Aqui está o que, segundo ela, aconteceu em seguida:

> Foi ficando mais intenso até que finalmente mudei de posição e fiquei montada nele. Mesmo chapada, me dei conta de que ele poderia estar esperando fazer sexo, então eu lhe disse "não quero transar", e ele disse "não precisamos transar". Comecei a descer minha mão pelo seu peito e por dentro de sua calça quando ele me pediu para apagar a luz. Tentei me levantar para alcançar o interruptor que estava a um metro de distância, mas não consegui mexer meu corpo e fazer isso. Ele alcançou o interruptor e voltamos aos nossos amassos [...]. Ele se levantou e se sentou na cama, então fui atrás. Fiquei de joelhos e comecei a pagar um boquete quando senti uma verruga [na] língua. Tirei a boca, mas continuei os movimentos com a mão e notei o quão doida eu estava. Eu disse: "Eu... não estou confortável". Ele não disse nada, e eu senti como se estivesse esperando que ele me desse permissão para sair, porque me

senti mal por tê-lo deixado excitado e depois desistido. Diminuí o ritmo da minha mão e disse de novo algo como: "É, estou incomodada mesmo... Estou muito chapada e incomodada. Acho que preciso ir embora" [...]. Ele voltou a se sentar e nos beijamos um pouco mais. Me levantei e murmurei outra vez: "É isso, quero ir embora". Ele disse algo como: "Sim, você disse isso. Mas acho que devo usar os próximos dois minutos para convencer você do contrário". Eu ri, ele se levantou e nos beijamos um pouco mais [...]. Por fim eu me movi com a intenção de ir embora, e ele de um jeito brincalhão agarrou meu braço para me puxar de volta para o beijo. Eu continuei emitindo sons que a meu ver mostravam como me sentia [...] ele me puxou para beijá-lo de novo algumas vezes. Eu estava ajeitando a minha roupa, que em momento algum havia tirado, quando ele pediu para trocarmos telefones. Fizemos isso e saí para o corredor.[65]

"Quando meu treinamento de mentoria na universidade começou", continuou contando — ela era mentora em sua residência universitária, encarregada de aconselhar outros alunos —, "percebi que eu tinha sofrido abuso sexual." Ela explicou que, embora soubesse que poderia ir embora a qualquer momento, "a cultura estudantil da UMass [Universidade de Massachusetts] dita que quando as mulheres se envolvem sexualmente com os homens, elas têm o dever de ir até o fim". Depois, ela disse: "Quero assumir totalmente a minha participação no que aconteceu, mas ao mesmo tempo reconhecer que me senti violada e que devo a mim mesma e a outras pessoas responsabilizá-lo por algo que senti na pele que não estava certo".[66]

Logo depois, a estudante apresentou uma acusação contra Bonsu, por agressão sexual, ao chefe de departamento de assuntos estudantis da UMass e à polícia de Amherst. A polícia investigou o caso e se recusou a dar queixa. Anotações feitas em uma reunião de um assistente de direção com a suposta vítima registram que Bonsu "não pediu um boquete nem deu início ao ato, mas [a suposta vítima] assumiu que aquilo devia acontecer".[67] A universidade marcou uma audiência para o caso e informou Bonsu de que nesse meio-tempo ele estava sujeito a "restrições provisórias", incluindo a proibição de contatar a pleiteante, visitar dormitórios que não fossem o seu, mudar de refeitório e entrar para o grêmio estudantil. Um mês depois, a estudante relatou à administração que Bonsu havia tentado ficar amigo dela no Facebook. A universidade expulsou Bonsu do alojamento e do campus, exceto para assistir às aulas. Com pneumonia causada por estresse e sofrendo um colapso nervoso, Bonsu voltou a morar em Maryland com seus pais, imigrantes de Gana. A audiência na universidade ocorreu sem ele. Bonsu foi inocentado da acusação de agressão, mas culpado pelo envio da solicitação de amizade no Facebook. Ele foi suspenso até depois da sua data de formatura, permanentemente proibido de morar no campus e obrigado a ter aconselhamento terapêutico. Bonsu saiu da UMass e tempos depois processou a universidade pela "violação de direitos civis federais [...] resultante da decisão arbitrária, injusta, deliberada, discriminatória e ultrajante de suspender o sr. Bonsu [...] com base em falsas alegações de atividade sexual não consensual".[68] O processo foi encerrado em 2016 por um valor não divulgado.

Bonsu afirmou que a alegação feita contra ele era "falsa". Em certo sentido, isso é enganoso: ele mesmo admitira que o que a moça descreveu de fato aconteceu. Mas, pelo menos na opinião da UMass e do estado de Massachusetts, esses detalhes não reforçavam que houvera estupro.[69] A suposta vítima, por sua vez, insistiu que Bonsu não a obrigou a fazer nada, que ele ouviu quando ela disse não, que foi ela quem iniciou os atos sexuais, que não teve medo dele, sabia que poderia ter parado e ido embora, e que de várias formas ela sinalizou que queria continuar. No entanto, havia ocorrido algo que ela "sentiu na pele que não estava certo". Ela havia sido "violada".[70]

Críticas feministas do Título IX, a lei federal que proíbe a discriminação sexual em campus universitários dos Estados Unidos — entre elas Janet Halley, Laura Kipnis e Jeannie Suk Gersen —, apontam casos como o de Bonsu como evidência de que as interações sexuais cotidianas estão agora sujeitas ao moralismo histérico e a medidas regulatórias que passam dos limites da "burocracia sexual", termo usado por Suk Gersen e seu marido, Jacob Gersen.[71] Eles escreveram:

> Corroendo as proteções procedimentais e expandindo, simultaneamente, a ideia de não consentimento, a burocracia vai investigar e disciplinar a conduta sexual que mulheres e homens vivenciam como sendo sexo consensual (embora não ideal). O resultado não é uma violência sexual ou uma burocracia do assédio sexual. É, sim, uma burocracia sexual, focada em uma conduta que difere de forma substancial dos erros e danos reais que motivaram seu crescimento [...]. A burocracia sexual regula o sexo *comum*, em detrimento do enfrentamento da violência sexual real e, infelizmente, corrói a legitimidade dos esforços para combater a violência sexual.[72]

É verdade que as universidades americanas desenvolveram, nas últimas décadas, infraestruturas elaboradas para a gestão do sexo praticado pelos alunos. Não foram projetadas, de forma prioritária, para proteger os alunos da violência sexual, mas para proteger as universidades de ações judiciais, danos à reputação e cortes de financiamentos federais. Não causa espanto que as falhas na burocracia sexual universitária sejam tão numerosas. Muitas estudantes agredidas sexualmente são encorajadas a não ir à polícia, no entanto depois descobrem que o procedimento interno não cumpre com o dever de responsabilizar os agressores. Em outras ocasiões, os homens são previsivelmente punidos, como no caso de Bonsu, sem contar com as proteções do devido processo legal.[73]

Mas ao apresentar o que aconteceu na UMass como um caso de sexo "comum" — sexo que é apenas "ambivalente, indesejável, desagradável, não sóbrio ou que causa arrependimento"[74] —, os críticos do Título IX tornam tudo muito fácil para eles. A mulher que bateu punheta em Bonsu de fato não queria — ou queria no início e depois deixou de querer. Ela continuou o ato pelo mesmo motivo que tantas meninas e mulheres continuam: porque há um entendimento de que as mulheres que estimulam os homens devem terminar o trabalho. Não importa se o próprio Bonsu tinha essa expectativa, pois é uma expectativa já internalizada por muitas mulheres. Uma mulher que continua um ato sexual que não quer mais praticar, sabendo que pode parar e ir embora, mas ao mesmo tempo sabendo que isso a tornará alguém que gosta de excitar o homem e frustrá-lo em seguida, um objeto de desprezo masculino: há mais coisas em torno disso do que apenas ambivalência, desagrado e arrependimento. Há também um tipo de coerção: talvez não diretamente provocada por Bonsu, mas pelo sistema regulatório informal das expectativas sexuais de gênero. Às vezes, o preço pago pela violação dessas expectativas é alto, até mesmo mortal. É por isso que há uma conexão entre esses episódios de sexo "comum" e os "erros e danos reais" causados pela agressão sexual. O que aconteceu na UMass pode muito bem ser "comum" em termos estatísticos — é algo que acontece todos os dias —, mas não é "comum" no sentido ético, que possa ser ignorado sem fazer comentários. Nesse sentido, é um fenômeno extraordinário, com o qual estamos todos familiarizados.

Mas chamar esse tipo de sexo de "estupro", como muitas feministas fariam, ajudaria a quem?[75] Em 2014, o governador da Califórnia, Jerry Brown, com o apoio de ativistas feministas, sancionou o Projeto de Lei SB 967, conhecido como "Sim é Sim".[76] O projeto determina que todas as faculdades e universidades que recebem financiamento estadual para auxiliar estudantes adotem um padrão de "consentimento afirmativo" para julgar se um ato sexual é consensual. O SB 967 diz:

"Consentimento afirmativo" significa acordo afirmativo, consciente e voluntário para se envolver em atividade sexual. É responsabilidade de cada pessoa envolvida na atividade sexual garantir que ele ou ela tenha o consentimento afirmativo do outro ou dos outros para se envolver em tal ato. A falta de protesto ou de resistência não significa consentimento, tampouco o silêncio. O consentimento afirmativo deve ser contínuo durante toda a atividade sexual e pode ser revogado a qualquer momento. A existência de uma relação de namoro entre as pessoas envolvidas ou o fato de que elas já tenham tido relações sexuais antes nunca devem ser tomados, por si só, como indicadores de consentimento.

Depois que se tornou lei, Ezra Klein escreveu no site de notícias *Vox* que o SB 967 lançaria "dúvidas sobre a prática sexual cotidiana" e criaria "uma névoa de medo e confusão sobre o que se considera consentimento". Mas, disse ele, "as práticas sexuais cotidianas nos campi universitários precisam ser revogadas, e os homens precisam sentir uma pontada fria de medo no começo de um encontro sexual [...]. Problemas feios nem sempre têm soluções bonitas".[77]

A Lei SB 967 teria resolvido problemas na UMass? Isso depende, precisamente, do que se considera ser "o problema". Se o problema for homens fazerem sexo com mulheres sem antes assegurarem um "sim" categórico, uma lei de consentimento afirmativo talvez seja uma solução eficaz, embora desagradável. Mas se o problema for algo mais profundo, que tem a ver com as estruturas psicossociais que fazem os homens quererem fazer sexo com mulheres que por sua vez não querem, ou que fazem com que eles sintam que devem superar a resistência de uma mulher, e isso leva as mulheres a sentir que devem fazer sexo quando não têm vontade, fica muito menos claro o que uma lei como a SB 967 alcança. Como apontou Catharine MacKinnon, as leis de consentimento afirmativo apenas mudam as regras sobre o que constitui o sexo legalmente aceitável: enquanto antes os homens tinham que parar quando as mulheres diziam não, agora eles só precisam fazer as mulheres dizerem sim.[78] Como formular um regulamento que proíba o tipo de sexo produzido pelo patriarcado? Será que a razão que torna tão difícil responder a essa pergunta é simplesmente que a lei é o instrumento inadequado para a tarefa?

Suponha que leis como a SB 967, ao estabelecer exemplos para certos homens, fossem capazes de mudar a forma como outros fazem sexo. Mesmo assim: as feministas deveriam abraçar essa possibilidade? Se a UMass tivesse um padrão de consentimento afirmativo, Kwadwo Bonsu teria sido considerado culpado de agressão sexual pelo departamento do Título IX da universidade e, provavelmente, expulso. Se ele estivesse em um dos estados — como Nova Jersey, Oklahoma ou Wisconsin — que adotou um padrão de consentimento afirmativo em seus estatutos de estupro, poderia ter sido acusado, condenado, detido e preso.[79] Sendo ele um homem negro acusado por uma mulher branca, isso teria chances enormes de acontecer. A engrenagem quase legal da universidade já foi suficiente para destruir a vida de Bonsu. Nem a própria vítima parecia querer esse desfecho. Em sua declaração para a universidade, ela escreveu que a punição de Bonsu deveria ser tão "moderada quanto possível, haja vista todos os tons de cinza que colorem esse incidente".[80] Mas suponha que ela quisesse — que ela fosse se sentir mais segura, de alguma forma recompensada, com a prisão dele. As feministas deveriam estar dispostas a arcar com esse custo?

Não estou dizendo que o feminismo não deva exigir mais dos homens — na verdade, pedir-lhes que sejam homens melhores. Mas um feminismo que valha a pena deve encontrar maneiras mais hábeis de fazê-lo do que por meio de reproduções repetitivas da velha forma de crime e castigo, que produz satisfações fugazes e custos previsíveis. O que estou dizendo é que um feminismo que valha a pena deve, não pela primeira vez, esperar que as mulheres sejam melhores — não só mais justas, mas mais imaginativas — do que os homens.

Porém isso não cabe apenas às mulheres. Na verdade, o que é impressionante sobre os homens públicos expostos pelo #MeToo é o quão desinteressados eles estão, no geral, em tornar-se homens melhores. Bem no início de seu artigo na *Harper's*, John Hockenberry diz que, apesar de não "apoiar o fanatismo" com o qual "foi desmantelado" e de negar ser "algum tipo de oficial ou agente do patriarcado", ele "endossa de todo o coração a causa superior da igualdade de gênero". Ao mesmo tempo, ele reclama do fim do "romance tradicional", caracteriza o assédio verbal e físico que cometeu contra suas funcionárias como "tentativas de namoro impróprias, fracassadas e inábeis", culpa a "fusão contraditória do puritanismo sexual" com o "progressismo social" nos Estados Unidos, compara o #MeToo ao período do Terror da Revolução Francesa, lamenta que "não tenha havido nenhuma defesa pública de [...] alguém que dedicou a vida inteira a servir ao público", especula se Andrea Dworkin seria sua amiga ("Ela me aceitaria como seu parceiro paraplégico sem pênis?") e se identifica com a personagem fictícia Lolita, uma vítima de estupro de doze anos. Mas ele não encontrou espaço, no seu extenso patrimônio textual, para pensar sobre o que seus atos causaram às mulheres que os sofreram. As palavras "dano" e "mal" não aparecem. Já "dor", "doloroso" ou "dolorosamente" aparecem seis vezes, todas em referência ao que o próprio Hockenberry ou seus filhos experimentaram.

Na sua contribuição para o gênero literário que Jia Tolentino nomeou "O ano em que fui considerado responsável por meu próprio comportamento", Jian Ghomeshi, o locutor de rádio canadense acusado de agressão sexual violenta ou de assédio por mais de vinte mulheres, escreveu na *New York Review of Books* sobre o "curso intensivo de empatia" que recebera desde a sua humilhação pública.[81] Mas a empatia não foi pelas mulheres que ele agrediu e assediou. Em vez disso, teve empatia por outros homens como ele: "Tenho uma nova e firme antipatia pela *schadenfreude* [...]. Agora tenho um jeito diferente de olhar para qualquer pessoa que está sendo atacada na esfera pública, mesmo aquelas de quem posso discordar profundamente".[82] "Tenho pena de muitos desses homens", escreve a jornalista Michelle Goldberg, "mas não acho que eles sintam pena das mulheres nem pensem quase nada sobre a experiência delas."[83]

Esses desgraçados porém amados, arruinados porém ricos, que nunca mais conseguirão um emprego até que de novo consigam, filhos pródigos do #MeToo: eles e seus defensores não estão, apesar de todos os seus protestos de inocência e acusações de linchamento, indignados com o caráter falso das acusações de mulheres. Eles estão indignados com o caráter verdadeiro dessas acusações. Estão indignados, principalmente, porque pedir desculpas não soluciona tudo: porque as mulheres esperam que eles, junto com o mundo que os levou ao poder, mudem. Mas por que deveriam? Vocês não sabem com a porra de quem estão falando?

Conversando com meus alunos sobre pornografia

A pornografia matou o feminismo? Essa é uma maneira de contar a história do movimento de libertação das mulheres dos Estados Unidos, que irrompeu com uma grande e alegre fúria e com seriedade de propósito no final dos anos 1960, mas no espaço de uma geração se tornou algo fraturado e desgastado. Debates sobre pornografia — é um instrumento do patriarcado ou um contra-ataque à repressão sexual? Uma técnica de subordinação ou um exercício de liberdade de expressão? — passaram a preocupar o movimento de libertação das mulheres nos Estados Unidos, até certo ponto no Reino Unido e na Austrália, e depois a despedaçá-lo.

Em abril de 1982, foi realizada em Nova York a Conferência sobre Sexo de Barnard (como ficou conhecida).[1] O tema era "o prazer sexual, as escolhas e a autonomia das mulheres". No artigo conceitual da conferência, "Towards a Politics of Sexuality" [Rumo a uma política da sexualidade], Carole Vance exigiu o reconhecimento do sexo como "um domínio, simultaneamente, da restrição, da repressão e do perigo, bem como da exploração, do prazer e do agenciamento".[2] Cerca de oitocentos estudantes, acadêmicos e ativistas feministas[3] participaram de palestras e workshops, entre eles "Pornografia e a construção de um sujeito feminino", "Sexualidade politicamente correta e incorreta" e "Proibido: Erotismo e tabu". Como escreveu uma das organizadoras do *Diary of a Conference on Sexuality* [Diário de uma Conferência sobre Sexualidade] — um fanzine punk de ensaios críticos, reflexões espirituosas, sugestões de leitura e imagens sexualmente explícitas que seria entregue aos participantes —, a intenção era que o evento fosse "uma festa de debutante de feministas que tinham ficado estarrecidas com a desonestidade intelectual e a monotonia do movimento antipornografia".[4] Faltando uma semana para a conferência começar, feministas antipornografia começaram a inundar a administração e a curadoria do Barnard College* com telefonemas, reclamando que o evento havia sido planejado por "pervertidas sexuais".[5] A presidente do Barnard, Ellen Futter, permitiu que o evento prosseguisse, mas não sem antes interrogar os organizadores e confiscar todos os 1500 exemplares do *Diário*, que ela declarou ser uma peça pornográfica.[6]

Na própria conferência, feministas antipornografia, vestindo camisetas estampadas com as frases "Por uma sexualidade feminista" na frente e "Contra o S/M [sadomasoquismo]" atrás, distribuíram folhetos acusando o evento de apoiar não só a pornografia e o sadomasoquismo, mas também o patriarcado e o abuso infantil.[7] (A última acusação não era de todo infundada. A mesma organizadora que chamou a conferência de "festa de debutante" também escreveu no *Diário*: "Entendo o posicionamento avançado sobre pornografia, sobre *s* e *m*, mas não consigo entender o argumento para a pederastia!".)[8] Quando o *Diário* foi por fim reimpresso, Andrea Dworkin enviou exemplares com uma carta de apresentação, declarando-o "perniciosamente antimulher e antifeminista". A publicação feminista *off our backs*, "a coisa mais próxima de um jornal que registra o movimento feminista", dedicou grande parte de

---

* O Barnard College, faculdade de ciência humanas para mulheres, é um braço da Universidade Columbia. Foi fundado em 1889, quando a Columbia não aceitava estudantes mulheres. [N. T.]

sua edição de junho de 1982 a criticar a conferência, desencadeando uma "avalanche" de respostas enfurecidas.[9]

As organizadoras do Barnard recordaram "uma atmosfera macarthista de caça às bruxas e de expurgos"[10] na esteira do evento, e o Barnard Women's Center [Centro de Mulheres de Barnard] perdeu o patrocinador da série de conferências. Uma feminista britânica, observando o que se passava do outro lado do Atlântico, lamentou que a conferência de Barnard e suas consequências tenham "intensificado as divisões no movimento americano, já repletas de cicatrizes".[11] Em 1986, um congresso no Mount Holyoke College sobre "Feminismo, sexualidade e poder" se transformou em uma "batalha campal" em que, como lembrou uma das organizadoras, algumas "palestrantes se recusaram a deixar de lado questões relativas à pornografia e ao sadomasoquismo e [...] foram extremamente desagradáveis com suas companheiras".[12] Em 1993, um grupo de feministas antipornografia escreveu uma carta ao vice-reitor da Universidade Nacional da Austrália exigindo a anulação de um convite feito a feministas americanas pró-sexo, entre as quais Gayle Rubin e Carole Vance. Uma das signatárias foi Sheila Jeffreys, figura central na ala "feminista revolucionária" do movimento britânico de libertação das mulheres, que — contrária à posição dominante das feministas socialistas — insistia que a violência sexual masculina, e não o capitalismo, era a base da opressão das mulheres. Nos últimos anos, Jeffreys condenou a "difamação" e a "censura" sofridas por feministas que são, como ela, trans excludentes.[13] Jeffreys parece não reconhecer a ironia de ser contra as mesmas táticas que ela e outras feministas antipornografia lançaram quarenta anos atrás. Em 2011, Gayle Rubin, que ministrou um workshop na Conferência de Barnard, escreveu que ainda nutria "o horror de ter estado lá".[14]

Tudo isso pode parecer estranho, até mesmo pitoresco, para nós hoje em dia. Todo esse alvoroço por causa de pornografia? No nível prático e tecnológico, embora não no filosófico, a internet resolveu para nós a "questão da pornografia". Uma coisa era cogitar a possibilidade de aboli-la quando estava em revistas do gênero e em salas decadentes de cinema pornô: quando tinha um lugar físico e era, em princípio, controlável. Porém, na era da pornografia onipresente e disponível de forma instantânea, isso é completamente diferente.[15]

A intensidade das "guerras da pornografia" é mais compreensível quando se tem em mente que ela chegou a ser, para feministas de uma geração anterior, uma metonímia para sexo "problemático" de modo geral: para o sexo que não levava em consideração o prazer feminino, o sexo sadomasoquista, a prostituição, as fantasias de estupro, o sexo sem amor, o sexo em que há diferenças de poder, o sexo com homens. A pornografia se tornou, portanto, não apenas uma entre muitas questões contestadas em uma nova política do privado, mas um para-raios para duas visões conflitantes do sexo. A visão "antissexo" dizia que o ato que conhecemos é uma construção patriarcal — uma erotização da desigualdade de gênero — da qual não se pode se libertar de verdade sem que haja uma revolução nas relações entre homens e mulheres. Na falta disso, o separatismo, o lesbianismo ou a abstinência seriam (na melhor das hipóteses) as únicas opções emancipatórias. Já do ponto de vista "pró-sexo", a liberdade das mulheres exigia a garantia do direito delas de fazer sexo quando, como e (havendo consentimento da outra parte) com quem quisessem, sem estigma ou vergonha. (É claro que muitas feministas se viam em algum ponto entre esses dois polos — por exemplo, querendo se opor veementemente ao que lhes parecia ser uma cultura de estupro generalizada, facilitada pela pornografia, e ao mesmo tempo distinguir estupro de sexo "desejado".)

Enquanto o feminismo contemporâneo — ao insistir no direito das mulheres ao prazer sexual e no consentimento como o único limite do sexo permissível — assumiu em grande medida a perspectiva pró-sexo, muitas feministas ainda têm simpatia por uma abordagem mais antiga e circunspecta do sexo. Para elas, o sexo parece precisar de mais uma transformação revolucionária. Nesse sentido, as preocupações que motivaram as guerras da pornografia continuam presentes.

Mas as guerras da pornografia, embora dissessem respeito ao sexo, também envolviam a pornografia em si: as revistas do gênero, as lojas de artigos íntimos e os filmes em cartaz em cinemas pornô. As feministas da segunda onda começaram a protestar contra a pornografia no final dos anos 1960. Na primavera de 1969, pressionadas pelo FBI, as gravadoras de música deixaram de anunciar em jornais clandestinos. Precisando de fundos, esses jornais passaram a publicar anúncios e encartes pornográficos.[16] Para as feministas da época, não foi uma surpresa que esses órgãos da nova esquerda estivessem capitalizando o sexismo; o movimento de libertação das mulheres foi em grande parte formado em reação à misoginia de seus camaradas supostamente radicais. Em 1970, trinta mulheres ocuparam o escritório da Grove Press, uma editora alternativa cujo proprietário, Barney Rosset (identificado pela revista *Life* como "O velho vendedor de obscenidades"), parou de defender de maneira ferrenha seu direito legal de publicar literatura "obscena" de D. H. Lawrence e Henry Miller para se tornar um grande distribuidor de filmes pornográficos. (Rosset foi também um destruidor do movimento sindical; Robin Morgan estava entre os nove funcionários que foram demitidos por tentarem sindicalizar a Grove.)[17]

Em meados da década de 1970, em meio a um crescente movimento de reação ao feminismo, as feministas começaram a identificar a pornografia como o pivô do patriarcado. "A pornografia é a teoria e o estupro é a prática", declarou Robin

Morgan em 1974.[18] Em 1976, foi fundado na baía de San Francisco o Women Against Violence in Pornography and Media [Mulheres Contra a Violência na Pornografia e na Mídia], primeiro grupo feminista antipornografia. Seu objetivo era "acabar com todas as representações de mulheres sendo amarradas, estupradas, torturadas, mutiladas, abusadas ou degradadas, de qualquer modo, para estimulação sexual ou erótica".[19] Nesse mesmo ano, Andrea Dworkin, junto com outras feministas radicais, fez um piquete em um cinema em Nova York que exibia *Snuff*, filme que supostamente mostrava imagens reais de uma mulher grávida sendo assassinada e esquartejada por uma equipe de filmagem na Argentina. (O slogan de *Snuff* era: "O filme que só poderia ser feito na América do Sul [...] onde a vida é BARATA!".) O grupo foi adiante, formou o Women Against Pornography (WAP, sigla em inglês de Mulheres Contra a Pornografia) e começou a fazer "tours" quinzenais em sex shops, cabines de *peep shows* e bares de topless na Times Square. Um repórter do *New York Times* que participou de um dos tours guiados, liderado por Susan Brownmiller, descreveu a apresentação de slides de conscientização que o precedeu: "Uma dúzia de mulheres olhava fixamente, com o rosto imobilizado, a pequena fachada da loja, enquanto imagens de mulheres sendo amarradas, espancadas e abusadas eram exibidas na tela".[20] (Mais tarde, algumas feministas admitiram ter ficado excitadas com as apresentações de slides da WAP.) O projeto da prefeitura Midtown Enforcement, com foco no combate à prostituição e à pornografia, cedeu ao grupo o escritório da WAP na Nona Avenida sem cobrar aluguel, após fechar o "restaurante de culinária sulista e ponto de encontro de travestis e prostitutas" que antes ocupara o espaço. (Carl Weisbrod, diretor do projeto, comentou: "Obviamente, a pornografia é uma questão preocupante tanto para a cidade quanto para as feministas".)[21] Em Los Angeles, em 1976, o grupo Women

Against Violence Against Women (WAVAW, sigla em inglês para Mulheres Contra a Violência Contra as Mulheres) protestou contra o outdoor do álbum *Black and Blue* [Preto e azul], dos Rolling Stones, que retratava uma mulher atada e cheia de hematomas, com a legenda "Sou *Black and Blue* dos Rolling Stones — e eu amo isso!". Comitês do WAVAW surgiram nos Estados Unidos e no Reino Unido. Em 1986, uma campanha britânica contra pornografia foi lançada para fazer lobby contra as "garotas da página 3" dos tabloides, retratadas de topless. Na Nova Zelândia, o WAW pediu a renúncia do censor-chefe do país, que autorizou a exibição de um filme de terror, *A vingança de Jennifer* (1978), que tinha uma cena na qual uma gangue estuprava a protagonista por meia hora.

Para as feministas antipornografia da época, a pornografia não era apenas a representação misógina das mulheres e do sexo. Era "nada mais, nada menos do que propaganda".[22] Era o cadafalso ideológico do patriarcado: erotizando, incitando e legitimando a violência masculina contra as mulheres — e reforçando a subordinação social e política das mulheres aos homens. Como Catharine MacKinnon expôs em seu manifesto antipornografia *Only Words* [Apenas palavras] (1993):

A mensagem desses materiais [...] é "pegue-a", apontando para todas as mulheres, beneficiando agressores com 10 bilhões de dólares por ano, número que vem crescendo. Essa mensagem é dirigida diretamente ao pênis, entregue por meio de uma ereção e descontada de forma injusta nas mulheres do mundo real. O conteúdo dessa mensagem não é exclusivo da pornografia. A função da pornografia de efetuá-la é que é única.[23]

Dizer que é a função da pornografia *efetuar* a sua mensagem é vê-la como um mecanismo que não só retrata o mundo, mas que faz o mundo. A pornografia, para MacKinnon e outras feministas antipornografia, era uma máquina de produção e reprodução de uma ideologia que, ao erotizar a sujeição das mulheres, a tornava real.

Essa análise, irredutível ao insistir no poder da pornografia de moldar o mundo, foi historicizada e racializada pelas feministas negras desse período. Elas identificaram o modelo para a pornografia tradicional na exposição histórica dos corpos de mulheres negras no contexto do colonialismo e da escravidão: como Sarah Baartman, a "Vênus Hotentote", cujo corpo quase nu foi exibido por toda a Europa como amostra da hipersexualidade da mulher africana, além das incontáveis mulheres escravizadas que foram despidas, aguilhoadas e vendidas em leilões. Assim, Alice Walker escreveu que "as raízes mais antigas da pornografia moderna se encontram no tratamento quase sempre pornográfico das mulheres negras que, desde o momento em que foram escravizadas [...], foram submetidas ao estupro como convergência 'lógica' de sexo e violência".[24] Em seu clássico *Pensamento feminista negro* (de 1990, publicado no Brasil em 2019), Patricia Hill Collins identificou que a objetificação pornográfica de mulheres brancas foi precedida pela de mulheres escravas afro-americanas, que eram "acasaladas" precisamente para ser indistinguíveis das mulheres brancas. Assim, a mulher afro-americana "assemelhava-se à imagem de beleza, assexualidade e castidade imposta às mulheres brancas", escreveu Collins, mas "dentro dela, porém, havia uma prostituta altamente sexualizada, uma 'amante escrava' pronta para satisfazer seu proprietário".[25] Collins sugere que é dessa conexão entre raça e gênero que a pornografia tradicional ganhou sua personalidade feminina canônica: a puta recatada. Se a pornografia representava um ataque ao status das mulheres brancas, isso era duplamente verdadeiro para as mulheres de minorias étnicas, cuja objetificação sob o olhar racista e patriarcal fora da tela era o modelo original para o tratamento de todos os corpos femininos.

As feministas antipornografia estavam se tornando histéricas? Puritanas severas? Na era da pornografia na internet, em DVDs e videocassetes, sem falar em posters de pinups em página dupla de revistas e em cinemas pornô decadentes, elas podem ser ridicularizadas como retrógradas nostálgicas. Olhando para trás, algumas pessoas podem achar que as ativistas feministas antipornografia foram tomadas pela apreensão em relação a uma cultura de massa que estava se tornando mais aberta ao sexo e que era bastante capaz de separar a fantasia do fato. Como escreveu um grupo de feministas pró-pornografia em 1983, feministas preocupadas com o sexo sob o patriarcado acharam mais fácil "atacar a imagem do que nos oprime do que a misteriosa e elusiva [...] coisa em si".[26] O resultado foi que as feministas antipornografia estavam superestimando o poder da pornografia: elas tinham perdido a perspectiva. Mas e se o verdadeiro significado da perspectiva feminista antipornografia não residir naquilo em que estavam prestando atenção, mas sim em quando? E se elas não eram histéricas, mas visionárias?

Quem me fez pensar primeiro nessa questão foram meus alunos. Discutir "a pornografia" é mais ou menos obrigatório em uma aula de introdução à teoria feminista. Mas eu não estava entusiasmada. Imaginei que achariam a posição antipornografia puritana e ultrapassada, enquanto eu me esforçava para fazer com que vissem a relevância da história feminista para o momento contemporâneo. Eu não precisava ter me preocupado. Eles estavam arrebatados. Será que a pornografia não só retrata a subordinação das mulheres, mas a torna efetivamente real?, perguntei. Sim, eles disseram. A pornografia silencia as mulheres, tornando mais difícil para elas protestarem contra o sexo indesejado, e mais difícil para os homens ouvirem esses protestos? Sim, eles disseram. A pornografia é responsável pela objetificação e marginalização das mulheres, pela violência sexual praticada contra as mulheres? Sim, eles disseram, sim a tudo isso.

Não eram só as alunas que respondiam; os alunos homens também diziam sim, em alguns casos até de forma mais enfática. Uma jovem se opôs, citando o exemplo da pornografia feminista. "Mas não é a isso que assistimos", disseram os homens. Eles viam coisas pesadas, agressivas — algo que agora está gratuitamente na internet. Meus alunos homens reclamaram das práticas que se espera que eles desempenhem no sexo; um deles perguntou se era utópico demais imaginar um sexo que fosse amoroso e recíproco, e não sobre dominação e submissão. Minhas alunas falaram sobre a negligência com o prazer feminino no roteiro pornográfico, e se perguntaram se isso tinha algo a ver com a falta de prazer em suas próprias vidas. "Mas se não fosse pela pornografia", disse uma mulher, "como aprenderíamos a fazer sexo?"

A pornografia era significativa para meus alunos; era algo com o qual eles *se importavam* muito. Como as feministas antipornografia de quarenta anos atrás, eles tinham uma percepção aguçada do poder da pornografia, uma forte convicção de que ela fazia coisas no mundo. Conversando com minha estagiária docente depois daquele seminário (ela era uns bons anos mais nova do que eu), me dei conta do que deveria ter sido óbvio desde o início. Meus alunos pertenciam à primeira geração que cresceu com a pornografia na internet. Praticamente todo homem daquela classe deve ter tido sua primeira experiência sexual diante de uma tela, no momento em que quis ou não quis. E quase todas as mulheres da classe devem ter tido sua primeira experiência sexual, se não diante de uma tela, com um garoto cuja primeira experiência sexual ocorreu dessa forma. Nesse sentido, a experiência delas também teria sido mediada por uma tela: pelo que havia ensinado o garoto a fazer. Embora hoje quase todos vivamos em um mundo onde a pornografia é ubíqua, meus alunos, nascidos no final do século passado, foram os primeiros a atingir a maioridade sexual nesse mundo.

Eles não roubaram ou circularam entre eles revistas ou vídeos, nem deram espiadelas aqui e ali. Para eles, o sexo estava lá, totalmente formatado, interpretado, categorizado — *teen*, *gangbang*, MILF, *stepdaughter* —, esperando na tela. Quando começaram a fazer sexo na vida real — mais tarde do que adolescentes de gerações anteriores, vale ressaltar —, havia, ao menos para meninas e meninos heterossexuais, um roteiro que ditava não apenas movimentos físicos, gestos e barulhos a serem feitos e demandados, mas também o envolvimento, os desejos e a distribuição de poder apropriados. A psique dos meus alunos é produto da pornografia. As advertências das feministas antipornografia parecem ter sido entendidas tarde demais: para os meus alunos, sexo é o que a pornografia diz ser.

Depois dessa primeira vez que ministrei um seminário sobre pornografia, uma aluna me visitou na minha sala, no horário de atendimento. "Me ajudou a entender o tipo de sexo que ando tendo", ela disse. Seu ex-namorado sempre dissera que ela fazia tudo errado. "Agora vejo que ele queria que eu fosse como aquelas mulheres" — as mulheres da pornografia. Ela não era daquele jeito, não sabia ser, então ele terminou com ela.

Minha aluna, como as feministas antipornografia dos anos 1970, traçou um paralelo entre o consumo de pornografia e a maneira negativa com a qual homens tratavam as mulheres. "Mais cedo ou mais tarde", escreveu MacKinnon em *Only Words*, os consumidores vão querer ir além e viver a pornografia em três dimensões [...]. Como consumidores de pornografia, professores podem de maneira epistêmica se tornar incapazes de ver suas alunas como potencialmente iguais [...]. Médicos podem molestar mulheres anestesiadas, gostar de assistir e provocar dor durante o parto [...]. Alguns consumidores escrevem nas paredes de banheiros. Alguns, sem dúvida, emitem pareceres jurídicos. Alguns [...] certamente integram júris, calam-se na Comissão Jurídica do Senado, são policiais que atendem a chamados relatando casos de violência doméstica [...], produzem filmes mainstream [...]. Alguns assediam sexualmente suas funcionárias e clientes, molestam suas filhas, espancam suas mulheres e pagam prostitutas [...]. Alguns participam de estupros coletivos de mulheres em fraternidades e em pontos de parada nas estradas [...]. Alguns se tornam estupradores em série e assassinos sexuais — é impossível separar usar e fazer pornografia desses atos.[27]

É uma imagem assustadora: a pornografia como um campo de treinamento virtual para a agressão sexual masculina. Isso pode ser verdade? Ou essa imagem é em si uma espécie de fantasia sexual, que reduz a misoginia a uma única origem, e seus muitos e variados agentes a um único sujeito: o espectador de pornografia?

Em uma crítica mordaz a *Only Words*, o filósofo político Ronald Dworkin (não tem parentesco com Andrea) afirmou que apenas assistir a pornografia não era algo difundido a ponto de gerar os vastos efeitos negativos que MacKinnon e outras feministas antipornografia atribuíam à atividade. Se havia algo na cultura de massa que representava um obstáculo à igualdade sexual, escreveu Dworkin, eram as novelas e a publicidade. Isso pode ter sido verdade em 1993, mas é menos plausível hoje. Em 2018, os cinco maiores sites pornô — Porn-Hub, XVideos, BongaCams, xMaster e xnxx — tiveram ao todo mais de 6 bilhões de visitas por mês. Apenas o PornHub afirmou ter tido 28,5 bilhões de visitas em 2017.[28]

Uma metanálise de 2010 concluiu que existe uma "relação geral significativa entre o consumo de pornografia e os gestos de apoio à violência contra as mulheres".[29] Essa associação era "consideravelmente maior" no caso de pornografia classificada como "violenta", mas também era significativa, em termos estatísticos, no caso da "não violenta".[30] (MacKinnon e outras feministas gostariam de saber: onde traçamos o limite entre pornografia "violenta" e "não violenta"? É violento se ele dá uma palmada nela? Se a chama de vadia? Se ejacula na cara dela? Se ele disser que ela gosta, que ela quer? Se o "não" dela por fim virar um "sim"?) Estudos mostraram que homens que assistem com frequência à pornografia são menos propensos a apoiar ações afirmativas para mulheres[31] e sentir empatia pelas vítimas de estupro;[32] eles também são mais propensos a proferir uma intenção de estupro[33] e a cometer agressão sexual.[34] Enquanto isso, um estudo feito em uma república feminina de estudantes mostrou que aquelas que assistiam à pornografia eram menos propensas a intervir quando viam outras mulheres sendo abusadas sexualmente.[35]

Os críticos questionam a força dessas correlações: citam seus estudos preferidos e insistem na capacidade dos adultos de distinguir a fantasia do fato. Eles nos lembram que mulheres também assistem à pornografia: de acordo com o PornHub, 32% de seus usuários são mulheres. (Mas de novo, quem disse que mulheres não podem ser misóginas?) O mais importante é que os críticos nos lembram que correlação não é causalidade: talvez os homens sejam mais propensos a assistir à pornografia se já tiverem uma predisposição para a violência sexual e para atitudes depreciativas em relação às mulheres.

Mensurar os efeitos ideológicos da pornografia também é difícil devido à falta de dados confiáveis sobre os hábitos de pornografia dos jovens. A maioria das fontes vem de grupos cristãos que advogam contra a pornografia — loucos para lhe contar que sua filha está, agora mesmo, enviando um vídeo pornográfico dela na internet — ou de sites como o PornHub, que têm forte interesse em negar que jovens com menos de dezoito anos estão acessando seu conteúdo. Um estudo feito em 2012 pela Universidade de Sydney, com oitocentos usuários regulares de pornografia, descobriu que 43% deles começaram a assistir à pornografia quando tinham entre onze e treze anos.[36] Em um estudo de 2007 em Alberta, no Canadá, com estudantes de treze e catorze anos, 90% dos adolescentes homens disseram acessar mídias com sexo explícito; 35% disseram que viram pornografia "incontáveis vezes".[37] Lisa Ann, uma das estrelas pornô mais populares do mundo, tem 48 anos e é veterana do gênero MILF. Em *The Butterfly Effect* [O efeito borboleta], o podcast de Jon Ronson sobre a indústria pornográfica na era da internet, Lisa Ann diz que na década de 1990 apenas adultos a reconheciam na rua. Agora, "uns garotos de doze, treze, catorze anos se aproximam... [dizendo] 'Vamos foder?'". "Eu só digo a eles, ouçam bem, o que você vê naqueles sites provavelmente nunca vai acontecer com você, então, não peça a uma garota para fazer aquilo e não pense que sexo tem a ver com aquilo."[38] Como vai ser o mundo daqui a uma ou duas gerações, quando todas as pessoas do planeta tiverem atingido a maioridade sexual no mundo pornográfico?

Você está fazendo tudo errado. O que mais me impressionou no relato da minha aluna não foi a conexão causal que ela traçou entre o vício por pornografia de seu ex-namorado e como ele a humilhou, mas os termos que ele usou. *Você está fazendo tudo errado*. Para esse jovem, a pornografia era o padrão normativo do sexo, e era a isso que sua namorada era comparada e considerada falha. Pornografia não é pedagogia, ainda que muitas vezes funcione como se fosse. Aqui está uma amostra representativa do que jovens estudantes do sexo masculino, com idades entre catorze e dezoito anos, entrevistados para um relatório da Comissão para a Infância do Reino Unido, publicado em 2013, disseram sobre o assunto:[39]

> A gente aprende como fazer sexo, conhece novos movimentos.
>
> A gente pode ver como é feito e como as pessoas fazem [...], pode ter mais ou menos uma ideia de como conseguir fazer aquilo.
>
> A gente acessa para [...] se divertir, mas enquanto está assistindo entende coisas diferentes, coisas que não conhecemos tão bem. A gente entende as coisas e aprende outras coisas.
>
> Acho que o principal motivo para as pessoas verem pornografia é para obter informações, saber o que andam fazendo e como fazer as coisas.

O que chama a atenção nesses comentários é o que os meninos quase não falam sobre o uso da pornografia para gozar. Por conta própria, recorrem à pornografia para "aprender", "ter mais ou menos uma ideia", "entender as coisas", "obter informações", "saber o que andam fazendo". É claro que também gozam: pornografia é "para se divertir". Mas esses meninos, alguns sem dúvida virgens, são rápidos em tratar a pornografia como uma autoridade em como fazer sexo. Aqui está o que algumas das jovens mulheres disseram no mesmo estudo:

Acho que os jovens esperam que sexo seja como a pornografia. Tem aquele padrão que, se não for seguido, então o sexo não é bom.

Isso meio que faz as fantasias dos garotos parecerem reais porque são pessoas reais. E então eles presumem que é sempre daquele jeito [...] e às vezes é um pouco agressivo, um pouco forçoso.

Leva [os garotos] a ter opiniões desfavoráveis, tipo, criam uma imagem da garota. Como se todas as garotas devessem ser daquele jeito, todas as garotas quisessem fazer sexo.

Acho que nessa idade os garotos são muito ingênuos, e isso tem a ver com quem é confiável e a gente sabe que, se eles estão assistindo a esse tipo de coisa, não dá para ter certeza de como vão te tratar.

Essas garotas não consideram a pornografia uma autoridade em sexo; elas de fato conseguem distinguir fantasia de ficção. Mas elas sabem que, para os garotos, a pornografia define o "padrão" de sexo "bom", ensina suposições sobre ser "sempre daquele jeito" (isto é, "um pouco agressivo, um pouco forçoso") e produz "opiniões" e uma "imagem" das garotas.

A pornografia pode contar mentiras sobre o sexo e sobre as mulheres — na famosa fórmula de John Stoltenberg, "a pornografia conta mentiras sobre as mulheres", porém "conta a verdade sobre os homens" —, mas e daí? Ela é responsável por dizer às pessoas, em especial aos jovens, a verdade sobre o sexo? Para responsabilizar a pornografia e quem a produz pelo que seus consumidores fazem, não basta mostrar que ela tem o efeito de fazer os homens objetificarem e rebaixarem as mulheres. Afinal, o discurso muitas vezes tem efeitos nocivos involuntários. Se eu disser a palavra "fogo" para concluir uma piada e com isso você derramar o seu chá, esse é um efeito do que eu disse, mas não me torna responsável pelo dano. Por outro lado, se eu gritar "fogo!" em um teatro lotado, sou responsável pela correria subsequente. Nesse caso, a correria não é um efeito aleatório ou uma coincidência, mas o resultado natural do meu discurso: isto é, um alerta. É central para o feminismo antipornografia o pensamento de que o pornô não resulta por acaso na subordinação das mulheres: é, em si, um ato de subordinar as mulheres. Especificamente, a pornografia tem o discurso de *legitimar* a subordinação das mulheres e *conferir* a elas um status cívico inferior. Como a correria subsequente ao meu grito de "fogo!", os efeitos da pornografia nas mulheres não são apenas — assim pensam as feministas antipornografia — os resultados esperados, mas, para além, são o objetivo.

Para que isso seja verdade, a pornografia precisa ter autoridade. Caso contrário, será capaz de retratar as mulheres como inferiores, mas não de torná-las inferiores; será capaz de retratar a subordinação das mulheres, mas não de legitimá-la. A filósofa feminista Rae Langton pergunta se a pornografia é como um árbitro com autoridade para dar veredictos definitivos ou como um espectador que apita, mas está do lado de fora. "Se você acredita", escreve Langton, "que declarações pornográficas são feitas por uma minoria impotente, um grupo marginal especialmente vulnerável à perseguição moralista", então você responderá que a pornografia é como o espectador, que apita sobre várias questões, mas pode ou não ser atendido, pois não tem autoridade — nem qualquer responsabilidade de ser exato. "Mas é diferente se você acredita [...] que a voz da pornografia é a do poder vigente."[40]

É verdade que os pornógrafos, ao contrário dos árbitros, formalmente nunca tiveram autoridade para dizer a verdade sobre o sexo. Ninguém os elegeu ou os nomeou. Embora a pornografia seja de fato a voz do "poder vigente", não o é de forma oficial. Qualquer autoridade que ela tenha é concedida por quem a assiste: garotos e homens que confiam na pornografia para lhes dizer "o que fazer". Alguns críticos do feminismo antipornografia dizem que esse tipo de autoridade de facto não é suficiente para responsabilizá-la. Se os garotos, e sem dúvida algumas garotas, consideram a pornografia uma autoridade sexual, não quer dizer que ela realmente o seja. Qualquer que seja o poder da pornografia, ele nunca foi buscado ou conferido formalmente. Mas, assim, pode-se traçar uma distinção nítida entre autoridade e poder, que pertence, talvez, a tempos mais remotos. A internet embaça a distinção entre os dois. Os espaços de fala — antes alocados em estações de rádio, programas de TV, jornais, editoras — são agora superabundantes, infinitamente disponíveis e em geral gratuitos. Sem qualquer concessão formal de autoridade, indivíduos falantes podem acumular bastante poder — "influência", como aprendemos a dizer. De que padrão, se houver algum, fazem parte aqueles que exercem esse tipo de poder?

A atriz pornô Stoya atua, conforme ela descreve, na "pornografia de gênero binário com orientação heterossexual, para uma produtora que tem o objetivo de atrair o máximo possível as massas".[41] Em um artigo de opinião publicado pelo *New York Times*, ela reconheceu ter uma autoridade que não buscava: "Eu não queria a responsabilidade de moldar a cabeça dos jovens. No entanto, graças ao sistema de educação sexual não funcional deste país e ao acesso onipresente à pornografia por qualquer pessoa que tenha conexão à internet, eu carrego essa responsabilidade". "Às vezes", ela prosseguiu, "isso me deixa acordada a noite toda."[42]

Muitas vezes, discursos políticos invocam os jovens para fins reacionários. Apelos para que protejam sua inocência são baseados na fantasia de uma infância que não existe nem nunca existiu — uma infância intocada pelo mundo e pelos desejos adultos. O apelo à inocência infantil também tende a traçar uma distinção nítida, porém implausível, entre a maneira como as coisas eram e como são agora, evitando tratar das continuidades: entre Rolling Stones e Miley Cyrus, entre revistas eróticas e o PornHub, entre o sexo na última fila do cinema e a foto de um pau. Além do mais, pode-se dizer que somos nós, e não os adolescentes e jovens de hoje, que estamos mal equipados para lidar com a renovação tecnológica do nosso mundo social. Com isso, não quero dizer apenas que as crianças são as primeiras a entender as possibilidades semióticas do TikTok e do Instagram. Também quero dizer que elas têm uma sensibilidade para o funcionamento do poder racializado e de gênero que ultrapassa qualquer coisa já vista no mainstream político. Seria um erro assumir que elas são incapazes de lidar com o universo pornô só porque achamos que nós, quando crianças, não teríamos sido capazes de fazer isso. Como as feministas antipornografia da segunda onda, meus alunos talvez atribuam poder demais ao pornô e acreditem pouco na capacidade que têm de resistir a ele.

O livro *Garotas & sexo*, best-seller de Peggy Orenstein (2016) sobre a realidade sexual de jovens no século XXI, começa com a descrição de uma reunião de "boas-vindas" em uma grande escola na Califórnia. Após lembretes sobre frequência e advertências sobre o uso de álcool e drogas, o diretor se dirigiu diretamente às estudantes mulheres: "Senhoritas, quando forem sair, vocês precisam se vestir de um modo que respeite tanto vocês mesmas quanto suas famílias [...]. Este não é o lugar para seus shortinhos, suas regatas ou seus tops. Vocês têm que se perguntar: se a sua avó olhar para você, ela ficará feliz com o que você está vestindo?". O diretor então passou a uma discussão sobre assédio sexual. Uma das alunas do último ano, uma jovem latina, deu um salto e pegou o microfone. "Acho que o que você acabou de dizer não é aceitável, é extremamente machista e promove a 'cultura do estupro'", ela disse. "Se eu quiser usar regata e shortinho porque está calor, eu deveria poder, e isso não tem a ver com o nível de 'respeito' que tenho por mim mesma. O que você disse apenas perpetua o ciclo de culpabilização da vítima." Os estudantes no auditório aplaudiram.[43]

Terminei o ensino médio em 2003. Na época, as meninas usavam jeans com cintura baixa, sem bolso e justos na bunda; camisetas e suéteres eram cortados para deixar à mostra um piercing no umbigo e (se você tivesse sorte) os ossos salientes do quadril. Em uma reunião do conselho da faculdade — em que eu era a representante estudantil — os professores discutiram sua preocupação com o modo como as garotas estavam se vestindo. "Não sei como os garotos podem aprender uma equação do segundo grau", meu professor de matemática reclamou, "se eles estão encarando a calcinha fio dental de uma colega." Lembro que me deu nojo ouvi-lo dizer *calcinha fio dental*. Os garotos estavam de fato distraídos — eles pareciam atentos — ou meu professor estava projetando? Fiquei furiosa, mas na época eu não tinha os recursos conceituais — *slut-shaming* (que significa ofender uma mulher por seu comportamento sexual), *culpabilização da vítima*, *cultura do estupro* — para dizer algo bem articulado. Acho que consegui dizer algo sobre como as escolas deveriam ser um lugar seguro para todos os alunos explorarem sua autoapresentação, que era responsabilidade dos meninos aprenderem a fazer equações do segundo grau, que ninguém havia dito que garotos bonitos deviam colocar um saco na cabeça para que as garotas não se distraíssem. Mas talvez eu só tenha pensado nessas coisas. Depois da reunião, os membros do corpo docente consideraram que estavam no direito de orientar garotas a puxar para baixo suas camisetas e para cima suas calças jeans.

As jovens com quem Orenstein conversa em *Garotas &*
sexo saberiam, ao contrário de mim quando era nova, exatamente o que dizer. Elas não teriam vergonha, como eu e todas as minhas amigas tínhamos, de se denominar feministas.
Como devemos entender a relação entre esse estado de elevada consciência feminista das jovens mulheres e o que parece ser a piora de suas condições sexuais: maior objetificação,
intensificação das expectativas sobre o corpo, diminuição do
prazer e redução das opções de sexo conforme seus termos?[44]
Talvez meninas e jovens mulheres estejam se tornando mais
feministas porque o agravamento das circunstâncias exige isso.
Ou talvez, como sugere Orenstein, a consciência feminista
seja para muitas um modo de falsa consciência, que acaba fa-
vorecendo o próprio sistema de subordinação sexual ao qual
elas consideram estar se opondo. Um discurso de empoderamento e autonomia sexual mascara algo mais sombrio e limi-
tante? A filósofa feminista Nancy Bauer escreve sobre perguntar a suas alunas por que elas passam "suas noites de fim de
semana pagando boquetes não correspondidos para universitários bêbados". "Elas me dizem que gostam da sensação de
poder que isso lhes dá", conta Bauer. "Você se arruma toda e
deixa um cara excitado porém indefeso, nesse ponto você *po-*
deria simplesmente ir embora. Mas você não vai."[45]

Recentemente, entrevistei um grupo de garotas de dezessete anos de uma escola de Londres, e o tema era sexo. Elas
falaram sobre a importância da educação sexual e do treino
de consentimento, sobre sexualidade queer e prazer feminino. Eram jovens inteligentes, atenciosas e divertidas. Estavam também, isso foi ficando evidente à medida que falavam,
decepcionadas. Uma delas disse que uma foto com sua namorada se espalhou pela escola, revelando assim que ela era gay.
Todas falaram sobre a existência de dois pesos e duas medidas: os garotos podiam fazer sexo, mas se as garotas faziam,

eram putas. Elas disseram que a masturbação feminina era tabu. Falaram sobre garotos que eram legais online, mas pessoalmente se revelavam cruéis e sexualmente agressivos. Uma delas disse, em voz bem baixa, que a pornografia levava os garotos a ter expectativas irreais em relação às garotas, que eles nem sequer perguntavam o que elas queriam. Relatou que o fato de a garota não ser virgem era o único consentimento de que eles precisavam.[46]

Em uma crítica a *Garotas & sexo*, Zoë Heller acusou Orenstein de histeria intergeracional:

A história nos ensinou a ter cuidado com as pessoas de meia-idade que reclamam do comportamento dos jovens. Os pais de todas as épocas tendem a ficar horrorizados com a conduta sexual dos filhos [...]. Alguns na década de 1950 estavam certos de que a nova prática decadente de "namorar sério" pressagiava um desastre moral.

Embora Heller admita que Orenstein tem "informações sinistras e impressionantes para compartilhar sobre a vida das garotas americanas", ela culpa a autora por não ter evitado "os exageros, as simplificações, o cheiro de crise fabricada que passamos a associar a esse gênero literário".[47]

Sem dúvida há algo de alarmismo maternal nessas queixas; Orenstein também é autora de um livro intitulado *Cinderella Ate my Daughter* [A Cinderela devorou a minha filha]. Mas quem me recomendou ler o livro de Orenstein não era uma mãe exaltada com memória histórica ruim, mas uma jovem que acabara de se formar na universidade. Ela e suas amigas tinham lido e estavam discutindo o livro de Orenstein. A situação descrita pela autora era, segundo elas, a que viviam: uma vida de sexo sem namoro, em que as garotas davam e os garotos recebiam, em que um discurso de empoderamento e segurança em relação ao corpo camuflava um sentimento mais profundo de decepção e vergonha. Essa jovem e suas amigas não culpavam exatamente a pornografia, talvez porque seja difícil culpar o que parece ser um elemento inerente à sua existência. Mas elas identificaram em suas vidas uma forma de pensar sobre sexo e de fazer sexo que lhes parecia ao mesmo tempo inevitável e insuficiente, imposta por algum fator externo, vinda de um horizonte inalcançável.

O que deve ser feito?

Em 1972, pela primeira vez, um filme pornô teve uma estreia grandiosa, em importantes salas de cinema. *Garganta profunda*, hoje um clássico cult, apresentava a atriz Linda Lovelace, nome artístico de Linda Boreman, em busca de um orgasmo — algo que, por causa de seu clitóris estranhamente posicionado, ela só seria capaz de atingir fazendo sexo oral. Na época, o filme foi considerado uma celebração da sexualidade feminina; após seu lançamento, Boreman publicou um livro de memórias pornográficas descrevendo a experiência emancipatória de protagonizá-lo. *Garganta profunda* continua sendo um dos filmes pornô de maior bilheteria de todos os tempos; foi lançado no mundo inteiro e exibido várias vezes por dia em cinemas de leste a oeste dos Estados Unidos. O crítico do *New York Times* citou um diretor pornô (um "jovem muito barbudo com interesse em cinema") que dissera o seguinte sobre as atrizes do gênero: "Elas fazem isso porque gostam e porque é uma maneira fácil de ganhar dinheiro — eu penso, nessa ordem. Também são exibicionistas. A câmera deixa todas excitadas".[48]

Oito anos depois, em 1980, Boreman escreveu outro livro de memórias, *Ordeal* [Provação], no qual revela que foi forçada a praticar pornografia e a se prostituir e que foi estuprada por Chuck Traynor, seu marido e empresário. Boreman tornou essas acusações públicas em uma coletiva de imprensa para divulgação do livro, em que estava ao lado de Catharine Mac-Kinnon e Andrea Dworkin. Mais tarde, MacKinnon e Dworkin discutiram a possibilidade de usar a lei para combater a pornografia. Em vez de invocar argumentos tradicionais contra o gênero — que era obsceno, indecente e violava os padrões normativos da comunidade —, elas decidiram argumentar que a pornografia era uma forma de discriminação sexual, que privava as mulheres de seus direitos civis, minando seu status de cidadãs iguais.

Em 1983, MacKinnon e Dworkin foram convidadas a redigir um projeto de lei antipornografia em Minneapolis. A regulamentação concedeu às mulheres, tanto às que atuavam quanto às que não atuavam em filmes pornográficos, o direito de abrir processos civis contra os produtores pelos danos que a pornografia lhes causara. A lei foi aprovada pelo Conselho Municipal de Minneapolis, mas acabou sendo vetada pelo prefeito, que mencionou preocupações com a liberdade de expressão. Uma versão do Projeto de Lei Dworkin-MacKinnon foi aprovada em Indianápolis em 1984, mas depois foi tida como inconstitucional e derrubada pelo Sétimo Circuito de Cortes de Apelação, uma decisão confirmada pela Suprema Corte dos Estados Unidos. O juiz Easterbrook emitiu um parecer para o Sétimo Circuito de Cortes. "Aceitamos as premissas desta legislação", disse ele. "Representações de subordinação tendem a perpetuar a subordinação. O status subordinado das mulheres, por sua vez, leva à afronta e a salários mais baixos, a insultos e lesões em casa, a agressões constantes e estupro nas ruas." Mas isso "apenas demonstra o poder da pornografia *como discurso*".[49]

Dizer que pornografia é discurso, em uma jurisdição liberal como a dos Estados Unidos, é dizer que ela merece proteção especial. A liberdade de expressão está ligada a muitas coisas que as sociedades liberais valorizam (ou reivindicam): a autonomia individual, a responsabilidade democrática do governo, a santidade da consciência pessoal, a tolerância da diferença e das discordâncias, a busca da verdade. Nos Estados Unidos, protege-se o discurso de modo excepcionalmente forte, e a própria noção — de "discurso" — é interpretada com uma amplitude incomum. Em 1992, em decisão unânime, a Suprema Corte derrubou, com base na Primeira Emenda, uma lei criminal do estado de Minnesota, que havia sido usada para acusar um adolescente branco de ter queimado uma cruz no gramado de uma família negra.[50] O decreto da cidade de St. Paul, sobre crime motivado por preconceito, previa que:

> Quem coloca em propriedade pública ou privada algum(a) símbolo, objeto, denominação, caracterização ou pichação, incluindo, mas não se limitando a, uma cruz em chamas ou uma suástica nazista, que se sabe ou se tem elementos suficientes para saber que desperta raiva, medo ou ressentimento em outros com base em raça, cor, credo, religião ou gênero, comete uma conduta desordeira e será culpado pela contravenção.[51]

O que perturbou o juiz Scalia, que redigiu a opinião da maioria do Tribunal, foi que o decreto proibia certos "discursos" (por exemplo, queimar uma cruz) com base nas ideias que expressavam (por exemplo, a inferioridade de pessoas negras). Embora esse ponto de vista possa ser abominável, na avaliação de Scalia ainda era um ponto de vista e, portanto, sua expressão deveria ser protegida. As únicas restrições permissíveis a discursos eram baseadas, insistiu Scalia, na *forma* que o discurso assumia — por exemplo, um discurso propositalmente falso (calúnia, difamação), ou um discurso que, para ser produzido, envolvesse o abuso criminoso de crianças (pornografia infantil). O discurso racista ou sexista não poderia ser proibido ou reprimido com base em seu conteúdo, pois nesse caso o Estado estaria intervindo no livre mercado de ideias. O Tribunal concluiu que "St. Paul não tem [...] autoridade para permitir que um lado da discussão pratique luta livre, enquanto exige que o outro siga as Regras do Marquês de Queensbury", aludindo aos primeiros regulamentos de boxe que exigiam o uso de luvas. Em outras palavras, na "discussão" entre supremacistas brancos e pessoas negras, sobre igualdade racial, o Estado não podia tomar partido.

Um argumento semelhante foi mobilizado por juízes e juristas contra os decretos antipornografia Dworkin-MacKinnon. Eles alegavam que a legislação violava o direito de pornógrafos populares expressarem seu ponto de vista de que as mulheres eram objetos que serviam sexualmente aos homens. Uma vez que os decretos Dworkin-MacKinnon não visavam a totalidade dos materiais pornográficos, mas apenas aqueles que subordinavam as mulheres, apresentando-as como objetos sexuais desumanizados, eles faziam discriminações com base no conteúdo, não na forma. No debate entre misóginos e feministas, sobre a igualdade para as mulheres, o Estado não poderia tomar partido.

MacKinnon, em *Only Words*, rejeitou esse argumento por duas razões. Em primeiro lugar, a "contribuição" da pornografia para o debate sobre o status da mulher impede que elas discutam em pé de igualdade. A pornografia "silencia" as mulheres, disse MacKinnon, extirpando sua capacidade de dar testemunhos de suas próprias experiências sexuais. Ensina os homens a ouvir "sim" quando mulheres dizem "não"; a não acreditar quando dizem que foram assediadas ou estupradas; a enxergar a resistência como timidez, e a timidez como um convite. O exercício do direito dos pornógrafos à liberdade de expressão corrói o direito das mulheres à liberdade de expressão.

Em segundo lugar, MacKinnon argumentou que a pornografia não expressa apenas a ideia de que as mulheres devem ser subordinadas — não são "apenas palavras". Se voltarmos nossa atenção para a pornografia e seus efeitos mundanos, poderemos enxergá-la como um ato de subordinação, cuja função é assegurar o status de segunda classe de todas as mulheres em relação aos homens. O próprio fato de juízes, advogados e filósofos insistirem em tratar a pornografia como uma questão de liberdade de expressão — como se a questão fosse o que a pornografia diz, e não o que ela faz — deixa transparecer sua perspectiva implicitamente masculina, sua incapacidade de vê-la como muitas mulheres a veem. Pois, escreve MacKinnon, "a vida social é cheia de palavras que legalmente são tratadas como os atos que constituem, sem que a Primeira Emenda possa fazer nada".[52] Considere, diz MacKinnon, alguém gritando "mata!" para um cão treinado para atacar. A lei não trata esse grito como mera expressão de um ponto de vista: "Eu quero que você morra". Em vez disso, a lei trata esse grito como um ato criminoso: ordenar um ataque. Quando o dono do cachorro é preso, sua liberdade de expressão está sendo violada? Se não está, pergunta MacKinnon, por que é diferente para os homens que, quando produzem pornografia, ordenam ataques às mulheres? A resposta que dá à sua própria pergunta é que a lei é uma instituição masculina, feita por e para homens. MacKinnon sugere que a "liberdade de expressão", que se apresenta como um princípio meramente formal de adjudicação, é na verdade uma ferramenta ideológica utilizada de forma seletiva para proteger as liberdades da classe dominante. (Isso é algo que as filósofas feministas que procuraram elaborar e defender o argumento de MacKinnon costumam esquecer: a questão, para MacKinnon, não é que a pornografia, em termos metafísicos, *seja realmente* mais uma ação do que um mero discurso, mas que a própria distinção entre discurso e ação é política em todos os sentidos.)

Isso quer dizer uma série de coisas. A decisão da Suprema Corte em relação à queima da cruz, bem como sua decisão no caso *Cidadãos Unidos vs. Comissão Federal Eleitoral* (2010), que considerou que investimentos em campanhas políticas são discursos e devem ser protegidos, mostram o quão facilmente a "liberdade de expressão" pode funcionar de forma ideológica para dar suporte aos regimes de poder existentes. Mas há motivos, além da indiferença à igualdade social, para que haja cautela na imposição de restrições legais à pornografia. Em sua decisão de 1992 no caso *R. vs. Butler*, a Suprema Corte do Canadá expandiu as leis de obscenidade do país para criminalizar a pornografia que retratasse violência, bem como a pornografia não violenta que fosse "degradante ou desumanizante".[53] Ao justificar sua decisão, a Suprema Corte afirmou que esse tipo de pornografia subordinava as mulheres e violava o direito delas à igualdade, invocando o raciocínio usado por Dworkin e MacKinnon para fazer pressão nos Estados Unidos: "Não se tratava de um Estado ruim e poderoso atacando cidadãos pobres e impotentes", escreveu MacKinnon, "mas de uma lei aprovada para apoiar um grupo comparativamente impotente na sua luta social pela igualdade".[54] Em poucos meses, a polícia canadense confiscou da livraria Glad Day, de Toronto, exemplares de *Bad Attitude* [Má atitude], uma revista de ficção erótica lésbica que "continha materiais sexualmente explícitos, incluindo servidão e violência, [...] que os canadenses não tolerariam que seus conterrâneos vissem". O Tribunal Superior de Ontário, citando *Butler*, julgou a Glad Day — a primeira livraria para gays e lésbicas do Canadá — culpada pelo crime de obscenidade.[55] MacKinnon estava certa ao dizer que a decisão no caso *Butler* tinha a intenção de ajudar "um grupo comparativamente impotente na sua luta social pela igualdade". Mas, na prática, o caso foi usado como forma de encobrir ataques a minorias sexuais, deixando intocados os grandes pornógrafos. Nos dois anos após *Butler*, Randy Jorgensen, à época proprietário do maior empório de vídeos adultos do Canadá (e do mundo), construiu vinte novas lojas, sem que a lei o impedisse.[56]

A divisão convencional das feministas nos campos "antipornografia" e "pró-pornografia" é enganosa. Enquanto algumas ativistas de segunda onda defendiam a pornografia popular como uma expressão saudável da sexualidade humana (em 1979, Ellen Willis escreveu que, "rejeitando a repressão sexual e a hipocrisia", a pornografia "expressa um impulso radical"),[57] a maioria das feministas pró-pornografia não pensava exatamente que o gênero fosse bom, mas que não era uma boa ideia legislar contra ele. As primeiras campanhas feministas contra a pornografia, na década de 1960, agiram diretamente contra os fabricantes e vendedores do gênero, por meio de boicotes e protestos. Por outro lado, as ativistas antipornografia do início dos anos 1980 recorreram ao poder do Estado para legislar contra o pornô. Isso, como elas próprias admitiram, significava apelar para uma entidade cuja perspectiva era fundamentalmente masculina. Deve ser surpreendente que o Estado, fazendo uso do feminismo, tenha agido para promover a subordinação das mulheres e das minorias sexuais?

Essa questão teve particular importância no final da década de 1970 e no início da de 1980, quando as feministas antipornografia dos Estados Unidos estavam fazendo campanha. A decisão da Suprema Corte dos Estados Unidos no caso *Roe vs. Wade* (1973) de legalizar o aborto representou uma vitória significativa para o feminismo, mas também levou a uma reação organizada da direita, que uniu conservadores religiosos e defensores da economia neoliberal, surtindo um efeito determinante e duradouro. No centro do programa ideológico da nova direita estava a revogação das conquistas feministas: não só a legalização do aborto, mas também a disponibilidade de anticoncepcionais e do controle de natalidade, a educação sexual, os direitos de gays e lésbicas e a entrada em massa das mulheres na força de trabalho. Nesse clima, as feministas radicais críticas à pornografia se encaixaram em uma ideologia conservadora que fazia distinção entre mulheres "más" (trabalhadoras do sexo, *welfare queens**), que deveriam ser disciplinadas pelo Estado, e mulheres "boas", que precisavam da proteção do Estado, e que via os homens como sujeitos naturalmente vorazes que precisavam ser domesticados pela instituição do casamento monogâmico e da família nuclear. Quando uma versão do decreto Dworkin-MacKinnon foi debatida no condado de Suffolk, em Nova York, ela recebeu uma emenda para descrever a pornografia como a causa principal da "sodomia" e "uma séria ameaça à saúde, à segurança, à moral e ao bem-estar geral" dos cidadãos.[58] (MacKinnon chamou o decreto de Suffolk de "degradante" e lutou para derrotá-lo.) Foi Ronald Reagan, a estrela-guia da nova direita, que, quando presidente, ordenou que seu procurador-geral conduzisse uma investigação sobre os danos da pornografia, para a qual MacKinnon e Dworkin deram depoimento pericial. O relatório final da Comissão Meese, de 1960 páginas, repetiu, sem dar a referência, a declaração de Robin Morgan de que "pornografia é a teoria e estupro é a prática".[59] Mas o relatório não repetiu a advertência de Morgan, feita no mesmo texto, sobre a inutilidade de se recorrer à lei:

> Estou ciente [...] de que uma cultura falocêntrica tem mais probabilidade de começar seus expurgos censórios com livros sobre autoexame pélvico para mulheres ou contendo

---

* Em inglês, "rainhas do bem-estar social", termo pejorativo que estigmatiza sobretudo mães solo negras. Refere-se a mulheres que supostamente recebem, da Previdência americana, dinheiro a mais ou dele fazem mau uso mediante fraude, exposição de crianças a perigos ou manipulação. [N.E.]

poemas de louvor ao lesbianismo do que com *See Him Tear and Kill Her* [Veja como ele a rasga e mata]. [...] Tampouco confio muito em um Judiciário gerido por homens [...]. Sinto que a censura muitas vezes se resume a alguns juízes homens sentados em seus postos, lendo com uma mão vários livros eróticos.[60]

Em 2014, o governo britânico aprovou uma lei que proíbe que os seguintes atos sexuais apareçam na pornografia produzida no Reino Unido:

Palmada
Surras com bastão
Chicotadas agressivas
Penetração com qualquer objeto "associado à violência"
Abuso físico ou verbal (independentemente de ser consensual)
Urolagnia (conhecida como *"golden shower"*, ou "chuva dourada")
Sexo em que alguém atua como não adulto
Obstrução de movimentos físicos
Humilhação
Ejaculação feminina
Estrangulamento
Facesitting (sentar-se na cara de alguém)
Fisting (penetração com o punho)[61]

À primeira vista, a lista é estranhamente desconexa. Inclui atos sexuais que se pode supor que envolvam a subordinação da mulher — palmadas, surras, chicotadas agressivas, abuso físico ou verbal, obstrução de movimentos físicos, humilhação —, mas que são, na verdade, característicos da pornografia *femdom* (de dominação feminina), em que mulheres submetem homens à dor física e à vergonha psíquica. A lista apresenta um ato que é emblemático do prazer feminino e que quase nunca aparece na pornografia mainstream: a ejaculação feminina. Há também um ato que não parece ser problemático, exceto por ser, para muita gente, abjeto: o *golden shower*. Tem "penetração com qualquer objeto 'associado à violência'". Nesse caso, o pênis do homem conta? Provavelmente não. "Estrangulamento" e "*facesitting*" (também associados à pornografia de dominação feminina) parecem ter sido incluídos porque potencialmente "põem a vida em risco", embora não seja claro quantos homens morreram porque uma mulher se sentou na cara deles.

A lista de atos sexuais proibidos no Reino Unido só faz sentido quando se observa o que ela deixa de fora: o antiquado "despe-chupa-fode-goza" — o tipo de pornografia que Stoya diz fazer, em que loiras gostosas chupam paus, são fodidas com força, são informadas de que gostam daquilo e terminam com sêmen no rosto. Esse tipo de pornografia transmite a mensagem de que as mulheres estão ali para ser fodidas e que adoram isso: de que em geral é desnecessário amarrar mulheres, bater nelas ou dominar suas recusas. Apenas uma das restrições listadas — "sexo em que alguém atua como não adulto" — aparece fartamente na pornografia dominante, dentro da ubíqua categoria "adolescente". Apesar dessa inclusão, o que fica aqui oficialmente sancionado, em virtude de ter ficado fora da lista, é a produção mais popular, que excita a maioria das pessoas. Mas o principal propósito das críticas feministas à pornografia era romper a lógica dominante: indicar que o que excita a maioria das pessoas não é o.k. Proibir apenas o que é marginal no sexo é reforçar a hegemonia da sexualidade mainstream: é reforçar a misoginia dominante.

Itziar Bilbao Urrutia — uma dominatrix que mora em Londres, veste balaclava, empunha uma arma e anda de skate — administra um site fetichista chamado Urban Chick

Supremacy Cell [Célula de supremacia da mina urbana], que até agora conseguiu escapar por uma brecha da lei britânica de 2014. Urrutia e sua equipe repreendem homens por sua cumplicidade com o patriarcado capitalista, enquanto os amarram, os penetram e os deixam sangrar (de forma consensual e por uma taxa, ou "imposto *femdom*"). Às vezes, os homens são forçados a recitar textos feministas. Na maior parte da pornografia fetichista *femdom*, os homens são humilhados por não conseguirem atender às demandas da heteromasculinidade: por serem "fracotes". No mundo pornô de Urrutia, homens ricos, bem-sucedidos e dominantes são objeto de desprezo; os fracotes podem ser salvos. (Tudo no estilo Valerie Solanas.) Quando a proibição de atos pornográficos não normativos foi instaurada no Reino Unido, em 2014, Urrutia afirmou: "São as grandes lojas de departamento esmagando lojas independentes de rua, fazendo pilhas imensas de produtos baratos e vendendo-os para o denominador comum mais estúpido. Em cinco anos, é capaz de termos apenas um modelo único de pornografia, vendido pelo equivalente pornográfico da Primark".[62]

Em 2013, a Islândia — que obteve a melhor classificação no Relatório Mundial sobre a Desigualdade de Gênero de 2012 — considerou incluir, em sua proibição a produção e venda de pornografia, vídeos do gênero na internet considerados "violentos e de ódio". O Ministério do Interior, que apresentou a proposta, citou o fato de que as crianças islandesas assistem à pornografia pela primeira vez aos onze anos, em média. Um conselheiro do ministro disse: "Somos uma sociedade progressista e liberal no que se refere a nudez e relações sexuais; então, nossa abordagem não é antissexo, mas antiviolência. Diz respeito às crianças e à igualdade de gênero, e não à limitação da liberdade de expressão".[63] Uma eleição parlamentar em 2013 paralisou a legislação, mas o plano incluía filtragem de conteúdo da internet, bloqueio de sites e criminalização do uso de cartões de crédito islandeses para pagamentos em páginas pornográficas. A proposta, explicitamente motivada por considerações de gênero, fazia distinção entre pornografia "violenta e de ódio" e o resto. O Urban Chick Supremacy Cell seria excluído. Será que *Garganta profunda* continuaria acessível?

Em 2011, a polícia chinesa prendeu 32 autoras de *slash fiction yaoi*, um gênero pornô importado do Japão (de onde vem a maior parte da pornografia do Sudeste Asiático). Os *yaoi* retratam fantasias homoeróticas e são feitos por mulheres para mulheres.[64]

Em 2017, o governo do Reino Unido prometeu instituir uma "proibição por idade" para a pornografia. A proposta, abandonada sem alarde após críticas generalizadas de que não teria funcionado,[65] pretendia exigir que os espectadores de pornografia comprovassem sua idade enviando uma cópia digital do passaporte ou da carteira de motorista, ou comprando um "passe pornô" na banca de jornal de sua região. Um sistema de verificação de idade que o Reino Unido propôs que fosse usado, o AgeID, foi criado pela MindGeek, a empresa-mãe dos websites PornHub, RedTube e YouPorn.[66] A MindGeek tem praticamente o monopólio da pornografia online.

Na Austrália, as diretrizes para a classificação de filmes e jogos de computador proíbem filmes pornô que retratem *fisting*, junto com outros "fetiches, como piercings, aplicação de substâncias como cera de vela, *golden shower*, servidão, palmadas". Se o *fisting* não é permitido, questionou o teórico anticapacitista Ryan Thorneycroft na revista acadêmica *Porn Studies*, como fica a prática de *stumping*, que é a penetração do coto do braço ou da perna de uma pessoa na vagina ou no ânus de outra?[67]

Em 2018, o Nepal proibiu a pornografia digital em resposta a protestos contra o aumento de agressões sexuais contra mulheres. A lista de 24 mil websites que foram banidos incluía os que encorajavam positividade e educação sexuais, além de plataformas queer.[68]

Em 2007, o então primeiro-ministro da Austrália, John Howard, deu início a uma intervenção de "emergência" em resposta a um relatório encomendado pelo governo do Território do Norte, que identificou uma alta incidência de abuso infantil em comunidades aborígenes. O relatório exigia que a prestação de serviços sociais fosse ampliada e que houvesse maior sensibilidade à forma como uma história de violência colonial e expropriação moldou a cultura aborígene contemporânea. Em vez disso, Howard encenou uma ocupação militar da região e proibiu por completo a posse e a distribuição de pornografia. A Austrália, onde os aborígenes representam apenas 3% da população total, é o nono maior consumidor de vídeos no site PornHub. Em média, os australianos assistem a vídeos classificados como "sexo violento" 88% mais do que o resto do mundo.[69] O consumo de pornografia por australianos brancos não foi proibido.

As tentativas de legislar contra a pornografia — como as tentativas de legislar contra o trabalho sexual em geral — invariavelmente prejudicam as mulheres que dependem financeiramente dessas atividades. Sites gratuitos como o PornHub são alimentados por conteúdo pirata enviado pelos usuários. Embora as produtoras de pornografia possam solicitar a remoção de material pirateado, na prática elas nunca conseguem acompanhar o ritmo dos uploads. Enquanto os produtores profissionais de pornografia estão vendo suas margens de lucro encolherem, sites pornô gratuitos tiram a cada ano cerca de 2 bilhões de dólares da indústria.[70] O custo da transferência do dinheiro e do poder da produção pornográfica para a pirataria digital foi em grande parte arcado por artistas mulheres.

Hoje, uma atriz pornô no Vale de San Fernando, na Califórnia, o centro da maior indústria pornográfica do mundo, permanece no negócio por cerca de quatro a seis meses e sobe de posição praticando atos sexuais explícitos mais bem pagos, como anal, muito mais rápido do que atrizes de gerações anteriores.[71]

Em 2020, o desemprego em massa provocado pela pandemia de Covid-19 trouxe dezenas de milhares de novos artistas para a indústria pornográfica, por meio de *webcams* ligadas a sites, nos quais "modelos", de todos os sexos, oferecem atuações sexuais transmitidas ao vivo (e muita terapia) para clientes individuais pagantes. Em março de 2020, o CamSoda teve um aumento de 37% nos novos modelos inscritos; o ManyVids teve um aumento de 69%.[72] O OnlyFans informou que 60 mil novos modelos se inscreveram na plataforma nas primeiras duas semanas de março de 2020.[73] Em geral, *camgirls* e *camboys* (garotas e garotos que se exibem de forma sensual para câmeras na internet) ficam com apenas metade da receita que geram. O site IsMyGirl, sediado em Los Angeles, ofereceu aos funcionários do McDonald's que seriam demitidos sem auxílio-doença um acordo especial: "Uma oferta exclusiva para ganhar 90% de seus rendimentos (após o processamento do cartão de crédito)". Evan Seinfeld, fundador da IsMyGirl, disse: "É claro que cabe a eles criar um bom conteúdo e saber como interagir com os fãs. Temos histórias incríveis de mulheres que estavam morando em seus carros e agora ganham 10 mil dólares por mês".[74]

Os ex-funcionários do McDonald's, bem como trabalhadores de qualquer lugar, estariam melhor financeiramente se tivessem acesso a um seguro-desemprego razoável, a um plano de saúde que não fosse vinculado ao emprego e a uma moradia decente que não exigisse que vivessem e trabalhassem em seus carros. Isso sem mencionar empregadores que não desviam 50% da receita que geram como lucro. Mas será que as dezenas de milhares de mulheres que recentemente ficaram desempregadas, sem teto e sem plano de saúde, e que se voltaram para a pornografia, estariam em uma situação melhor se também estivessem infringindo a lei?

O que quer que a lei diga, pornografia será produzida, comprada e vendida. O que deveria ter mais importância para as feministas não é o que a lei diz sobre pornografia, mas o que a lei faz para e pelas mulheres que nela trabalham.

Nenhum dos meus alunos, nos muitos anos em que venho ministrando seminários sobre pornografia, sugeriu o uso de legislação para mitigar seus efeitos. Isso não aconteceu porque meus alunos são fanáticos pela liberdade de expressão. É porque são pragmáticos. Instintivamente, eles sabem que a internet não pode ser contida e que bloquear o acesso à rede pode funcionar para pessoas de gerações mais velhas e sem esse know-how, mas não para eles. Eles sabem que não são apenas consumidores, mas são também, e cada vez mais, produtores de pornografia: que o verdadeiro alvo de uma legislação dessas não seria Larry Flynt, mas sim os jovens, para quem postar um vídeo sexual é algo que vem na sequência de tirar uma selfie. Meus alunos desconfiam da criminalização do trabalho sexual, não porque toleram homens que compram sexo, mas porque sabem que as pessoas mais prejudicadas com a criminalização da venda do sexo são mulheres que já existem à margem da sociedade.

Com relação à pornografia, meus alunos acham que um discurso ruim deve ser combatido com um discurso melhor. Como Stoya, eles culpam a educação sexual imprópria pela autoridade que a pornografia exerce sobre eles e suas vidas. Na visão deles, ela tem o poder de ensinar a verdade sobre o sexo, não porque o Estado tenha fracassado ao legislar, mas porque fracassou em sua responsabilidade básica de educar.

Em certo sentido, eles têm toda razão. Apenas 25% dos jovens britânicos relataram ter tido uma educação sexual "boa" ou "muito boa".[75] Enquanto isso, apenas 41% dos professores britânicos afirmam ter recebido capacitação adequada para ensinar sobre sexualidade.[76] Desde setembro de 2020, o currículo obrigatório do país foi ampliado para incluir, entre os tópicos, relacionamentos entre pessoas do mesmo sexo, agressão sexual e "alfabetização pornográfica", e se o aluno tiver mais de quinze anos, os pais não poderão impedir sua participação. Foi feita uma petição com mais de 118 mil assinaturas contra a mudança, insistindo que era "direito fundamental dos pais ensinar seus filhos" sobre sexo.[77] O que esses pais precisam entender é que seus filhos já estão recebendo lições de sexo, e não vêm deles.

Nos Estados Unidos, apenas trinta dos cinquenta estados autorizam que haja educação sexual. Mesmo nesses estados, os distritos de cada escola muitas vezes decidem de forma isolada o que será ou não ensinado.[78] Isso engloba decidir se os alunos serão informados ou não sobre qualquer opção sexual diferente da abstinência. Há uma exigência por parte de 26 estados de que, sempre que a escola oferecer educação sexual, a ênfase seja nessa prática.[79] É mais provável que meninas educadas para se abster sexualmente façam sexo pela primeira vez com um parceiro bastante mais velho e descrevam essa experiência como indesejada.[80] Nos 37 países que têm dados disponíveis entre 2011 e 2016, apenas 36% dos homens e 30% das mulheres de quinze a 24 anos aprenderam sobre prevenção ao HIV.[81]

Precisamos de uma educação sexual melhor e mais ampla. Mas o apelo à educação, assim como o apelo à lei, é muitas vezes baseado em uma visão equivocada do seu poder transformador. Quando a educação é entendida do mesmo modo como Platão a entendia — como a totalidade de palavras, imagens, sinais e clichês a que estamos expostos desde o nascimento —, é verdade que o problema da pornografia é uma questão de educação. Mas quando a "educação sexual" é entendida como de costume — como um programa formal de ensino conduzido pelas escolas —, fica menos evidente que ela pode combater a força ideológica da pornografia. Quem ensina os professores? Se eles são como as pessoas comuns, muitos assistem à pornografia, sobretudo a maioria dos homens. (Lembre-se do comentário de MacKinnon sobre a pornografia tornar os professores homens "incapazes de ver suas alunas como potencialmente iguais". Lembre-se da calcinha fio dental.) Ficamos surpresos quando professores têm dificuldade em falar sobre a construção patriarcal do sexo? Será que qualquer espécie de "capacitação de professores" — que não seja a plena conscientização feminista — mudará isso? E qual Estado vai pagar por *isso*?

Ao contrário da pornografia, a educação sexual formal de fato é um discurso, na verdade é mais do que uma ficção jurídica. É um discurso pronunciado por professores, destinado a transmitir informações e a persuadir os alunos. Na medida em que a educação sexual funciona com os jovens, ela o faz apelando para seus intelectos — pedindo-lhes que reflitam, questionem e compreendam. Nesse sentido, a educação sexual concebida tradicionalmente não se propõe a enfrentar a pornografia em sua base. Afinal, a pornografia não informa, nem persuade, nem debate. A pornografia adestra. Ela abre sulcos profundos na psique, criando associações poderosas entre a excitação e os estímulos selecionados, desviando daquela parte de nós que faz uma pausa, pondera, pensa. Essas associações, fortalecidas pela repetição, reforçam e reproduzem o sentido social que o patriarcado atribui à diferença sexual. Isso é em especial verdadeiro no caso da pornografia filmada, que aproveita o poder do mais potente aparato de entretenimento em termos ideológicos: o cinema. O filme (pornográfico ou não), ao contrário da imagem estática, do livro ou de um áudio gravado, não demanda nada de nós — nenhuma contribuição ou elaboração. Requer apenas atenção e encantamento, que somos obrigados a oferecer, e de boa vontade. Diante do filme pornô, a imaginação se detém e cede, vencida pelo simulacro de realidade. A janela aberta do navegador se transforma em uma janela para o mundo, o mundo pornô, em que corpos ágeis fodem e são fodidos para o prazer deles próprios. Qualquer excitação que o espectador sinta, e qualquer uso que faça do filme para se masturbar, é incidental para o que se desenrola naquele mundo. Os prazeres oferecidos pelo pornô são os mesmos oferecidos por qualquer outro filme: o prazer de ver e ouvir.

Exceto que, na realidade, não há um mundo pornográfico nem uma janela para ele, e não há nada de incidental nos prazeres obtidos através da pornografia. Ela é uma construção complexa feita para atrair o espectador. Que o sexo ali seja real, e que o prazer às vezes também o seja, não muda isso. Obviamente, a pornografia dominante oferece o prazer de se olhar para o corpo em exibição da mulher, seus orifícios, um por um, aguardando a penetração: boca, vagina, ânus. Porém, mais do que isso, oferece o prazer da identificação egoica. Afinal, a pornografia convencional retrata um tipo específico de esquema sexual — em que, de modo geral, as mulheres estão ávidas pela afirmação do poder sexual masculino — e então transfere para o espectador um foco de atenção e identificação também específico dentro desse esquema. A pornografia dominante é feita para homens, não só no sentido de que são sobretudo eles que consomem pornografia, mas também no de que a lógica visual da pornografia força o espectador a se projetar naquilo que Laura Mulvey, em seu inovador ensaio de 1975, "Prazer visual e cinema narrativo", chama de "seu substituto na tela":

o ator.[82] Os libertários civis que dizem que a pornografia expressa um ponto de vista estão mais certos do que imaginam. A câmera não se demora no rosto do homem, isso quando o mostra; muitas vezes, é posicionada de modo a reproduzir o ângulo de visão dele. Quando o corpo masculino é filmado, trata-se de um corpo ativo, do agente da ação do filme, da fonte do desejo motriz e da progressão narrativa. A única parte do corpo masculino que realmente aparece por um bom tempo na tela é o pênis ereto — fazendo as vezes do órgão sexual do próprio espectador. (É claro, esse pênis substituto é maior e mais duro do que o do espectador, um fato que o filme o deixa esquecer, pelo menos enquanto é exibido. Como escreve Mulvey: "As características glamorosas de um astro masculino não são as mesmas do objeto erótico do olhar, mas aquelas pertencentes ao mais perfeito, completo e poderoso ego ideal [...]".) O padrão, quase invariável, é o filme terminar com o pênis ejaculando — "Se você não tem as cenas do esperma, você não tem um filme pornô", ensina o *Film Maker's Guide to Pornography* [Guia do cineasta para filmar pornografia] (1977)[83] — sobre o corpo da mulher, que é fixado na visão da câmera. Se o espectador cronometrar bem — online, diferente do cinema, sempre se pode fazer uma pausa, avançar, voltar —, aquilo se transforma no sêmen dele no rosto e nos seios da mulher.

Nisso tudo, onde está a espectadora? Defensores da pornografia convencional gostam de lembrar que, entre os que a consomem, há muitas mulheres. Mas isso não nos diz o que a pornografia faz ou deixa de fazer pelas mulheres que a assistem. Podemos supor que elas se excitam. Mas com quem ou com que estão se identificando? O mais provável é que as mulheres que assistem ao pornô dominante se identifiquem com as mulheres que veem na tela, aquelas cujo prazer sexual é mediado pela exibição do desejo masculino, e sua satisfação, por meio do domínio físico e psíquico: mandando, exigindo, empurrando, batendo. Essas espectadoras "levam na cara", como diz Carol Clover.[84] Mas as mulheres também podem se identificar com os homens na tela, tornando-se, pela primeira vez, quem manda, exige, empurra e bate. Ellen Willis pergunta: "Quando uma mulher fica estimulada por uma fantasia de estupro, ela estaria talvez se identificando com o estuprador e também com a vítima?".[85] O "talvez" de Willis é bastante fraco: essa forma de inversão na identificação sexual é muito comum, talvez tanto quanto a forma convencional. A identificação da mulher como espectadora pode oscilar entre o agente masculino e o objeto feminino.[86] É fácil entender por que muitas mulheres — e não apenas aquelas que enfrentam um trauma sexual — podem achar benéfica uma inversão de papéis fantasmática. Também pode haver algo de positivo em se identificar, no caso da pornografia que representa um estupro, com a atriz que se dispõe a consentir em uma performance de sexo não consensual.

Do mesmo modo, pode haver possibilidades benéficas na objetificação sexual. Jennifer Nash argumenta que feministas como Alice Walker e Patricia Hill Collins foram muito rápidas em condenar a pornografia dominante por contribuir para a subordinação racial e sexual das mulheres negras quando estas atuavam. Afinal, Nash diz, tais dispositivos cênicos podem "representar a negritude como um locus de prazer e excitação sexual" tanto para espectadores homens brancos quanto para mulheres negras.[87] (A ausência na pornografia pode ser tanto um sinal de opressão quanto a presença: o fato de que há relativamente pouca pornografia que fetichiza mulheres nativas americanas, aborígenes ou dalits prova que elas *não* são oprimidas?) O argumento de Nash ecoa a discussão levantada pelo filósofo do direito Leslie Green sobre a pornografia convencional que retrata homens gays. Embora boa parte dela recicle alegorias de dominação masculina e submissão feminina da pornografia heterossexual, Green alega que, no entanto, pode dar aos homens gays — para quem ter o status de objeto sexualmente desejável negado é uma "experiência de escopo" — "um sentido sólido de sua própria *objetividade*". Sem esse sentido, diz Green, a "sexualidade gay masculina ainda pode ser espiritual, política ou intelectual. O que não pode ser é quente, úmida ou divertida".[88]

Tudo isso, sem dúvida, está correto. Feministas antipornografia demonstram segurança demais ao pressupor que imagens de dominação sexual e racial na tela não podem fazer nada além de exacerbar esses tipos de dominação fora dela. A simplicidade desse retrato é desfeita, sobretudo, pelo inconsciente notoriamente ingovernável: quem pode ter certeza do que ele fará com o que a mente consciente considera "bom" e "mau"? Dito isso, é interessante como nenhum ou poucos teóricos pró-pornografia sugerem que os homens que assistem a filmes com representação de estupro se identificam com a mulher estuprada, ou que homens brancos que assistem à pornografia inter-racial se identificam com a mulher negra.

Ainda podemos perguntar: por que a espectadora mulher precisa se tornar um homem para exercer poder? Por que o homem gay feminino ou a mulher negra precisam assistir a alguém que se parece com eles ser curvado e fodido para saber que eles, em sua feminilidade ou negritude, são desejáveis? Não estou dizendo que a necessidade não seja real ou que a pornografia sexista e racista não possa ser readaptada para atendê-la. Estou perguntando, em primeiro lugar, por que essa necessidade existe e o que ela nos diz sobre até que ponto o poder da pornografia pode ser subvertido ou redirecionado. Estou pedindo que não confundamos as necessidades de negociação sob opressão com os sinais de emancipação.

Estou também pedindo que não desconsideremos o poder do mainstream pornográfico. O meme da internet "Regra 34" afirma que "se algo existe, existe pornografia disso. Sem exceções". É verdade, ou quase. Mesmo nos maiores sites pornô, é possível encontrar conteúdos que agradem a gostos mais raros ou mesmo politicamente revigorantes: pornografia com artistas idosos ou com deficiências visíveis, em que mulheres penetram homens com um dildo, pornografia com balões, pornografia do *Star Trek*. Mas isso não significa que o mundo pornô seja um lugar de desejos idiossincráticos livres e de excentricidades pessoais. O gênero, como todas as formas de cultura, tem fortes tendências e fios condutores. Das vinte estrelas mais populares do PornHub em 2017, todas, exceto duas, eram brancas, e todas eram magras, saudáveis, femininas, cis e depiladas como se fossem impúberes.[89] Piper Perri, número dezessete no ranking, pesa quarenta quilos e tem 1,48 metro de altura, a mesma — coincidência? — que a Lolita de Nabokov. Ela usa aparelho nos seus dentes perfeitamente alinhados e não parece ter mais de catorze anos. (Uma proposta para a Regra 35: O que quer que seja feio em nossa política sexual, é extremamente popular na pornografia.)

Mas a pornografia online gratuita não reflete apenas gostos sexuais preexistentes. Sites como o PornHub são movidos por algoritmos sofisticados, baseados na mesma lógica que alimenta o YouTube e a Amazon. Esses algoritmos aprendem e depois moldam as preferências dos usuários com base nos dados que coletam: não apenas históricos de pesquisa, mas também localização, gênero e os horários do dia em que costumam estar online. Por sua vez, o algoritmo oferece aos usuários o que outras pessoas de seus grupos demográficos gostam de assistir, assegurando a compatibilidade com seus gostos sexuais. Além do mais, o algoritmo ensina os usuários a pensar sobre o próprio sexo em categorias predefinidas. Como Shira

Tarrant, autora de *The Pornography Industry* [A indústria pornográfica], observa: "Se você está interessado em algo como um oral duplo e coloca isso em um navegador, você verá duas mulheres fazendo sexo oral em um cara [...], não é provável que veja dois homens ou duas pessoas fazendo sexo oral em uma mulher". Ela acrescenta: "Os usuários da pornografia online não necessariamente percebem que seus padrões de uso são em grande medida moldados por uma empresa".[90] Graças às categorias dos algoritmos do PornHub, atrizes pornô que são muito velhas para aparecer na categoria "adolescente" e muito jovens para estar entre as "MILF" — isto é, atrizes entre 23 e trinta anos — dizem que agora é muito difícil serem chamadas para uma filmagem.

A pornografia é poderosa. A esperança de que possa ser neutralizada por meio da educação não leva suficientemente a sério o poder que ela tem — não como discurso, mas como filme. Os criadores de pornografia alternativa queer e feminista sabem disso de maneira tácita. O que eles oferecem, em certo sentido, é uma forma alternativa de educação sexual, que busca revelar e se deleitar com a sensualidade dos corpos, atos e com distribuições de poder que não se ajustam aos padrões eróticos heterossexistas, racistas e capacitistas. Em 1984, Candida Royalle fundou a Femme Productions, a primeira produtora pornográfica feminista. Royalle evitava cenas de ejaculação masculina ("como atriz, uma vez perguntei: 'Por que isso aparece?'. Me disseram: 'Para provar que acontece de verdade'")[91] e, tendo consultado terapeutas sexuais sobre formas de evitar o fortalecimento dos mitos de estupro, contextualizava cenas de sexo coercitivo com conversas sobre consentimento entre os atores. Seguindo o exemplo de Royalle, hoje uma nova geração de produtores e atores busca fazer uma pornografia que resista ao entendimento hegemônico sobre quais corpos e atos são estimulantes e sobre quem deve sentir prazer. (É fácil esquecer, mas em quase todos os filmes pornô convencionais os homens têm orgasmos de verdade, e as mulheres fingem.) Erika Lust, uma diretora e produtora de pornô feminista, que mora em Barcelona, atribui sua entrada na pornografia alternativa ao trabalho acadêmico de Linda Williams sobre o filme pornô *Hard Core: Power, Pleasure, and the "Frenzy of the Visible"* [Núcleo duro: Poder, prazer e o "frenesi do visível"] (1989).[92] Os filmes de Lust são bonitos de se ver, complexos em termos narrativos e emocionais e movidos por um éthos igualitário de busca do prazer. Ao ver os trailers, pode-se pensar que são filmes independentes, o que de certa forma é exatamente o que são.

Shine Louise Houston é uma diretora de pornografia queer negra formada em cinema pelo San Francisco Art Institute, cujo filme *The Crash Pad* [Colchão de queda] (2005) é um clássico da "pornografia lésbica". Houston é conhecida por representar o agenciamento sexual queer e não branco. Seus atores decidem juntos o que querem fazer em vez de seguir um roteiro, e cada um recebe o mesmo cachê fixo, independentemente dos atos sexuais de que participarem, opondo-se a um mercado que costuma impor uma hierarquia financeira rígida: penetração anal vale mais do que vaginal, penetração dupla vale mais do que única, e sexo heterossexual vale mais do que o lésbico. Os atores das séries online de Houston, *CrashPadSeries.com*, se descrevem de várias maneiras, como machonas femininas não binárias, bruxas, lésbicas trans, sapatrans, "mulheres não humanas", ursas, unicórnios *genderqueer* (de qualquer sexualidade), garotas viadas não binárias trans bofinhos feminilizados, nerds sexuais e ftM [pessoas em transição de gênero] sádicos onívoros sexuais. Os episódios são acompanhados por avisos de conteúdo (no caso de "sexo não consensual consensualizado") e por cenas de "bastidores" em que os atores se interrogam após as filmagens.

A indústria pornográfica no Japão — uma das maiores do mundo — sofreu (como a de qualquer outro lugar) com a disponibilização de vídeos gratuitos e sem censura.[93] Mas há um grande apetite por pornografia para e dirigida por mulheres, mesmo que não seja conscientemente feminista.[94]

O problema, posto de forma simples, é que filmes pornô feministas e alternativos raramente são gratuitos. E mesmo que fossem — digamos, se os governos subsidiassem seus diretores e atores como parte de um programa de igualdade de gênero e raça —, dificilmente isso funcionaria como educação sexual formal. De fato, em muitas jurisdições, seria ilegal mostrar esse material a menores de dezoito anos ou mesmo encorajá-los a assistir. (Esse também é um problema sério para qualquer tentativa de ensinar "alfabetização pornográfica" nas escolas: como ensinar as pessoas a ler textos que você não pode mostrar a elas?) Entre meus próprios alunos, todos com mais de dezoito anos, a perspectiva de um tipo diferente de pornografia é recebida com entusiasmo por alguns. Mas muitos acham que é tarde demais para eles, que já estão muito velhos para reconfigurar seus desejos. Filhos da internet, com sua infinita variedade, acham de alguma forma que todas as possibilidades, exceto uma, estão excluídas.

O argumento de que a necessidade dos jovens é de representações melhores e mais diversificadas do sexo é, com o surgimento da pornografia na internet, ouvido com cada vez mais frequência. Além das dificuldades de se entregar algo assim, há uma reserva mais ligada a certos princípios. A demanda por uma representação melhor deixa intacta a lógica da tela, segundo a qual o sexo deve ser mediado; e a imaginação fica limitada à imitação, improvisando a partir do que já foi absorvido. Talvez, hoje, a lógica da tela seja inevitável. Se é assim, então, "representações melhores" são de fato o que de melhor podemos esperar.

Mas algo foi perdido aqui. Enquanto o sexo filmado aparentemente abre um mundo de possibilidades sexuais, muitas vezes ele obstrui a imaginação sexual, tornando-a fraca, dependente, preguiçosa, codificada. A imaginação sexual se transforma em uma máquina-mimese, incapaz de gerar sua própria novidade. Em *Intercourse* [Intercurso sexual] (1987), Andrea Dworkin alertou exatamente sobre isso:

Imaginação não é sinônimo de fantasia sexual, que é apenas — de maneira patética — um loop de fita programado que se repete na mente narcoléptica. A imaginação descobre novos significados, novas formas; atos e valores complexos e empáticos. A pessoa imaginativa é empurrada para um mundo de possibilidades e riscos, um mundo distinto com significado e escolha; não para um ferro-velho quase vazio de símbolos manipulados para evocar respostas mecânicas.[95]

Se a educação sexual procurasse prover os jovens não apenas de "respostas mecânicas" melhores, mas de uma imaginação sexual encorajadora — a capacidade de produzir "novos significados, novas formas" —, ela teria que ser, acho eu, um tipo de educação negativa. Não iria asseverar sua autoridade para dizer a verdade sobre sexo, mas sim lembrar aos jovens que a autoridade sobre o que o sexo é, e pode se tornar, está neles. O sexo pode, se assim quiserem, continuar como as gerações anteriores escolheram: violento, egoísta e desigual. Ou pode — se eles quiserem — ser algo mais alegre, mais igualitário, mais livre. Como essa educação negativa deve ser alcançada é algo incerto. Não há leis a serem elaboradas nem currículos fáceis de implementar. Em vez de mais discursos ou mais imagens, é o ataque violento deles que teria que ser detido. Talvez, então, a imaginação sexual pudesse ser persuadida, mesmo que por pouco tempo, a relembrar seu poder perdido.

O direito ao sexo

Em 23 de maio de 2014, Elliot Rodger, um garoto de 22 anos que havia largado a faculdade, se tornou o *incel* mais famoso do mundo. O termo — abreviação em inglês de "celibatário involuntário" — pode, em tese, ser aplicado tanto a homens quanto a mulheres, mas, na prática, não identifica homens assexuais em geral, mas certo tipo de homem assexual: o que está convencido de que lhe devem sexo e que fica enfurecido com as mulheres que o privam disso. Rodger esfaqueou até a morte os dois colegas com quem dividia o apartamento, Weihan Wang e Cheng Hong, e também o amigo deles, George Chen, assim que entraram em casa, na Seville Road, em Isla Vista, na Califórnia. Poucas horas depois, ele dirigiu até a república estudantil para mulheres Alpha Phi, próxima ao campus da Universidade da Califórnia em Santa Barbara (UCSB). Ele atirou em três mulheres que estavam na parte externa da residência, e duas delas morreram, Katherine Cooper e Veronika Weiss. Em seguida, saiu atirando de dentro do carro, andando por Isla Vista, e matou, com um único tiro no peito, Christopher Michaels-Martinez, também aluno da UCSB, que estava dentro de uma delicatéssen. Deixou outras catorze pessoas feridas. Por fim, bateu sua BMW cupê em um carro que estava estacionado, depois de dar um tiro na cabeça. Foi encontrado morto pela polícia.

Nas horas que se passaram entre o assassinato dos três rapazes no seu apartamento e dirigir para a residência Alpha Phi, Rodger foi ao Starbucks, pediu um café e postou na sua página no Youtube o vídeo "A punição de Elliot Rodger". Ele também enviou, por e-mail, o manifesto "Meu mundo deformado: A história de Elliot Rodger", de 107 mil palavras, para um grupo de pessoas que incluía seus pais e seu terapeuta. Os dois documentos reunidos detalham o massacre que viria e suas motivações. "Tudo que sempre quis foi me encaixar e ter uma vida feliz", ele explica no início de "Meu mundo deformado", "mas eu era excluído e rejeitado, forçado a suportar uma existência solitária e insignificante, tudo porque as mulheres da espécie humana eram incapazes de ver qualquer valor em mim."

Ele prossegue, descrevendo sua primeira infância, feliz e privilegiada, na Inglaterra — Rodger era filho de um cineasta britânico de sucesso —, seguida por sua adolescência, infeliz e privilegiada, em Los Angeles, quando era um garoto baixinho, ruim nos esportes, tímido, esquisito, sem amigos, desesperado para ser um cara maneiro. Ele escreve sobre tingir o cabelo de loiro (Rodger era metade branco e metade chinês-malaio; as pessoas loiras eram "muito mais bonitas"); sobre encontrar refúgio nos jogos Halo e World of Warcraft; sobre ser enxotado por uma garota bonita no acampamento de férias ("essa foi a primeira vez que suportei uma crueldade feminina e me traumatizou para sempre"); sobre ficar enfurecido com a vida sexual de seus colegas ("como um garoto negro e feio, inferior, conseguia ficar com uma garota branca e eu não? Eu sou bonito e metade branco. Sou descendente da aristocracia britânica. *Ele* é descendente de escravos"); sobre ter abandonado uma escola atrás da outra e depois a faculdade; além de fantasiar sobre uma ordem política na qual ele governava o mundo e o sexo era proibido ("todas as mulheres devem ficar em quarentena, porque são como a peste"). O resultado inevitável disso tudo, disse Rodger, era a sua "guerra às mulheres", durante a qual iria "punir todas as mulheres", pois o crime delas era privá-lo de sexo. Ele teria escolhido como alvo a residência

Alpha Phi, "a república estudantil para mulheres mais atraente da UCSB", porque lá estavam "exatamente as garotas que representam tudo que eu odeio no gênero feminino [...], garotas gostosas, bonitas, loiras [...], piranhas mimadas, perversas, insensíveis". Ele mostraria a todos que era "o superior".

No final de 2017, o fórum de discussão online Reddit fechou seu grupo de apoio "Incel", que tinha 40 mil membros e era para "quem não tem relacionamentos românticos e sexuais". A Reddit tomou essa medida após adotar uma nova política de proibição de conteúdos que "incentivam, glorificam, incitam ou apelam para a violência". O que começou como um grupo de apoio a solitários e isolados sexualmente havia se tornado um fórum onde os usuários não só se enfureciam contra as mulheres e os *noncels* e *normies* (como chamam as pessoas sexualmente ativas) que conseguiam dormir com elas, mas também defendiam com frequência o estupro. Um segundo grupo *incel* da Reddit, chamado "Truecels", também foi banido após a mudança de política da rede social. O menu lateral da página deles dizia: "Não incentive ou incite a violência nem outras atividades ilegais, como o estupro. Mas é claro que não há problema em dizer, por exemplo, que o estupro deve ser punido de forma mais branda, ou até que deve ser legalizado, e que mulheres vadias o merecem".

Logo após os assassinatos cometidos por Rodger, *incels* se reuniram na androsfera (comunidades misóginas virtuais, formadas exclusivamente por homens) para explicar que as mulheres (e o feminismo) foram, afinal, responsáveis pelo que havia acontecido. Se uma daquelas "piranhas perversas" tivesse fodido Elliot Rodger, ele não teria que matar ninguém. Críticas feministas imediatamente apontaram o que deveria ser óbvio: que nenhuma mulher era obrigada a fazer sexo com Rodger; que sua percepção de direito sexual era um estudo de caso na ideologia patriarcal; que suas ações foram uma resposta previsível, embora extrema, da frustração desse direito. Elas poderiam ter acrescentado que o feminismo, longe de ser inimigo de Rodger, pode muito bem ser a principal força de resistência ao próprio sistema que o fazia se sentir — por ser um garoto baixo, desajeitado, afeminado e inter-racial — inadequado. O manifesto de Rodger revela que ele sofria infinitamente mais bullying de garotos do que de garotas: que o empurravam para dentro de armários na escola, o chamavam de perdedor, zombavam da sua virgindade. Mas eram as garotas que o privavam de sexo e eram elas, portanto, que tinham que ser destruídas.

Seria possível dizer também que a falta de fodabilidade de Rodger era um sintoma da internalização de normas patriarcais do que é um homem sexualmente atrativo por parte das mulheres? Responder a essa pergunta é complicado, por duas razões. Primeiro, porque Rodger era um cara esquisito e, pelo menos em parte, foi a insistência na própria beleza estética, na sua superioridade moral e racial, e o que mais houvesse nele que o tornou capaz de dar 134 facadas em seus companheiros de casa e no amigo deles, e não a sua incapacidade de satisfazer as exigências da heteromasculinidade, que mantinham as mulheres afastadas. Em segundo lugar, há muitos caras nerds não homicidas que transam. Sem dúvida, parte da injustiça do patriarcado, algo que os *incels* e outros "ativistas dos direitos dos homens" não notam, é o modo como torna atraentes até categorias de homens supostamente pouco atraentes: geeks, nerds, homens frágeis, velhos, com "corpo de pai". Enquanto isso, há colegiais sensuais e professoras sexy, *maniac pixie dream girls* e MILFs, porém todas são gostosas e têm um corpo firme, são pequenas variações do mesmo paradigma normativo. (Podemos imaginar uma matéria da revista GQ celebrando o "corpo de mãe"?)

Dito isso, é verdade que o tipo de mulher com quem Rodger queria ter relações sexuais — universitárias loiras e gostosas — não costuma sair com homens como ele, mesmo os que não são esquisitões nem homicidas, pelo menos não até que façam sua fortuna no Vale do Silício. Também é verdade que isso tem algo a ver com as rígidas normas de gênero impostas pelo patriarcado: fêmeas alfa querem machos alfa. E é verdade, ainda, que os desejos de Rodger — sua fixação erótica na "vadia loira esnobe e mimada" — são em si o propósito do patriarcado, do mesmo modo que a "vadia loira gostosa" se torna uma metonímia para todas as mulheres. (Muitos caras na androsfera observaram alegremente que Rodger nem mesmo conseguiu matar as mulheres que cobiçava, como se isso fosse a confirmação de seu status sexual "ômega": Katherine Cooper e Veronika Weiss não eram "loiras gostosas" e eram membros da Delta Delta Delta que, por acaso, estavam passando na frente da Alpha Phi.) Reportagens feministas sobre Elliot Rodger e, de forma mais ampla, o fenômeno *incel* falaram muito sobre o direito sexual masculino, a objetificação e a violência. Mas, até agora, falaram pouco sobre desejo: o desejo dos homens, o desejo das mulheres e a formação ideológica de ambos.

Antigamente, se alguém quisesse fazer uma crítica política do desejo deveria se voltar para o feminismo. Algumas décadas atrás, as feministas estavam refletindo praticamente sozinhas sobre a maneira como o desejo sexual — seus objetos e expressões, fetiches e fantasias — é moldado pela opressão. Feministas radicais do final dos anos 1960 e dos 1970 exigiam que abandonássemos a visão freudiana que sustentava que o desejo sexual era, nas palavras de Catharine MacKinnon, "um impulso pré-político incondicionado, natural, inato e primordial, dividido pela linha de gênero biológico".[1] Em vez disso, elas insistiram, devemos reconhecer que é o patriarcado que faz do sexo, como o conhecemos, o que ele é: uma prática marcada pela dominação masculina e a submissão feminina, cujas emoções constitutivas são, na formulação de MacKinnon, "a hostilidade e o desprezo, ou a excitação dos senhores pelos escravos; junto com o temor e a vulnerabilidade, ou a excitação dos escravos pelos senhores".[2] Para as chamadas feministas "antissexo", o fato de haver mulheres que pareciam capazes de obter prazer sob essas condições era um sinal do quão mal as coisas iam. Para muitas delas, a solução estava em recusar o sexo e o casamento com homens. Isso foi verdade, por exemplo, com The Feminists [As feministas], um grupo de libertação feminina fundado por Ti-Grace Atkinson em Nova York em 1969, que implementou uma regra segundo a qual era permitido que no máximo um terço de suas integrantes fosse casada ou vivesse com um homem. Essa cota representava a convicção das Feminists de que o feminismo "deve não só lidar com o que as mulheres desejam", mas também "*mudar* o que as mulheres desejam".[3] Cell 16 [Célula 16], um grupo sediado em Boston e fundado em 1968, praticava separatismo sexual, celibato e caratê. A primeira tarefa do grupo era ler o *SCUM Manifesto* de Valerie Solanas, que declarava que: "A mulher pode — com muito mais facilidade do que imagina — condicionar seu desejo sexual, de modo a ficar plenamente tranquila, cerebral e livre [...]. Quando a mulher transcende seu corpo [...], o homem, cujo ego se resume ao pau, desaparecerá".[4] Ecoando Solanas, Roxanne Dunbar-Ortiz, fundadora da Cell 16, observou que "quem vivenciou toda a cena sexual e depois, por escolha e repulsa, adere ao celibato é a pessoa mais lúcida".[5]

Embora todas as feministas radicais do final dos anos 1960 e início dos 1970 vissem o sexo como uma construção do patriarcado, algumas desde o começo se opuseram à ideia de que os desejos das mulheres deviam estar alinhados com suas políticas. Conforme Alice Echols detalha em *Daring to Be Bad* [Ousando ser má] (1989), um estudo do feminismo radical nos Estados Unidos, as feministas que se autoproclamavam "pró-mulher" viam o sexo e o casamento com homens, ao mesmo tempo, mais como um desejo legítimo e uma necessidade estratégica para a maioria das mulheres — um meio de se obter poder político ou apenas de sobreviver — do que como um sintoma de doutrinação patriarcal. O que as mulheres precisavam não era da libertação do desejo ilusório de um casamento heterossexual, mas que este fosse reconcebido em termos mais iguais.[6] O manifesto do grupo feminista radical Redstockings [Meias vermelhas], fundado em 1969 por Shulamith Firestone e Ellen Willis, insistia que "a submissão das mulheres não é resultado de lavagem cerebral, estupidez ou doença mental, mas da pressão diária e contínua dos homens. Não precisamos mudar a nós mesmas, mas mudar os homens".[7] Assim, para as Redstockings e outras feministas pró-mulher, aquele "solucionismo pessoal" — a ideia de que as práticas separatistas de grupos como Cell 16 e The Feminists continham possibilidades revolucionárias — devia ser rejeitado. Para as feministas pró-mulher, tal militância pressupunha uma falsa dicotomia entre as "verdadeiras" mulheres feministas e as ignorantes, que, em suas relações com os homens, traíam a causa revolucionária. Na visão das feministas pró-mulher, todas as mulheres estavam engajadas em atos de negociação e acomodação; a verdadeira libertação exigia uma transformação estrutural, não pessoal. Conta-se que uma proeminente Redstocking teria declarado em uma reunião: "Não sairemos da plantation até que a revolução seja feita!".[8] (Como a escolha da metáfora pode sugerir, as mulheres Redstocking eram, tal qual na maioria dos grupos feministas radicais, esmagadoramente brancas.)

Feministas pró-mulher também temiam que feministas antissexo, em seu zelo de exorcizar o patriarcado, estivessem em conluio pela negação da sexualidade feminina. Elas tinham motivos para isso. Ellen Willis se lembra de Ti-Grace Atkinson participando de uma reunião das Redstockings e dizendo "de forma bem condescendente" que o desejo sexual "estava todo na minha cabeça".[9] Mas, apesar da insistência geral na realidade dos desejos sexuais das mulheres, quase sempre as feministas pró-mulher tinham pouco interesse em defender a legitimidade dos desejos para além dos limites da heterossexualidade. Elas viam o casamento hétero como algo necessário por razões pragmáticas e intrinsecamente desejável, e acusavam as lésbicas de se retirarem do "campo de batalha sexual" e de alienarem as mulheres tradicionais. Uma mulher gay que saiu das Redstockings notou que o grupo "não era tão pró-mulher quando se tratava de mulheres lésbicas".[10]

Em sua inclinação homofóbica, as feministas pró-mulher eram, de maneira inusitada, aliadas das feministas antissexo, entre as quais muitas viam as lésbicas como "identificadas com homens" e, portanto, ameaças sexuais a outras mulheres. Quando as feministas lésbicas começaram a defender com veemência a compatibilidade de suas identidades sexuais com sua política, elas o fizeram enquadrando o lesbianismo como uma questão de solidariedade política, e não de orientação sexual inata. The Furies [As Fúrias], um coletivo lésbico radical fundado em Washington D.C. em 1971, declarou que "o lesbianismo não é questão de preferência sexual, mas sim uma escolha política que toda mulher deve fazer se quiser [...] acabar com a supremacia masculina".[11] Assim, a defesa do celibato pelas feministas antissexo foi adaptada em favor do lesbianismo, embora de um tipo específico. À medida que as lésbicas políticas começaram a ser vistas como a vanguarda do movimento de libertação das mulheres, as feministas pró-mulher as acusaram, como as antissexo já haviam feito, de estarem mais interessadas na transformação pessoal do que no confronto político. Em resposta, as lésbicas políticas acusaram as feministas pró-mulher de apoiarem o poder masculino.

No Reino Unido, desenvolveu-se um padrão semelhante. A conferência inaugural do Movimento Nacional de Libertação das Mulheres ocorreu no Ruskin College, em Oxford, em 1970. Desde o início, a segunda onda britânica foi dominada intelectual e politicamente por feministas socialistas como Juliet Mitchell, Sally Alexander e Sheila Rowbotham, que consideravam a luta contra a exploração capitalista central para a emancipação das mulheres e viam os homens esquerdistas como aliados importantes (embora imperfeitos). Algumas feministas divergiram e criaram comunidades e grupos separatistas de mulheres. Mas só em 1977 emergiu um desentendimento definitivo entre as feministas socialistas e as que viam os homens, e não o capitalismo, como o inimigo fundamental. Na nona conferência do Movimento de Libertação das Mulheres (MLM), dessa vez realizada em Londres, Sheila Jeffreys apresentou um artigo intitulado "The Need for Revolutionary Feminism" [A necessidade do feminismo revolucionário], em que repreendia as feministas socialistas por não reconhecerem que a violência masculina, mais do que a exploração capitalista, fundava as bases da opressão feminina, e por fazerem demandas "reformistas", como creches públicas.[12] "O movimento de libertação das mulheres é uma ameaça e deve ser visto como tal", disse Jeffreys, "e não consigo ver como poderia ser útil representá-lo como uma reuniãozinha de mulheres para vender Tupperware, com os homens preparando café."[13] Uma minoria barulhenta de feministas inglesas se juntou a Jeffreys, formando grupos separatistas, como o Grupo Feminista Revolucionário de Leeds, famoso por seu panfleto com a frase "Lesbianismo político: A causa contra a heterossexualidade". Na conferência do ano seguinte, em Birmingham, as feministas revolucionárias apresentaram uma proposta para abolir as seis demandas com que o MLM havia se comprometido em eventos anteriores, alegando que "é ridículo exigirmos qualquer coisa de um Estado patriarcal, de homens, que são o inimigo".[14] A proposta foi deixada de fora da agenda plenária — de modo deliberado, segundo as feministas revolucionárias. Quando ela por fim foi lida em voz alta, as feministas socialistas manifestaram forte oposição, levando, por sua vez, as feministas revolucionárias a protestar cantando e interrompendo outras palestrantes. As duas facções discutiram de forma áspera se a violência sexual praticada por homens era um sintoma da "supremacia masculina" ou de outros problemas sociais, como a opressão de classe, e se a sexualidade lésbica deveria receber uma proteção especial das feministas. À medida que a sessão avançava, pouco se ouvia além de gritos; microfones foram arrancados das mãos de palestrantes; muitas mulheres foram embora frustradas e irritadas. A conferência de Birmingham foi a décima e última feita pelo Movimento Nacional de Libertação das Mulheres.[15]

Conforme o movimento de libertação das mulheres se desenrolava nos anos 1970 e 1980, essas linhas de batalha se enrijeceram. A partir de meados da década de 1970, as feministas antissexo dos Estados Unidos e, em menor medida, as feministas revolucionárias do Reino Unido passaram a focar cada vez mais na questão da pornografia, que para algumas era o símbolo total do patriarcado. (Em concordância com o tema da homofobia feminista, as feministas antipornografia, em geral, se opunham de forma virulenta ao sadomasoquismo lésbico, que na visão delas recapitulava a dinâmica patriarcal.) Muitas feministas, em especial Ellen Willis, achavam preocupante essa inquietação com a pornografia, pelos mesmos motivos que as feministas pró-mulher se opuseram ao celibato militante: isto é, ele contribui para a repressão da sexualidade feminina. Mas muitas feministas também queriam se distanciar da orientação pró-mulher de que a condição ideal para a maioria das mulheres era ter um casamento heterossexual monogâmico. Entre os polos dos feminismos pró-mulher e antissexo, Willis abriu caminho para o que veio a ser chamado de feminismo "pró-sexo" ou "sexo-positivo". Em seu ensaio clássico de 1981, "Lust Horizons: Is the Women's Movement Pro-Sex?" [Horizontes da luxúria: O movimento das mulheres é pró-sexo?], Willis argumentou que tanto o feminismo pró-mulher quanto o feminismo antissexo reforçaram a ideia conservadora de que os homens desejam sexo enquanto as mulheres apenas toleram, uma ideia cuja "principal função social" era reduzir a autonomia feminina em áreas fora do quarto (ou do beco). Ambas as formas de feminismo, escreveu Willis, pediam que "as mulheres aceitassem uma superioridade moral espúria no lugar do prazer sexual e impusessem um limite à liberdade sexual dos homens em vez do verdadeiro poder".[16] Inspirando-se no movimento contemporâneo pelos direitos LGBT, Willis e outras feministas pró-sexo insistiam que as mulheres eram sujeitos sexuais por direito próprio e que seus atos de consentimento — dizer sim ou não — eram dispositivos moralizantes.

Desde Willis, a causa do feminismo pró-sexo tem sido apoiada pela vertente voltada à interseccionalidade. Pensar sobre as formas como a opressão patriarcal varia conforme raça e classe fez com que as feministas relutassem em fazer prescrições universais, inclusive de políticas sexuais universais. A demanda por oportunidades iguais no mercado de trabalho será mais ressonante para mulheres brancas de classe média, de quem se esperava que ficassem em casa, do que para mulheres negras e da classe trabalhadora, de quem se esperava que labutassem ao lado dos homens. Da mesma forma, a auto-objetificação sexual pode significar uma coisa para uma mulher que, por causa de sua branquitude, já contempla o paradigma da beleza feminina, mas outra totalmente diferente para mulheres negras, de outras identidades minorizadas ou trans. A guinada em direção à interseccionalidade também aprofundou o desconforto feminista com o pensamento da falsa consciência: isto é, a ideia de que mulheres que transam e se casam com homens internalizaram o patriarcado. O que se pensa de maneira geral é que o importante agora é acreditar na palavra das mulheres. Se uma mulher diz que gosta de trabalhar com pornografia, de ser paga para fazer sexo com homens, de participar de fantasias de estupro ou de usar salto agulha — e mesmo que ela não só goste, mas também considere essas coisas emancipatórias, parte de sua práxis feminista — então, como dizem muitas feministas, precisamos confiar no que ela diz. Essa não é apenas uma afirmação epistêmica: se uma mulher diz algo sobre sua própria experiência é uma boa razão, embora talvez não imprescritível, para acreditarmos que é verdade. É também, ou talvez principalmente, uma afirmação ética: um feminismo que opera de maneira muito livre em relação a noções de autoengano é um feminismo que corre o risco de dominar os sujeitos (femininos) que assume libertar.

A causa desenvolvida por Willis em "Lust Horizons" provou ser, até agora, duradoura. Desde a década de 1980, o vento sopra a favor de um feminismo que não julga moralmente os desejos sexuais femininos e que insiste que a única restrição moral para agir de acordo com esses desejos é o limite do consentimento. O sexo não é mais moralmente problemático ou não problemático: em vez disso, é apenas desejado ou indesejado. Nesse sentido, as normas do sexo são como as do livre-câmbio capitalista. O que importa não é quais condições dão origem à dinâmica de oferta e procura — por que algumas pessoas precisam vender sua força de trabalho enquanto outras a compram —, mas apenas que o comprador e o vendedor tenham concordado com a transferência. Seria muito fácil, porém, dizer que a positividade sexual representa a cooptação do feminismo pelo liberalismo. Gerações de feministas e ativistas gays e lésbicas lutaram muito para libertar o sexo da vergonha, do estigma, da coerção, do abuso e da dor indesejada. É essencial para esse projeto enfatizar que há limites para o que pode ser entendido sobre sexo estando de fora, que atos sexuais podem ter significados privados que não podem ser apreendidos por uma perspectiva pública, que há momentos em que devemos confiar que determinado tipo de sexo é aceitável, mesmo que não possamos imaginar como poderia ser. Assim, o feminismo se vê não só questionando a distinção liberal entre o público e o privado, mas também insistindo nela.

No entanto, seria hipócrita não fazer nada com a convergência, mesmo que não intencional, da positividade do sexo e do liberalismo em sua relutância compartilhada em questionar a formação de nossos desejos. As feministas da terceira onda estão certas em dizer, por exemplo, que trabalho sexual é trabalho e que pode ser melhor do que funções subalternas realizadas pela maioria das mulheres. E elas estão certas em dizer que o que as profissionais do sexo precisam é de ter suporte legal e material, proteção e segurança, não de serem salvas e reabilitadas. Mas para entender que tipo de trabalho é o trabalho sexual — quais atos físicos e psíquicos estão sendo comprados e vendidos e por que quem o faz é na maioria esmagadora mulher e quem paga é na maioria esmagadora homem —, com certeza temos que dizer algo sobre a formação política do desejo masculino. E, sem dúvida, haverá coisas relacionadas a ser ditas sobre outras formas de trabalho feminino: ensinar, medicar, cuidar, exercer a maternidade. Dizer que o trabalho sexual é "apenas trabalho" é esquecer que todo trabalho — masculino, feminino — nunca é só trabalho: é também sexuado.

Willis conclui "Lust Horizons" dizendo que para ela é "axiomático que parceiros consensuais tenham direito a suas inclinações sexuais e que o moralismo autoritário não tem espaço" no feminismo. E, no entanto, ela continua, "um movimento verdadeiramente radical deve enxergar [...] além do direito de escolha e continuar focando nas questões fundamentais. Por que optamos pelo que optamos? Pelo que optaríamos se de fato tivéssemos escolha?". Isso pode parecer uma reviravolta extraordinária por parte de Willis. Depois de apresentar uma conjectura ética para estudar nossas preferências sexuais, quaisquer que sejam, como pontos fixos, protegidos da inquisição moral, Willis nos diz que um feminismo "verdadeiramente radical" faria exatamente a pergunta que dá origem ao "moralismo autoritário": como seriam as escolhas sexuais das mulheres se elas fossem de fato livres? É possível achar que Willis deu com uma mão e tirou com a outra. Mas talvez tenha dado com ambas. Aqui está, segundo ela, uma tarefa para o feminismo: tratar como axiomáticas nossas escolhas sexuais livres, enquanto também observamos por que, sob o patriarcado, como sempre disseram as feministas "antissexo" e lésbicas, essas escolhas raras vezes são livres. O que estou sugerindo é que, na pressa em cumprir a primeira parte da tarefa, nós feministas corremos o risco de esquecer a segunda.

Quando enxergamos o consentimento como sendo a única restrição ao sexo eticamente aceitável, somos levados a naturalizar preferências sexuais em que a fantasia de estupro seria um fato primordial, e não um fato político. Mas não só a fantasia de estupro. Considere a fodabilidade suprema de "vadias loiras gostosas" e mulheres do Leste Asiático, a comparativa falta de fodabilidade de mulheres negras e homens asiáticos, a fetichização e o medo da sexualidade masculina negra, a repulsa sexual expressa por corpos deficientes, trans e gordos. Esses fatos sobre "fodabilidade" — não sobre quais corpos são vistos como sexualmente disponíveis (nesse sentido, mulheres negras, trans e com deficiência seriam muito fodíveis), mas sobre quais conferem status a quem faz sexo com eles — são fatos políticos. São fatos que um feminismo verdadeiramente interseccional deve exigir que sejam levados a sério. Mas a visão do sexo-positivo, desvinculada do apelo de Willis à ambivalência, ameaça neutralizá-los, tratando-os como dados pré-políticos. Em outras palavras, a visão do feminismo sexo-positivo corre o risco de acobertar não apenas a misoginia, mas também o racismo, o capacitismo, a transfobia e todos os outros sistemas opressores que chegam à cama através do mecanismo aparentemente inofensivo da "preferência pessoal".

"Os belos torsos no aplicativo Grindr são, em sua maioria, homens asiáticos escondendo o rosto", me contou um amigo gay. No dia seguinte, vi no Facebook que o Grindr começou uma série na internet chamada *What the Flip?* [Que droga é essa?]. No primeiro episódio, de três minutos, um cara lindo, de cabelos azuis, da Ásia Oriental, e um cara branco, bonito e bem-arrumado, trocam de perfis no Grindr. Os resultados são desalentadores. O cara branco, agora usando o perfil do asiático, quase nunca é abordado, e quando isso acontece são homens que se apresentam como *Rice Queens* (homens gays sexualmente atraídos por homens orientais) e que gostam de asiáticos por serem "bons passivos". Quando ele ignora as mensagens, é atacado com insultos abusivos. A caixa de entrada do rapaz asiático, por sua vez, está inundada de admiradores. Conversando sobre isso mais tarde, o rapaz branco expressa seu choque, e o asiático, uma alegre resignação. "Você não é o tipo de todo mundo, mas vai ser o de alguém", o cara branco propõe, debilmente, antes de se abraçarem. No episódio seguinte, um homem musculoso que parece o Ryan Gosling troca de perfil com um cara gordinho de rosto bonito. Em outro, um cara feminino troca com um cara masculinizado. Os resultados são os esperados.[17]

A evidente ironia da série *What the Flip?* é que o Grindr, por sua natureza, incentiva os usuários a dividir o mundo entre aqueles que são e aqueles que não são objetos sexuais viáveis, de acordo com marcadores de identidade grosseiros — para pensar em termos de "fatores inegociáveis" e "requisitos" sexuais. Ao fazer isso, o aplicativo simplesmente aprofunda os sulcos discriminatórios pelos quais nossos desejos sexuais já se movem. Mas a paquera online — e em especial as interfaces abstratas do Tinder e do Grindr, que destilam a atração ao básico: rosto, altura, peso, idade, raça, slogan espirituoso — certamente absorveu o que há de pior no estado atual da sexualidade e tornou isso institucionalizado em nossas telas.[18]

Um pressuposto da *What the Flip?* é que esse é um problema peculiarmente gay: que a comunidade gay masculina é muito superficial, muito autoritária em relação ao corpo, julga demais. Os homens gays da minha vida falam esse tipo de coisa o tempo todo; todos se sentem mal por isso, tão agressores quanto vítimas (a maioria se vê nos dois papéis). Não estou convencida. Podemos imaginar aplicativos de namoro mais voltados para heterossexuais, como o Bumble ou o Tinder, criando uma série online que encoraje a "comunidade" heterossexual a confrontar seu racismo sexual ou sua gordofobia? Se é improvável que isso aconteça, sem dúvida não é porque heterossexuais não são autoritários em relação ao corpo ou racistas sexuais. É porque heterossexuais — ou, devo dizer, pessoas cis heterossexuais brancas, fisicamente saudáveis — não têm o hábito de pensar que há algo de errado na forma como fazem sexo. Por outro lado, os homens gays — mesmo os bonitos, brancos, ricos e saudáveis — sabem que como e com quem se faz sexo é uma questão política.

É claro que há riscos reais associados à sujeição de nossas preferências sexuais ao escrutínio político. Queremos que o feminismo seja capaz de interrogar os fundamentos do desejo, mas sem censura moral, pudor ou abnegação: sem dizer às mulheres em particular que elas não sabem realmente o que desejam, ou que não podem desfrutar do que de fato desejam, dentro dos limites do consentimento. Algumas feministas acham que isso é impossível, uma vez que qualquer abertura à crítica do desejo leva inevitavelmente ao moralismo autoritário. (Podemos pensar nessas feministas como defensoras de uma espécie de "positividade sexual do medo", assim como Judith Shklar uma vez defendeu um "liberalismo do medo" — isto é, um liberalismo motivado pelo medo de alternativas autoritárias.)[19] Mas também há o risco de que repolitizar o desejo encoraje um discurso de direito sexual. Falar de pessoas que, injustamente, sofrem marginalização ou exclusão sexual pode abrir caminho para o pensamento de que essas pessoas têm direito ao sexo, um direito que está sendo violado por quem se recusa a fazer sexo com elas. Essa visão é irritante: ninguém tem a obrigação de fazer sexo com outra pessoa. Isso é também axiomático. E isso, é claro, é o que Elliot Rodger, assim como a legião de *incels* raivosos que o celebram como se fosse um mártir, se recusou a ver. Em uma comunidade da rede social Reddit agora extinta, um post intitulado "Deveria ser legalizado o estupro de mulheres por *incels*" explicava que "nenhum homem faminto deveria ir para a prisão por roubar comida, e nenhum homem sexualmente faminto deveria ir para a prisão por estuprar uma mulher". É uma falsa equivalência doentia, que revela a falácia violenta que está no cerne do patriarcado. Alguns homens são excluídos da esfera sexual por razões politicamente suspeitas — incluindo, talvez, alguns dos homens levados a desafogar seu desespero em fóruns anônimos —, mas, no momento que sua infelicidade se transmuta em raiva das mulheres que lhes "negam" sexo, e não dos sistemas que moldam o desejo (o deles e o dos outros), eles passam dos limites e aderem a algo moralmente confuso e hediondo.

Em seu sagaz ensaio "Homens me explicam *Lolita*", Rebecca Solnit nos lembra que "você não consegue ter sexo com alguém a menos que a pessoa queira ter sexo com você", assim como "você não vai ganhar um pedaço do sanduíche de alguém a menos que a pessoa queira dividi-lo com você". Não dar uma mordida no sanduíche de alguém "não é uma forma de opressão",[20] diz Solnit. Mas a analogia complica tanto quanto elucida. Suponha que sua filha pequena, ao voltar da escola, lhe contasse que as outras crianças dividem seus sanduíches umas com as outras, mas não com ela. E suponha ainda que sua filha seja negra ou gorda ou deficiente ou não fale inglês muito bem, e que você suspeite que esse seja o motivo da sua exclusão do compartilhamento de sanduíches. De repente, não parece suficiente dizer que nenhuma das outras crianças é obrigada a compartilhar com sua filha, por mais que isso seja verdade.

Sexo não é sanduíche. Embora sua filha não queira que a incluam no compartilhamento por pena — assim como ninguém quer uma foda por compaixão, e certamente não de um racista ou transfóbico —, não veríamos o professor como coercitivo se ele encorajasse as outras crianças a compartilhar o sanduíche com sua filha, ou se juntos instituíssem uma política de compartilhamento igualitária. Mas um Estado que interviesse de forma análoga na preferência sexual e nas práticas de seus cidadãos — que nos encorajasse a "compartilhar" o sexo de forma sempre igual — provavelmente seria considerado autoritário demais. (O socialista utópico Charles Fourier propôs que houvesse um "mínimo de sexo" garantido, semelhante a uma renda básica garantida, para todos os homens e todas as mulheres, independente de idade ou enfermidade; Fourier pensava que apenas depois que a privação sexual tivesse acabado, os relacionamentos românticos poderiam ser de fato livres. Esse serviço social seria prestado por uma "nobreza desejosa" que, Fourier afirmou, "sabe como subordinar o amor aos ditames da honra".)[21] Claro, importa precisamente como seriam essas intervenções: ativistas dos direitos dos deficientes, por exemplo, há muito reivindicam uma educação sexual mais inclusiva nas escolas, e muitos apreciariam medidas regulamentares que garantissem a diversidade na publicidade e na mídia. Mas pensar que tais medidas seriam suficientes para alterar nossos desejos sexuais, para libertá--los de todos os sulcos da discriminação, é ingênuo. E embora seja razoável exigir que um grupo de crianças compartilhe seus sanduíches de maneira inclusiva, não se pode fazer o mesmo em relação ao sexo. O que funciona em um caso não funcionará no outro. Sexo não é como um sanduíche nem como qualquer outra coisa. Não há nada mais dilacerado pela política e, ao mesmo tempo, tão inviolavelmente pessoal. Para o bem ou para o mal, devemos encontrar uma maneira de encarar o sexo em seus próprios termos.

No feminismo contemporâneo, essas questões são muito discutidas em relação às mulheres trans, que enfrentam bastante exclusão sexual de mulheres cis lésbicas que, ao mesmo tempo, afirmam levá-las a sério como mulheres. Esse fenômeno foi batizado de "teto de algodão" — "algodão" em referência à roupa íntima — pela atriz pornô trans e ativista Drew DeVeaux. O fenômeno é real, mas, como muitas mulheres trans notaram, a frase em si é bastante infeliz. Enquanto o "teto de vidro" implica a violação do direito de a mulher avançar com base no seu trabalho, o "teto de algodão" descreve a falta de acesso ao que ninguém é obrigado a dar. No entanto, simplesmente dizer a uma mulher trans, uma mulher deficiente ou um homem asiático: "Ninguém é obrigado a fazer sexo com você", é tratar de modo superficial algo crucial. Não existe o benefício do sexo, e todos têm o direito de querer o que quiserem, mas as preferências pessoais — PAU NÃO, AFEMINADO NÃO, GORDO NÃO, NEGRO NÃO, ÁRABE NÃO, ASIÁTICO NÃO, INDIANO NÃO, MACHO QUER MACHO — nunca são apenas pessoais.

Em um artigo para *n + 1* escrito em 2018, a feminista e teórica trans Andrea Long Chu argumentou que a experiência trans, ao contrário do que nos acostumamos a pensar, "manifesta não a verdade de uma identidade, mas a força de um desejo". Ser trans, ela afirma, "não depende de quem se é, mas sim do que se *quer*". Ela continua:

Fiz a transição para fofocas e elogios, batom e rímel, para chorar no cinema, ser namorada de alguém, deixá-lo pagar a conta ou carregar minhas malas, para o machismo benevolente dos caixas de banco e dos caras da TV a cabo, para a intimidade de um telefonema entre amigas que moram longe, para retocar minha maquiagem no banheiro, tendo, como Cristo, uma pecadora de cada lado para os brinquedos sexuais, para sentir calores, levar cantada de *butches*, para aquele conhecimento secreto de quais são as sapatas perigosas, para shortinhos jeans, partes de cima de biquíni e mil vestidos e, meu Deus, *para os peitos*. Mas agora você começa a ver o problema do desejo: raras vezes queremos o que deveríamos querer.[22]

Essa declaração, como Chu bem sabe, ameaça reforçar o argumento apresentado por feministas antitransgênero: de que as mulheres trans igualam e (con)fundem a condição de mulher com as armadilhas da feminilidade tradicional, fortalecendo assim o patriarcado. Muitas mulheres trans respondem a essa acusação insistindo que ser trans tem a ver com identidade, e não com desejo: tem a ver com já ser uma mulher, e não com querer ser uma mulher. (Uma vez que as mulheres trans são simplesmente reconhecidas como mulheres, as reclamações de que elas reforçam os estereótipos de gênero começam a parecer ofensivas, já que se ouve muito menos sobre a "feminilidade excessiva" de mulheres cis.) A resposta de Chu, por outro lado, insiste que mulheres trans são constituídas por um desejo de ter algo que por ora lhes falta: não apenas alguma filiação abstrata à categoria metafísica "mulher", mas às armadilhas específicas de uma feminilidade culturalmente construída e opressiva — os shortinhos jeans, as partes de cima de biquíni e o "machismo benevolente". O direito das mulheres trans de ter suas identificações não apenas respeitadas, mas também apoiadas de forma significativa, repousa, para Chu, na premissa de que "nada de bom resulta de forçar o desejo a obedecer aos princípios políticos". É essa, ela diz, "a verdadeira lição do lesbianismo político como um projeto fracassado".[23] O que um feminismo verdadeiramente libertador precisa, em outras palavras, é exorcizar por completo a radical ambição feminista de encenar uma crítica política do desejo.

O argumento tem prós e contras. Se todo desejo deve ser isolado da crítica política, então isso inclui os desejos que excluem e marginalizam as mulheres trans: não apenas os desejos eróticos por certos tipos de corpo, mas o desejo de não compartilhar a condição feminina com tipos "errados" de mulher. A dicotomia entre identidade e desejo, como sugere Chu, é sem dúvida falsa; e, em todo caso, os direitos das pessoas trans não deveriam se basear nela, da mesma forma que os direitos dos gays não deveriam se basear na ideia de que a homossexualidade é inata, e não escolhida (uma questão de quem são os gays, e não do que eles querem). Mas um feminismo que abjura por completo a crítica política do desejo tem pouco a dizer sobre as injustiças da exclusão e da falta de reconhecimento sofridas pelas mulheres que provavelmente mais precisam do feminismo.

A questão, então, é como habitar o lugar ambivalente onde reconhecemos que ninguém é obrigado a desejar ninguém, que ninguém tem o direito de ser desejado, mas também que ser ou não alguém desejado é uma questão política, em geral respondida por mais padrões gerais de dominação e exclusão. É impressionante, embora não seja surpreendente, que enquanto os homens tendem a responder à marginalização sexual como se tivessem direito sobre os corpos de mulheres, as mulheres que protestam contra sua marginalização sexual costumam fazer isso sem falar de direito, mas de empoderamento. Ou, quando falam, é sobre o direito ao respeito, e não aos corpos de outras pessoas. Dito isso, os movimentos radicais de autoestima entre mulheres negras, gordas e deficientes nos pedem que não tratemos, de modo algum, nossas preferências sexuais como algo perfeitamente fixo. "Negro é lindo" e "Gordo é lindo" não são apenas slogans de empoderamento, mas propostas de reavaliação de nossos valores. Lindy West conta que, ao examinar fotografias de mulheres gordas, se perguntava como seria ver esses corpos — que antes a deixavam cheia de vergonha e autoaversão — como objetivamente belos. Isso, diz ela, não é uma questão teórica, mas de percepção: uma maneira de olhar certos corpos — o próprio e o de outros — de soslaio, convidando e buscando persuadir o outro a mudar a gestalt da repulsão para a admiração.[24] A questão colocada por movimentos radicais de autoestima não é se existe um direito ao sexo (não existe), mas se existe o dever de transfigurarmos, da melhor maneira possível, os nossos desejos.[25]

Levar essa questão a sério exige o nosso reconhecimento de que a própria ideia de preferência sexual fixa é política, não metafísica. Por uma questão de boa política, tratamos as preferências alheias como sagradas: estamos certos em ter cautela ao falar sobre o que as pessoas de fato desejam ou sobre o que alguma versão idealizada delas desejaria. Assim, sabemos, o autoritarismo mente. Isso é verdade, acima de tudo, no sexo, em que as invocações de desejos reais ou ideais há muito são usadas como pretexto para o estupro de mulheres e de homens gays. Mas o fato é que nossas preferências sexuais podem mudar, e de fato mudam, às vezes sob o poder de nossa própria vontade — não é algo automático, mas tampouco é impossível. Além do mais, o desejo sexual nem sempre se ajusta perfeitamente ao sentido que damos a ele, como gerações de homens e mulheres gays podem atestar. O desejo pode nos pegar de surpresa, levando-nos a algum lugar onde nunca imaginamos ir ou em direção a alguém que nunca cogitamos desejar ardentemente ou amar. Nos melhores casos, que talvez fundamentem nossas esperanças, o desejo pode ir contra o que a política escolheu para cada um de nós e escolher por si mesmo.[26]

Coda: A política do desejo

1. Comecei a escrever o ensaio que viria a se tornar "O direito ao sexo" no verão de 2014, logo depois que o manifesto de Elliot Rodger apareceu na internet. Fiquei impactada, como outras pessoas que o leram, pela sua mistura peculiar de raiva narcísica, prerrogativas misóginas e de classe e autoaversão racializada. Minha ideia a princípio era apenas propor uma leitura atenta do manifesto, como um documento de intersecção e de composição de patologias políticas: misoginia, preconceito de classe, racismo. Mas o que mais me interessou, à medida que os comentários se amontoavam, foi a maneira como outras feministas leram esse manifesto e o modo geral como interpretaram o fenômeno Rodger.

2. A opinião mais comum entre as feministas sugeria que Rodger era a personificação do direito misógino: especificamente, a personificação da violência que fatalmente irrompe quando esse direito é frustrado. Isso sem dúvida estava correto e merece ser dito, visto que uma série de comentaristas da mídia se recusavam a ver Rodger como misógino. (Perguntavam: como ele poderia odiar as mulheres se estava desesperado para ser amado por elas? E como a sua diversão assassina poderia ser um ato de violência misógina se ele acabou matando mais homens do que mulheres? Rodger não odiava Chads tanto quanto Stacys?* E assim por

---

* "Chad" e "Stacy" são termos do universo *incel* e remetem a estereótipos: Chads seriam os "garanhões" (brancos, bonitos, que "roubam" as mulheres que os *incels* desejam), e Stacys, as "gostosonas" (bonitas, sedutoras, que normalmente saem com Chads). [N. E.]

diante.) Contudo, o que me impressionou nessa resposta foi seu aparente desinteresse em relação às alegações de Rodger de que ele havia sido sexual e romanticamente marginalizado em função de sua raça, de seu caráter introvertido e de sua falta de masculinidade estereotipada. Esse autodiagnóstico sem dúvida estava errado — no mínimo, o exibicionismo e a fúria homicida de Rodger deveriam nos dizer que sua marginalização social era sobredeterminada. Era também profundamente egoísta: enquanto lamentava sua própria solidão, Rodger se satisfazia impondo uma hierarquia rígida da desejabilidade feminina — para fetichizar a "vadia loira gostosa" —, bem como uma hierarquia racial rígida, segundo a qual ele era mais digno de sexo do que os homens negros. Mas o tipo de diagnóstico fornecido por Rodger, no qual o racismo e as normas da heteromasculinidade o colocavam além da desejabilidade, em princípio não precisaria estar errado. O racismo e a heteronormatividade se estendem à esfera do romance e do sexo; na verdade, é nessa esfera íntima, protegida pela lógica da "preferência pessoal", que eles fincam algumas de suas raízes mais profundas. As feministas não tinham nada a dizer sobre isso?

3. Uma coisa que uma feminista pode dizer é que até mesmo contemplar essa questão é se arriscar a pensar como um estuprador. Após a publicação original do meu ensaio "O direito ao sexo", uma feminista tuitou: "Podemos, por favor, parar de discutir se existe ou não direito ao sexo? É claro que não existe. Existe o direito de não sofrer estupro. Chega de alvoroço. Fim". Como "pequeno adendo", ela acrescentou: "A observação de até onde se alcança o que se quer da vida, em qualquer área, e que esse alcance é muitas vezes uma questão de sorte, casualidade, privilégio e relacionado a características sobre as quais você não tem controle é mais banal impossível".[1]

4. Não existe direito ao sexo. (Pensar de outra forma é pensar como um estuprador.) Mas é "mais banal impossível" observar

que o que há de mais feio em nossas realidades sociais — o racismo, o preconceito de classe, o capacitismo, a heteronormatividade — molda quem desejamos e amamos e quem não desejamos e não amamos, bem como quem nos deseja e ama e quem não nos deseja e não nos ama?

5. Isso seria uma novidade para pessoas de minorias étnicas, da classe trabalhadora, queer ou deficientes, que estabeleceram uma conexão clara entre as dimensões públicas mais óbvias de sua opressão e os mecanismos mais ocultos e privados que a possibilitam e que, em certa medida, a constituem, incluindo os que existem em discotecas, aplicativos de namoro, quartos e bailes de escola.

6. Tenho uma amiga que explica que, pelo fato de ser negra, e apesar de ser bonita e popular, ela estava simplesmente "fora de cogitação" quando se falava em namoro em sua escola privada predominantemente branca.

7. Isso também seria novidade para as feministas que demandavam havia muito tempo que víssemos o sexo, como o conhecemos, não como algo primordial e pré-político, mas como um efeito da política, pois tudo é muito fácil e falsamente naturalizado. A tarefa era libertar o sexo das distorções da opressão, não apenas dividi-lo em consensual (não problemático) e não consensual (problemático).

8. Na verdade, o que é a autorização dos homens ao sexo — a falsa convicção de que eles têm direito ao sexo e que podem assegurá-lo por meio da coerção — senão um paradigma de como a política molda o desejo sexual? Podemos nos posicionar contra o direito sexual masculino aos corpos das mulheres em geral, e contra a fetichização misógina da vadia loira gostosa ou

da boneca sexy do Leste Asiático ou do corpo da criança vulnerável, sem nos abrirmos para uma crítica política do sexo?

9. Libertar o sexo das distorções da opressão não é o mesmo que dizer que todos podem desejar o que ou quem quiser. O primeiro ponto é uma exigência radical; o segundo é liberal. Como muitas demandas liberais, a do segundo ponto é muitas vezes alimentada por uma desconfiança individualista do poder coercitivo da comunidade. Se o meu desejo tem que ser disciplinado, quem vai discipliná-lo? E se o meu desejo se recusa a ser disciplinado, o que acontecerá comigo?

10. Não estou dizendo que tais preocupações sejam infundadas. Não é uma perversão querer ser deixado em paz.

11. Exceto que, é preciso esclarecer, a exigência radical de que libertemos o sexo das distorções da opressão não tem nada a ver com disciplinar o desejo. Quando escrevi que "o desejo pode ir contra o que a política escolheu para cada um de nós e escolher por si mesmo", não estava imaginando um desejo regulado pelas exigências da justiça, mas libertado das amarras da injustiça. Estou perguntando o que aconteceria se olhássemos para os corpos, os nossos e os dos outros, e nos permitíssemos sentir admiração, apreço e desejo onde a política nos diz que não devemos. Isso requer uma espécie de disciplina, que torne possível aquietarmos vozes que falam conosco desde que nascemos, que nos dizem quais corpos e modos de estar no mundo são dignos e quais são indignos. O que é disciplinado aqui não é o desejo em si, mas as forças políticas que se atrevem a instruí-lo.

12. Depois que meu ensaio foi publicado, um homem gay me escreveu sobre seu marido, com quem era casado havia catorze anos — um homem grande e gordo, ele explicou, que ele ama

profundamente e com quem tem uma vida sexual gratificante. Entretanto, ele disse, "tive que trabalhar, de maneira deliberada e consciente, para permiti-lo ser sexy, se é que isso faz sentido". Ele continuou: "Embora não possamos alterar o que nos excita ou não, podemos, por um lado, deslocar o que pode estar atrapalhando a excitação erótica e, por outro, aprender a erotizar o que está acontecendo diante de nós durante o sexo".

13. Esse é um ato de disciplina ou de amor?

14. Em seu ensaio clássico de 1980, "Heterossexualidade compulsória e existência lésbica", a poeta e teórica feminista Adrienne Rich mira na ideia — aceita, segundo ela, pela maioria das feministas — de que a heterossexualidade é a forma-padrão de vida humana, e o lesbianismo, na melhor das hipóteses, uma mera preferência sexual; e, na pior, uma espécie de desvio da sexualidade.[2] O que Rich quer dizer é que a heterossexualidade é uma instituição política que obriga até as mulheres "convencionais" — por meio de sua internalização psíquica, sim, mas também de sua aplicação violenta — a regular suas intimidades, afinidades e relações, de maneiras que muitas vezes traem o que elas realmente desejam. Rich quer que as mulheres heterossexuais pensem nos momentos de proximidade e cumplicidade que experimentaram com outras mulheres e reflitam sobre a necessidade que sentem de separá-los — como se fossem imaturos, insuficientes — dos homens. Ela pede às mulheres heterossexuais que lembrem da primeira vez que, para atrair a atenção de um homem, traíram a melhor amiga. Isso era natural? Inevitável? Ou algo que a infraestrutura da dominação masculina exige delas, por temer mais que tudo a ausência do desejo feminino e, com isso, o fim do suposto acesso dos homens a corpos, trabalho, mentes e corações das mulheres?

15. E se a inveja que você sente pelo corpo de outra mulher, seu rosto, seu charme, seu jeito solto, seu brilho, não fosse inveja — mas desejo?

16. Fazer essas perguntas a si mesmo é, eu escrevi, "não tratar, de modo algum, nossas preferências sexuais como algo perfeitamente fixo". Mas talvez fosse melhor dizer que precisamos questionar como um todo esse status de "preferência".

17. Adrienne Rich escreve: "Reconhecer que para as mulheres a heterossexualidade pode não ser uma 'preferência', mas algo que tem sido imposto, administrado, organizado, propagandeado e mantido à força é um passo enorme a dar se você se considera livre e 'inerentemente' heterossexual. No entanto, não conseguir examinar a heterossexualidade como uma instituição é como deixar de admitir que [...] o capitalismo ou o sistema de castas do racismo são mantidos por uma variedade de forças, entre elas a violência física e a falsa consciência. Dar o passo de questionar a heterossexualidade como uma 'preferência' ou 'escolha' das mulheres — e fazer o subsequente trabalho intelectual e emocional — exigirá uma rara coragem das feministas identificadas com a heterossexualidade".[3]

18. Afirmar o caráter inato e soberano da preferência tem usos políticos. Considere o quão importante a ideia de ter "nascido assim" tem sido para o movimento dos direitos dos homossexuais, ou de estar "preso no corpo errado" para o movimento dos direitos dos transexuais. Ambas as formas de pensar arranham as tendências construtivistas e antiessencialistas do feminismo — e as experiências de muitas pessoas gays e trans —, embora ambas tenham sido politicamente vitais em um mundo onde a culpa é associada à escolha, mas não a um dote natural. As reivindicações políticas são muitas vezes dialéticas, percebidas mais como

respostas ao setor normativo, conforme a posição deste no momento em que são feitas, e não baseadas em um futuro desejado.

19. Mas a ideologia da preferência inata também tem seus limites. Em 2012, a atriz (agora política) Cynthia Nixon teve problemas com ativistas gays e lésbicas quando disse que, para ela, ser gay era uma escolha. "Já fui hétero e já fui gay", ela afirmou, "e gay é melhor." Talvez esse papo de "escolha" tenha feito, e ainda faça, o jogo da cruzada antigay. Mas a escolha de Nixon de ser gay — de deixar de lado os homens e a heterossexualidade em favor de um lesbianismo que ela considera mais valioso, mais suportável — a torna não gay? (Em "Ambiguity and Sexuality" [Ambiguidade e sexualidade], William Wilkerson escreve: "Embora pensemos que nossos sentimentos sempre estiveram lá antes de serem assumidos, nos esquecemos, nesse processo de recordar, que nossa memória reconstrói os sentimentos anteriores à luz do que eles se tornaram".)[4] Existem muitas mulheres que desconsideram os homens como opção: mulheres que se sentiriam frustradas de maneira permanente se fossem forçadas a levar uma vida heterossexual. Mas que mulher heterossexual não sente nem um pouco dessa contrariedade? Silvia Federici, observando "o preço do isolamento e da exclusão" pago pelas mulheres gays, pergunta em nome das mulheres heterossexuais: "E, de fato, podemos nos permitir a ter relações com homens?".[5]

20. Levar Rich e Federici a sério exige que repensemos a já gasta distinção feminista entre lesbianismo "político" e lesbianismo "real". (Uma filósofa lésbica me escreveu recentemente para dizer que embora "reconheça o fenômeno do [...] lesbianismo político", ela o "diferenciaria de um lesbianismo baseado no desejo".) É verdade que muitas feministas nas décadas de 1970 e 1980 adotaram formas de vida lésbicas por razões conscientemente políticas. Mas com que frequência vemos relacionamentos lésbicos

que não são políticos em algum sentido importante — que não queiram, em um nível profundo, honrar o que as mulheres, fora do roteiro da dominação masculina heterossexual, podem ter e ser juntas? (Isso não quer dizer que relacionamentos entre mulheres possam existir por completo fora desse roteiro.) Os misóginos gostam de dizer que as lésbicas simplesmente desistiram dos homens. E o que é que tem?

21. Se isso for verdade, em que sentido o lesbianismo político, como insiste Andrea Long Chu, é um projeto fracassado?

22. Em uma entrevista, Chu deu uma longa resposta ao ensaio "O direito ao sexo". Ela reconhece o fenômeno que me preocupa: "Obviamente algo como 'gordo não, mulher não, asiático não' é um desejo que tem uma história e uma política, que pode ser descrita por referência a processos políticos: imperialismo, supremacia branca e também, por exemplo, a derrota histórica mundial do sexo feminino". Mas ela resiste firmemente à ideia de que podemos ou devemos fazer qualquer coisa a respeito. "Eu não *suporto* a positividade do corpo", diz ela, aludindo à minha discussão sobre Lindy West. "*Não* posso suportar. Para mim é uma *desgraça*. É moralizante. É difícil pra caceta encontrar uma maneira que não seja moralista de dizer às pessoas para mudarem seus desejos."[6]

23. Não há diferença entre "dizer às pessoas para mudarem seus desejos" e nos perguntarmos o que queremos, por que queremos e o que queremos querer? A transformação do desejo precisa ser um projeto disciplinar (que altere de forma deliberada nossos desejos de acordo com nossa política) — ou pode ser um projeto emancipatório (capaz de libertar nossos desejos da política)?

24. Em 1978, Audre Lorde escreveu: "Fomos educadas para temer o 'sim' dentro de nós, nossos mais profundos desejos. No entanto, uma vez identificados, aqueles que não aprimoram nosso futuro perdem sua força e podem ser modificados. Temer nossos desejos os mantêm suspeitos e indiscriminadamente poderosos, uma vez que reprimir qualquer verdade é dotá-la de uma força além do limite. O medo de não sermos capazes de superar quaisquer distorções que possamos encontrar dentro de nós nos mantém dóceis e leais e obedientes, definidas pelos outros [...]".[7]

25. Onde termina a fala sobre moralidade e começa a moralização? Dizer que estamos moralizando é dizer que ultrapassamos os limites apropriados da moral, impondo de forma equivocada nossas escolhas e formas "pessoais" de ver os outros. A ética nunca tem lugar no quarto? E quanto à discoteca, ao aplicativo de namoro, ao baile da escola? Como escreve Sandra Lee Bartky em *Femininity and Domination* [Feminilidade e dominação] (1990), pressupor que a política não pertence a esses lugares é dar "uma resposta essencialmente *liberal* a uma crítica *radical* da sexualidade, que, dessa forma, falha por completo em tornar essa crítica engajada".[8]

26. Chu apresenta o principal ponto em que discorda de mim da seguinte maneira: "Minha preocupação [é] que o moralismo em torno dos desejos do opressor possa ser uma corporação fantasma para o moralismo em torno dos desejos dos oprimidos". Ela quer dizer, assim me parece, que uma crítica política do desejo pode ser facilmente mobilizada contra as próprias pessoas que são marginalizadas: homens gays que se recusam a dormir com homens não brancos, homens negros que só querem namorar mulheres negras de pele clara, mulheres trans (como Chu) que desejam todas as armadilhas da feminilidade patriarcal. Mas isso pressupõe uma falsa dicotomia

entre opressor e oprimido, como se sermos oprimidos em alguma dimensão nos exonerasse da possibilidade de oprimir outra pessoa. As mulheres negras não têm o direito de responsabilizar homens negros por seu racismo sexual — e, sem dúvida, de esperar mais deles do que dos brancos? Essas mulheres negras deveriam ser acusadas de práticas moralizantes?

27. Minha concepção sobre a transformação do desejo é moralizante em um sentido diferente, por focar demais na responsabilidade pessoal? Racismo, preconceito de classe, capacitismo, heteronormatividade: esses são problemas estruturais e — como aprendemos a dizer — exigem soluções estruturais. Isso é certo. Também é certo que um foco míope na ação individual é característico de uma moralidade burguesa, cuja função ideológica é desviar a atenção dos sistemas mais amplos de injustiça dos quais participamos. (Usando a expressão de Chu, a moralidade individualista pode ser uma corporação fantasma para a injustiça sistêmica.) Mas dizer que um problema é estrutural não nos exime de pensar sobre como nós, enquanto indivíduos, estamos implicados nesse problema ou o que devemos fazer a respeito dele.

28. Isso é algo que uma geração anterior de feministas sabia bem. Feministas radicais não repensaram suas formas de trabalhar, criar filhos, discutir, tomar decisões, viver e amar porque eram moralistas burguesas.[9] Elas não estavam confusas em relação à natureza estrutural do que desejavam ou às demandas que isso lhes impunha como mulheres. É verdade que muitas vezes ficavam divididas em relação ao quanto do que era "pessoal" deveria se tornar "político": se o feminismo exigia separatismo, lesbianismo, propriedade comunitária, criação coletiva dos filhos, a dissolução das relações familiares, o fim da feminilidade. E é verdade que, indo mais longe, uma política prefigurativa — que insiste que os indivíduos ajam como se já estivessem num mundo

por vir — não apenas aliena quem não se ajusta, mas também se torna um fim em si mesma para quem se ajusta. Na pior das hipóteses, a política prefigurativa permite que seus praticantes substituam a transformação individual pela transfiguração política coletiva. Em outras palavras, torna-se uma política liberal. Mas o mesmo vale para uma política que rejeita a prefiguração. O que significa dizermos que queremos transformar o mundo político — mas que nós mesmos não vamos mudar?

29. Aqui está, então, a verdadeira pergunta: como nos engajamos em uma crítica política do sexo sem cairmos na lógica misógina do direito sexual ("o direito ao sexo") ou em um autoritarismo moral que é disciplinador e não emancipador? Como enfrentamos nossos desejos sem medo das distorções que podemos encontrar dentro de nós, como diz Lorde? E como o fazemos sem nos voltarmos para dentro, sem substituir um projeto político por um projeto pessoal? A resposta à pergunta, suponho eu, é prática — uma questão, como os filósofos gostam de dizer, não de saber *que*, mas de saber *como*. Não se alcança o know-how por meio de investigações teóricas, mas de experiências de vida.[10]

30. Em "O direito ao sexo", falo sobre "a fodabilidade suprema de 'vadias loiras gostosas' e mulheres do Leste Asiático" e "a comparativa falta de fodabilidade de mulheres negras e homens asiáticos". Uma leitora no Twitter, uma mulher negra, me criticou por isso: "Você escreveu sobre a falta de fodabilidade das mulheres negras como sendo um fato político — tô me perguntando com que fundamento esse fato é defensável? Você parece estar confundindo fodabilidade, em geral, com a série de diferenças no modo como a sociedade recompensa cada um, especificamente, por foder loiras versus mulheres negras".[11]

31. Ao falar sobre "fodabilidade" e "falta de fodabilidade", não estou falando sobre alguma desejabilidade pré-política e inata. Estou falando sobre a desejabilidade como algo construído por nossa política sexual, que impõe uma hierarquia racializada que coloca a mulher branca acima da mulher negra, a mulher negra de pele mais clara acima da mulher negra de pele mais escura, e assim por diante. A fodabilidade (como a "estuprabilidade" de Catharine MacKinnon) é exatamente um produto das "diferenças no modo como a sociedade recompensa você por foder loiras versus mulheres negras". Não existe "fodabilidade, em geral", se isso significa algum tipo de desejabilidade pré-social e pré-política. Da mesma forma, não existe "estuprabilidade, em geral": certos corpos de mulheres são estupráveis e certos corpos de mulheres são fodíveis, porque as normas culturais dominantes atribuem a eles esses status. Nesse sentido, o corpo fodível, como o corpo estuprável, é irredutivelmente uma construção.

32. Mesmo assim — e eu acho que é aí que, com razão, o tuíte queria chegar — há algo de redutor na noção de "fodabilidade". Os corpos das mulheres negras ou de outras identidades minorizadas — em especial quando pertencem a mulheres que também são pobres, encarceradas ou imigrantes — são, em um sentido importante, supremamente fodíveis, muito mais do que os corpos de mulheres brancas. Porque podem ser violados de forma impune e sem consequências. Os corpos das mulheres negras são codificados como hipersexualizados, atraindo e exigindo a atenção sexual masculina, ao mesmo tempo que conferem menos status social aos homens que têm acesso a esses corpos do que ganham tendo acesso aos corpos supostamente castos e inocentes das mulheres brancas. (O outro lado disso é que as violações dos corpos das mulheres negras raras vezes são, socialmente falando, violações totais. O policial e

estuprador serial Daniel Holtzclaw sabia o que estava fazendo quando escolheu como vítimas mulheres negras e pobres.) A verdade é que todos os corpos de mulheres são supremamente fodíveis, de uma forma ou de outra.

33. A fodabilidade não é um bem que deva ser distribuído de forma mais justa. Não é um bem, de modo algum. Katherine Cross, socióloga e crítica da cultura dos jogos de computador, escreve: "Para alguns homens brancos, as mulheres asiáticas estão no topo de suas hierarquias de desejabilidade. Mas o que essas mulheres ganham com isso? Estereótipos sufocantes de docilidade, discriminação, abuso. Essas são as recompensas recebidas por estar na hierarquia *de outra* pessoa".[12]

34. Um dos e-mails mais impressionantes que recebi sobre "O direito ao sexo" foi de um homem de Sydney — cidade multicultural de um país conhecido por seu racismo. Natural do Sri Lanka, ele foi adotado por pais brancos. "Eu garanto", ele disse, "que não sou um psicopata como aquele garoto miscigenado que sustenta a tese que você apresenta, massacrando aquelas pobres almas após sofrer uma rejeição supostamente por causa da sua raça. Sou racional o suficiente para aceitar o meu destino e tentar fazer o melhor com minha breve existência." Ele disse que, sendo um homem não branco, era extremamente difícil namorar. E que perfis de namoro, incluindo os de mulheres asiáticas, incluem "caucasianos", "apenas homens brancos" e "indianos não" nas suas listas de preferências. Ele disse que uma vez postou um comentário crítico em um vídeo do YouTube chamado "Por que as filipinas gostam de caras brancos", e que uma mulher branca respondeu: "Pode engolir, a verdade dói". Comentou que estava profundamente solitário, assim como seus amigos asiáticos, e que havia se ocupado com vários hobbies "para bloquear o espectro da indesejabilidade". Pontuou que muitos

"relacionamentos entre homens brancos e mulheres étnicas devem ser amorosos", mas perguntou se alguns não seriam "uma recriação da conquista e do resgate colonial". "E se for?", ele disse. "Bem, é direito deles. É consensual. Nós, garotos de grupos étnicos, temos que engolir. Além disso, se fôssemos bons o suficiente, elas ficariam conosco. O amor é imune ao escrutínio, mesmo quando é político." Ele disse: "Eu com certeza não sinto ter direito ao Sexo nem ao Amor. Mas isso não significa que não dói". E disse ainda: "Acho que tenho o direito de me sentir magoado". Prosseguiu: "Não conheci muitas mulheres, de grupos étnicos ou não, que reconheçam o que nós, homens étnicos, encaramos. Elas só pensam que somos todos atrasados. Sofisticação é uma província que só existe no Cáucaso".

35. Em 2018, Yowei Shaw, uma das apresentadoras do podcast *Invisibilia* da rádio pública NPR, fez uma chamada para "uma possível história sobre casais de homens brancos e mulheres asiáticas e suas famílias".[13] Shaw estava interessada, ela disse, "em explorar a ideia da supremacia branca internalizada entre as mulheres asiáticas [...], olhando para questões como estas: Como a cultura em geral deixa uma marca em algo tão íntimo e aparentemente automático como o desejo? Como o poder molda nossos relacionamentos? É possível reprogramar seu desejo sexual? Como se faz isso? É algo que deveríamos pedir às pessoas para fazerem?". Shaw observou que esse tópico "é extremamente sensível e deve ser abordado com cuidado e nuances". Ela enfrentou uma reação imediata das mulheres asiático-americanas. "Caramba", tuitou Heather Chin, uma jornalista, "é como se o ângulo da história viesse diretamente de Reddit, 4chan e outros fóruns da inteligência masculina AAPI [sigla em inglês para 'Americanos-asiáticos e ilhéus do Pacífico']."[14] Chin estava se referindo à ascensão dos "MRAsians": homens asiáticos que, sob o mote do antirracismo (arrancando uma página do manual de homens brancos

raivosos), jorram um veneno misógino sobre mulheres asiáticas que namoram e se casam com homens brancos.

36. Em 2018, a romancista Celeste Ng escreveu um artigo para *The Cut*, site da revista *New York*, intitulado "Quando mulheres asiáticas são atacadas por se casarem com homens não asiáticos".[15] O artigo começa com um e-mail recebido por Ng. O assunto era "Sou um grande fã", mas depois continuava: "de assistir seu filho desenvolver uma doença mental por causa do ódio que você tem internalizado. Seu filho de aparência asiática vai crescer sabendo que sua mãe o acha feio e que seu pai não será capaz de simpatizar com isso". Depois que Ng compartilhou o e-mail no Twitter, outras mulheres que haviam sido perseguidas por estarem numa relação "WMAF" (sigla em inglês para "homem branco, mulher asiática") se pronunciaram. A escritora Christine Tan recebera um e-mail que prometia "matar um monte de filhos da puta brancos e suas piranhas asiáticas […], segurar e estraçalhar a cabeça de seus filhos na calçada de concreto". Ng conversou com algumas mulheres asiáticas a quem disseram que seus filhos ásio-americanos seriam os próximos Elliot Rodger.

37. A r/AZNidentity, do Reddit — uma "comunidade pan-asiática […] contra todas as formas de antiasianismo" que tem dezenas de milhares de integrantes — é a fonte de grande parte desse bullying cibernético contra WMAF. Em 2016, na postagem de um moderador, a AZNidentity disse a seus usuários para se preocuparem com a distinção entre "criticar publicamente o tipo errado de mulher asiática — a que odeia a si mesma e venera os brancos — e lançar invectivas constantes contra mulheres asiáticas em geral".[16] "Se você quiser criticar mulheres asiáticas", continuava, "desencoraje o comportamento errante delas, tenha uma perspectiva mais completa da dinâmica social e do que pode ser feito em relação a

elas — isso estaria ótimo [...]. Alguns indivíduos, no entanto, continuam levando essa história longe demais." Mas a comunidade, disse a postagem, não "vai sair do caminho para tranquilizar mulheres asiáticas. Nem faremos autocensura para proteger os sentimentos delas ou de quem quer que seja [...]. Podemos criticar mulheres asiáticas. Podemos apontar suas loucuras. Como sucumbem à lavagem cerebral dos brancos [...]. Nossa visão [é] por uma vida melhor para os asiáticos".

38. Há muita coisa impressionante aqui, em especial a admissão de que um fórum "pan-asiático" é de fato um fórum para homens asiáticos. Também é tida como inquestionável a tese de que as mulheres asiáticas — como promotoras da supremacia branca — são, em todos os aspectos, a classe asiática dominante, e que os homens asiáticos são suas vítimas. Talvez seja verdade que na imaginação branca — que é em grande parte a imaginação do mundo — os homens asiáticos não chegam a ser homens completos. Mas isso não impede que os homens asiáticos, como os de todas as raças, controlem, explorem, frustrem, espanquem e estuprem mulheres asiáticas.

39. Em geral, são as mulheres negras que criticam os homens negros por racismo sexual: pela preferência que eles têm por mulheres brancas ou negras de pele clara. Aqui temos um grupo relativamente subordinado (mulheres negras) culpando um grupo relativamente dominante (homens negros). Isso inverte o padrão geral entre os asiáticos, no qual são os relativamente dominantes (homens asiáticos) que culpam o grupo relativamente subordinado (mulheres asiáticas). A luta contra o racismo sexual na comunidade negra nunca ou raras vezes é um pretexto para o direito sexual. As mulheres negras sabem falar sobre a formação política do desejo sem exigir que sejam desejadas. Para os homens heterossexuais, incluindo os

asiáticos, a tentação da misoginia, de ter autorização, de impor "direitos" míticos é sempre posta em prática.

40. Em um ensaio merecidamente celebrado que a revista *n + 1* publicou, Wesley Yang descreve o que enxergou em uma fotografia de Seung-Hui Cho, um assassino em massa de 23 anos, aluno da Virginia Tech: "Você vê um rosto parecido com o seu. Você sabe que tem uma sabedoria existencial em comum com aquele rosto. Ambos, você e ele, sabem o que é ter um código cultural sobreposto em seu rosto, e se for um código que o deixa desconcertado, invalidado e emasculado, então você confronta cada reflexo visível desse código com um sentimento misto de curiosidade e receio [...]. O rosto de Seung-Hui Cho. Um rosto coreano muito comum — olhos pequenos e brilhantes, de tom marrom, uma boca pequena de lábios carnudos, sobrancelhas altas bem acima das pálpebras e óculos tortos sobre o nariz. Não é exatamente um rosto feio nem desalinhado. É apenas um rosto que não tem nada a ver com os desejos das mulheres deste país".[17] No dia 16 de abril de 2007, Seung-Hui Cho, armado com duas pistolas semiautomáticas, matou 32 pessoas e feriu mais dezessete, e depois deu um tiro na cabeça.

41. Dez anos depois, num um perfil de Jordan Peterson, psicólogo canadense e herói do movimento pelos direitos dos homens, publicado na revista *Esquire*, Yang defendeu Peterson de seus críticos: "Os jovens que amam Jordan Peterson o fazem pelos mesmos motivos que a alta sociedade o despreza. Ele dá a esses jovens algo que a cultura [...] quer negar-lhes. Um propósito em um mundo que define cada vez mais suas predisposições naturais — para o risco, a aventura, o desafio físico, a competição desenfreada — como inadequadas aos ideais pacificados e andróginos de um mundo pós-feminista burocratizado".[18] Quero perguntar a Yang: e não é exatamente essa

ideologia de que há uma masculinidade "natural" — uma masculinidade que inerentemente se arrisca, é aventureira, competitiva, dominante; uma masculinidade que nunca é acessível por completa a um garoto magrinho do Leste Asiático, sem amigos e cheio de espinhas — que produziu Seung-Hui Cho?

42. Na sexta temporada do reality show *America's Next Top Model*, uma concorrente coreana-americana disse que "vemos por aí muito poucas modelos asiáticas" e que ela queria "quebrar essa barreira". Momentos depois, ela declarou que "não gost[a] de caras asiáticos". (A rapidez com que Tyra Banks apontou o conflito foi admirável: "Primeiro você diz: 'Sou asiática, sou forte, sou coreana', e agora você diz: 'Que se danem os garotos coreanos, quero um branco'".) Em um episódio de *Take Me Out*, programa australiano que promove encontros românticos, duas mulheres asiáticas explicaram sua rejeição a um "solteiro" asiático. "Eu meio que tenho uma regra de 'não namorar asiáticos'. Você meio que se parece um pouco com meu irmão", justificou uma delas. "Sinto muito, eu também tenho a política de 'não namorar asiáticos'", disse a outra. "Não quero que achem que somos, tipo, irmão e irmã." Em maio de 2018, uma mulher asiática casada com um homem branco postou no Instagram uma foto dela com seu bebê pequeno, com a legenda: "Sempre sonhei em ter um bebê loiro de olhos azuis, e as pessoas perguntavam se eu estava brincando, sou 100% chinesa! Bem, podem engolir, pessoal, eu também tenho um bebê branco com olhos azuis". No programa *A Very Offensive Rom-Com* [Uma comédia romântica muito ofensiva], do podcast *Invisibilia*, de Yowei Shaw, um jovem asiático-americano revelou que, quando tinha doze anos, ouvira sua irmã dizer à mãe que ela nunca namoraria um cara asiático porque eles não são atraentes.[19] Em 2015, Celeste Ng postou no Twitter: "Para ser honesta, é raro eu achar algum homem asiático atraente. (Eles me lembram meus primos)".[20] Ng

mais tarde se desculpou, explicando que o tuíte era para ser uma exposição pessoal, não uma expressão de autodesprezo: como os únicos homens asiáticos que ela conhecia eram seus primos, não havia desenvolvido uma atração por homens asiáticos.[21]

43. Em um artigo de opinião para o *New York Times*, Audrea Lim detalha o fenômeno, estranhamente predominante, de homens da direita alternativa americana que namoram e se casam com mulheres asiáticas-americanas.[22] Discutindo uma foto em que Tila Tequila, uma personalidade midiática vietnamita-americana, faz uma saudação nazista em um jantar, antes de uma conferência da supremacia branca organizada por Richard Spencer, Lim escreve que a foto "evocou minhas memórias de garota asiática de catorze anos, em uma escola majoritariamente branca, que queria ser interessante, querida e ter presença de espírito. De maneira instintiva, sabia que isso significava me afastar das outras crianças asiáticas, em especial as mais nerds e estudiosas. Eu soube que tinha triunfado quando uma amiga disse que eu não era realmente asiática, eu era branca, 'porque você é legal'".

44. Também tenho amigos que faziam piada dizendo que sou "basicamente branca". Talvez não seja uma piada.

45. Conheço muitas mulheres do Leste e do Sul da Ásia, que vivem em países ocidentais, que não querem se casar com o tipo de homem que nossas mães, avós e tias se casaram. Às vezes, quando falamos que os homens asiáticos nos lembram nossos primos, estamos dizendo: sabemos muito bem como esses garotos e homens são criados. Uma questão é: as mulheres asiáticas não têm o direito de fazer essas escolhas? Outra questão: por que pensar que garotos e homens brancos são criados de um jeito melhor? *A sofisticação só existe no Cáucaso?*

46. Meu ensaio "O direito ao sexo" recebeu uma enxurrada de tuítes furiosos de feministas lésbicas "críticas de gênero" que me acusaram de endossar a lógica do "teto de algodão". Vejo uma pequena ironia nisso, visto que diagnostiquei a noção de "teto de algodão" como parte de uma lógica de direito sexual que deve ser rejeitada. Escrevi que "o 'teto de algodão' descreve a falta de acesso ao que ninguém é obrigado a dar". O que é necessário, eu disse, é um discurso não sobre direito, mas sobre empoderamento e respeito.

47. É claro que algumas lésbicas feministas querem resistir a qualquer analogia possível entre uma pessoa branca que por uma questão política não dorme com pessoas negras e uma lésbica cis que por uma questão política não dorme com mulheres trans. (Bem, algumas lésbicas feministas querem resistir a essa analogia. Outras querem argumentar que também não há nada de errado com o racista sexual.) Elas insistem que a essência de ser lésbica é, por natureza, ter atração por pessoas que nasceram com corpos e genitálias femininos. Nesse caso, não pode haver analogia entre um racista sexual e uma lésbica trans excludente: o primeiro faz uma escolha politicamente suspeita, enquanto a segunda age de acordo com uma inclinação natural, fixa e, portanto, irrepreensível.

48. Acho essa redução da orientação sexual à genitália — e, ainda apor cima, à genitália *de nascença* — intrigante. Alguém tem uma atração inata por pênis ou vaginas? Ou somos primeiro atraídos por formas de estar no mundo, incluindo formas corporais, que mais tarde aprendemos a associar a certas partes específicas do corpo?

49. Considere os homens gays que alegremente expressam seu nojo pelas vaginas. Considere a ideia do "Platinum Star

Gay", o homem gay que, por ter nascido de cesariana, nunca teve contato físico com uma vagina, nem mesmo a de sua mãe. É essa a expressão de uma repulsa inata e, portanto, permissível — ou de uma misoginia aprendida e suspeita?

50. Em uma entrevista recente ao *TransAdvocate*, Cristan Williams pergunta a Catharine MacKinnon: "Como você trabalha com pessoas que lhe dizem com fervor que, para que as mulheres sejam livres, 'mulher' precisa, primeiro, ser definido como um grupo biológico distinto?". MacKinnon responde: "A sociedade masculina dominante sempre definiu as mulheres como um grupo biológico distinto. Se isso trouxesse libertação, seríamos livres".[23]

51. Isso não quer dizer que podemos simplesmente, quando der vontade, mudar o tipo de corpos sexuados que nos atraem. Tampouco deve-se negar que, para algumas mulheres (incluindo algumas mulheres trans), o pênis pode ser um símbolo de poder e violência masculinos, de tal forma que não podem vê-lo como um objeto de desejo viável. A questão crucial é, em certo sentido, se a aversão sexual a mulheres com pênis pode ser mais bem explicada como uma transfobia injustificada ou como uma justificável desconfiança dos homens. Mas é exatamente essa distinção que as feministas trans excludentes não querem fazer.

52. Dylann Roof, que em 2015 matou a tiros nove pessoas em uma igreja frequentada pela comunidade negra de Charleston, na Carolina do Sul, depois de participar de seu estudo da Bíblia, anunciou durante o massacre: "Tenho que fazer isso porque vocês estão estuprando nossas mulheres".

53. Em 7 de dezembro de 2017, William Atchison atirou em dois alunos da escola onde havia estudado no Novo México e

em seguida se matou. Uma autópsia revelou tatuagens que traziam uma suástica, "SS", "BUILD WALL" [construa o muro] e "AMOG" — sigla em inglês de "macho alfa do grupo". Ele usou o pseudônimo "Elliot Rodger" online.

54. No Dia dos Namorados de 2018, Nikolas Cruz matou a tiros dezessete pessoas, entre alunos e funcionários da Marjory Stoneman Douglas High School, em Parkland, na Flórida. Supremacista branco e fanático por armas (e apoiador de Trump), que nas redes sociais tinha exposto sua fantasia de orquestrar um tiroteio em uma escola, Cruz também odiava as mulheres. Ele perseguiu e assediou uma ex-namorada, ameaçando de morte tanto ela quanto seu novo namorado. Em um comentário em um vídeo do YouTube, Cruz jurou que "Elliot Rodger não será esquecido".

55. Em 23 de abril de 2018, um mês depois de meu ensaio ter sido publicado pela primeira vez, Alek Minassian, de 25 anos, dirigiu uma van pela calçada de uma rua movimentada de Toronto, matando dez pessoas e ferindo mais dezesseis. Antes do ataque, Minassian postou no Facebook: "A Rebelião Incel já começou! Vamos derrubar todos os Chads e as Stacys! Todos saúdem o Supremo Cavalheiro Elliot Rodger!".

56. Em 28 de junho de 2018, Jarrod Ramos matou cinco pessoas a tiros na redação do *The Capital*, em Maryland. Seis anos antes, ele havia entrado com um processo por difamação contra o jornal, que tinha relatado que ele se declarara culpado de assediar uma ex-colega de escola. Ele enviou uma solicitação de amizade no Facebook, perguntando se ela se lembrava dele, e ela disse que não. Depois de idas e vindas, ele começou a perceber que ela estava demorando demais a responder às suas mensagens. Ele disse para ela se matar e alertou que ela precisaria de uma ordem de proteção.

57. Na noite do dia 18 de julho de 2018, Mollie Tibbetts, estudante do segundo ano da Universidade de Iowa, desapareceu quando saiu para correr perto de sua casa no Brooklyn, em Iowa. Mais tarde, imagens de câmeras de vigilância mostraram um homem, Cristhian Bahena Rivera, seguindo Tibbetts em um carro. Rivera acabou confessando o assassinato de Tibbetts e levou a polícia até o seu corpo, enterrado em um campo sob palha de milho. A autópsia registrou a causa da morte como "múltiplos ferimentos cortantes e à força". Rivera era um trabalhador rural mexicano que imigrou para os Estados Unidos aos dezessete anos. O que Donald Trump falou sobre o assassinato de Tibbetts foi: "Uma pessoa veio ilegalmente do México e a matou. Precisamos do muro, precisamos que nossas leis de imigração mudem, precisamos de um novo controle nas nossas fronteiras".

58. O muro teria evitado a morte das 39 pessoas assassinadas por Elliot Rodger, Nikolas Cruz, William Atchison, Dylann Roof e Jarrod Ramos?

59. Em 16 de agosto de 2018, durante uma assembleia em uma escola em Luther, em Oklahoma, um menino de catorze anos esfaqueou uma menina da mesma idade, de forma silenciosa e repetidas vezes, com uma faca dobrável de dez centímetros, ferindo-a no braço, na parte superior das costas, no pulso e na cabeça. Ela tinha dito que não queria ter um relacionamento amoroso com ele, que "gostava dele como amigo".

60. Em 2 de novembro de 2018, Scott Beierle, um veterano militar e ex-professor do sistema público de ensino do condado de Anne Arundel, em Maryland, de quarenta anos, atirou em seis pessoas em um estúdio de ioga em Tallahassee, na Flórida, matando duas mulheres. Em uma série de vídeos no YouTube, Beierle se queixou de ser rejeitado sexualmente pelas mulheres, expressou

simpatia por Elliot Rodger e esbravejou sobre os males causados pelos relacionamentos inter-raciais. Ele foi preso duas vezes, em 2012 e em 2016, por agarrar a bunda de mulheres, e foi demitido de seu posto em uma escola por perguntar a uma aluna se ela sentia "cócegas", tocando na barriga dela logo abaixo do sutiã.

61. Em 19 de fevereiro de 2020, Tobias Rathjen, de 43 anos, atirou em catorze pessoas, matando nove delas, em dois cafés para fumar narguilé, em Hanau, na Alemanha. Em seguida, ele voltou para o seu apartamento, onde atirou em sua mãe e depois se matou. O manifesto de Rathjen, disponibilizado em seu site pessoal, pede a aniquilação dos imigrantes de países de maioria muçulmana. Um especialista em radicalização disse que o texto revelava "uma mistura muito selvagem de teorias da conspiração, racismo e ideologia *incel*".

62. Em 24 de fevereiro de 2020, um menino de dezessete anos não identificado atacou três pessoas com um machete em uma casa de massagem em Toronto, ferindo fatalmente uma mulher. As autoridades canadenses conectaram o suspeito à subcultura *incel* e o acusaram de terrorismo.

63. Em 16 de março de 2021, oito pessoas, incluindo seis mulheres de ascendência leste-asiática, foram baleadas e mortas durante uma série de ataques a casas de massagem em Atlanta, na Geórgia. Seguiram-se aos tiroteios intensos debates sobre o que teria motivado o acusado dos assassinatos, Robert Aaron Long, se era animosidade misógina ou racial. O próprio Long citou seu "vício em sexo" — para o qual recebeu "tratamento" em uma instituição evangélica — e explicou que, ao tomar como alvo casas de massagem, esperava "ajudar" outros homens. Podemos pensar que quem deduz a partir disso que a raça era uma questão irrelevante nas ações de Long não

entende como o racismo contra o Leste Asiático está entrelaçado com a fetichização sexual das mulheres da região.

64. A expressão "celibatário involuntário" foi cunhada por Alana, uma "mulher queer nerd" que nunca tinha namorado e queria um nome para designar a sua solidão e a de outras pessoas como ela. No final da década de 1990, quando era estudante universitária em Ottawa, no Canadá, Alana criou um site só com textos chamado "Alana's Involuntary Celibate Project" [Projeto celibatário involuntário de Alana]. Era um fórum e uma comunidade de apoio para mulheres e homens, jovens e velhos, homossexuais e heterossexuais. Eles se referiam a si mesmos como *invcels*, até que um participante do fórum sugeriu que tirassem o "v". Trocavam conselhos sobre como lidar com a timidez, a falta de jeito, a depressão e o autodesprezo. Alguns homens falavam das mulheres como se fossem objetos, diz Alana, mas não havia essa noção violenta de direito que hoje caracteriza os fóruns *incel*. Em dado momento, Alana começou um relacionamento e saiu do fórum, passando a função de moderador para outra pessoa da comunidade. Ela só soube o que o movimento *incel* havia se tornado quase vinte anos depois, quando leu um artigo na revista *Mother Jones* sobre Elliot Rodger. *Incels* hoje afirmam que não há mulheres *incels*, ou *femcels*.

65. A história de Alana me faz lembrar a de Arthur Galston, um fisiologista de plantas que, na pós-graduação, descobriu que o ácido 2,3,5-triiodobenzoico poderia ser usado para acelerar o crescimento da soja. Em uma nota de rodapé de sua dissertação, *Physiology of Flowering, with Especial Reference to Floral Initiation in Soybeans* [Fisiologia da floração, com referência especial à iniciação floral da soja], publicada em 1943, Galston observou que quantidades excessivas de ácido triiodobenzoico fariam com que a planta de soja perdesse as folhas. Os militares

americanos tomaram nota e, em 1945, começaram a produzir e a testar o ácido 2,4,5-triiodobenzoico para uso como desfolhante pela Força Aérea, com planos de usá-lo no Japão se a Segunda Guerra Mundial tivesse continuado. Mais tarde, tornou-se a base química do Agente Laranja, usado pelos Estados Unidos para devastar mais de 1,8 milhão de hectares de terra durante a Guerra do Vietnã. Galston, ao descobrir como sua pesquisa estava sendo usada, começou uma intensa campanha para que parassem de usar o Agente Laranja como arma militar. Por fim, convenceu Nixon a aposentar seu uso em 1971.

66. Cinco dias após o ataque do rapaz que dirigiu uma van pela calçada de Toronto, Alana criou um site chamado Love Not Anger [Amor, não raiva]. O projeto coleta e promove pesquisas sobre a melhor forma de apoiar aqueles que estão "solitários para amar". Alana escreveu que foi "a *combinação* de solidão com sexismo, misoginia, privilégio e ideia de direito que levou muitos homens a ficarem bravos porque as mulheres não estão sexualmente disponíveis para eles". O projeto está inativo desde novembro de 2019; Alana diz que "se afastar melhorou a [sua] saúde mental".

67. Uma pergunta problemática: quando é que ser sexual ou romanticamente marginalizado é uma faceta da opressão e quando é apenas falta de sorte, uma das pequenas tragédias da vida? (Quando eu estava no primeiro ano da graduação, tive um professor que disse, para decepção da turma, que mesmo na utopia pós-capitalista haveria corações partidos.) Os que não são bonitos formam uma classe oprimida? Os baixos? Os que são cronicamente tímidos?

68. Podemos tentar traçar essa linha — entre as causas de indesejabilidade que são ou não facetas da opressão — distinguindo

os bons dos maus motivos para se desejar alguém. Mas qual é um bom motivo para se desejar alguém? Se não for o corpo da mulher, então que tal a sua mente? A beleza de sua alma? A beleza de nossas almas depende de nós? Isso importa? Deveria?

69. O subreddit r/trufemcels é um fórum, dentro da rede social Reddit, de apoio a garotas e mulheres que desejam, mas não conseguem, ter um relacionamento de longo prazo. O fórum é cheio de mulheres na casa dos vinte e trinta anos que nunca foram beijadas, nunca fizeram sexo, nunca tiveram um namorado. Um tema recorrente é a hipocrisia dos homens *incel*, que afirmam ser muito feios ou socialmente inaptos para encontrar amor e sexo, mas que estão de maneira explícita desinteressados nas mulheres comuns pouco atraentes ou socialmente inaptas. (*Femcels* dizem que esses homens não são *incels* de verdade, mas *volcels* — celibatários voluntários.) *Femcels* apontam que o que a maioria desses homens de fato quer não é amor ou intimidade sexual, mas o status dado a quem atrai mulheres brancas e gostosas. Notei que em um fórum *incel*, quando os participantes questionam por que *incels* não estão interessados em mulheres sem status social alto, alguém posta: "Você está chateada porque as pessoas não querem foder uma imunda?".

70. "Hipergamia feminina" é um termo central no léxico de *incels*, ativistas pelos direitos dos homens (MRAs), artistas da sedução (PUAs) e acólitos de Jordan Peterson. Eles acreditam que a maior parte da população feminina faz sexo com apenas um pequeno subconjunto da população masculina. (Nas palavras de Peterson, "mulheres acasalam seguindo hierarquias de dominação, homens acasalam pra todo lado".)[24] De acordo com um blogueiro da androsfera, os "machos beta", que são deixados para trás devido à hipergamia descontrolada, são "a classe média endividada do mercado sexual ultra-hipergâmico, para

quem o preço de entrada no mundo de mulheres brancas, esbeltas, castas, femininas e jovens disparou para além de suas possibilidades". Ele continua: "A revolta de um jovem raivoso é praticamente certa sob essas condições sexuais, românticas e maritais não igualitárias, e que persistem de forma crônica. A eleição de Trump foi o primeiro ataque vigoroso dessa revolução de jovens justificadamente raivosos. Se Trump fracassar, os próximos ataques não serão tão benignos. Liberais idiotas e feminazis logo saberão o que é a verdadeira agonia".[25]

71. A analogia entre *incels* raivosos e o "jovem raivoso" eleitor de Trump é reveladora. Em ambos os casos, a raiva parece ter a ver com a desigualdade, mas na verdade costuma resultar da ameaça de perda do privilégio masculino branco. Agora sabemos que o protesto de certo tipo de eleitor de Trump era: *Por que os brancos não devem se sair melhor do que os negros e os latinos?* Da mesma forma, o protesto do *incel* é: *Por que os homens brancos deveriam se contentar com mulheres de status social mais baixo — que não são "brancas, esbeltas, castas, femininas e jovens"?* Por parte deles, não há nenhum protesto contra a desigualdade ou a injustiça, apenas protestam pela perda de um direito que presumem ter.

72. Além do mais, ambos — o eleitor de Trump magoado por questões raciais e o *incel* — subscrevem uma realidade que é um mito. Os americanos brancos não estão piores do que negros ou americanos latinos; o oposto continua sendo verdade, mesmo que os brancos em uma situação pior, em termos absolutos, estejam pior do que antes — sobre isso, eles têm motivos legítimos para reclamar. (Essa é a origem do debate, a esta altura exaustivamente conhecida, sobre o que motivou os eleitores brancos de baixa renda de Trump: antagonismo racial ou precariedade econômica. Qualquer que seja

a resposta completa — que deve começar com uma recusa da nítida distinção entre angústia racial e econômica —, devemos lembrar dos empresários rurais ricos que formaram a base de doadores para a campanha de Trump e dos eleitores de alta renda que votaram nele, em sua maioria, tanto em 2016 quanto em 2020.)[26] Em paralelo, não é verdade que poucos homens estejam conquistando o interesse sexual da maioria das mulheres, enquanto a maior parte deles "morre de fome" sexualmente. Como escreveu Katherine Cross: "Hierarquias sociais de desejabilidade estruturam imagens de quem é ou não sexualmente atraente. Isso *não está* estritamente relacionado com quem está ou não fazendo sexo".[27]

73. Os jovens em geral — pelo menos nos Estados Unidos, no Reino Unido, na Europa e no Japão — estão fazendo menos sexo do que os da geração anterior.[28] Mas as pesquisas mostram que um número muito maior de mulheres do que homens costumam ficar sem sexo; e que é muito mais provável que homens tenham tido relações sexuais com duas ou mais mulheres no último ano do que o contrário. Apenas 0,8% dos homens americanos teve mais de dez parceiras sexuais em 2016: e muito, muito poucos são do estilo Chad. A porcentagem de homens americanos heterossexuais com mais de dezoito anos que nunca fez sexo e não é celibatário religioso é de cerca de 1,3%. Muitos desses homens são jovens adultos que ainda não tiveram um relacionamento e, inclusive, ainda não saíram da casa dos pais.[29]

74. Mais uma vez, isso não surpreende. O que quer que os *incels* reivindiquem, a raiva deles não tem nada a ver com a desigualdade de distribuição. Trata-se de uma percepção equivocada do que lhes impede de ter o direito ao status sexual.

75. É evidente que a analogia entre o *incel* e o eleitor branco e raivoso de Trump não se resume a isso. Existem conexões diretas entre o mundo dos *incels*, dos artistas da sedução e dos ativistas pelos direitos dos homens e o movimento de extrema direita que ajudou a colocar Trump no poder.[30] A política ressentida da masculinidade branca que fica se debatendo e alimentando a androsfera tem servido como um portal ideológico e material para as políticas ressentidas declaradas do nacionalismo étnico: de Gamergate, Red Pill e Jordan Peterson a organizações como Unite the Right [Una a direita], Proud Boys [Garotos orgulhosos] e Three Percenters [Três por cento]. Dois dos homens presos por envolvimento no motim do Capitólio em 6 de janeiro de 2021 eram Patrick Stedman, um "estrategista de encontros e relacionamentos" e especialista em "psicologia feminina", e Samuel Fisher (também conhecido como "Brad Holiday"), dono de um canal no YouTube que promete "ajudar homens a conseguir garotas de valor elevado". Dois meses antes de invadir o Capitólio, Stedman tuitou: "Você não tem um problema com Trump, você tem um problema com a energia masculina".[31]

76. Após o ataque de van em Toronto, Ross Douthat, um colunista católico conservador do *New York Times*, publicou um artigo intitulado "The Redistribution of Sex" [A redistribuição do sexo].[32] Começava dizendo que "*às vezes os extremistas e radicais e esquisitos veem o mundo com mais clareza do que os respeitáveis, moderados e sãos*". Um desses "esquisitos brilhantes", disse Douthat, era o economista da Universidade George Mason, Robin Hanson. Logo após o ataque de van em Toronto, Hanson perguntou em seu blog por que os progressistas estão preocupados em redistribuir riquezas, mas não em redistribuir sexo. Ele foi alvo de repulsa — uma manchete da revista *Slate* dizia: "Robin Hanson é o economista mais detestável da América?". Mas Hanson, que é um oponente da redistribuição de

riquezas, estava acusando os progressistas de hipocrisia. Sua pergunta era: se a distribuição desigual de riquezas é uma injustiça que precisa ser corrigida, por que a distribuição desigual de sexo também não é?

77. A ideia de "redistribuir" sexo é problemática por pelo menos duas razões. Em primeiro lugar, *incels*, como disse antes, não estão aborrecidos com a falta de sexo, mas com a percepção que têm de uma falta de status sexual. Em segundo, falar de "redistribuição" imediatamente traz à tona o fantasma da coerção.

78. Muitas feministas responderam a Hanson dizendo que qualquer proposta de redistribuir sexo é de facto uma proposta de estuprar mulheres. Hanson respondeu propondo outras maneiras de efetuá-la: dando dinheiro para homens sem sexo gastarem com prostitutas ou incentivando as normas tradicionais do celibato pré-matrimonial, o que Jordan Peterson chamou de "monogamia forçada". A ironia é que essas propostas, assim como o estupro, também são coercitivas. As mulheres vendem sexo, em geral, porque precisam de dinheiro; dar dinheiro a homens que não fazem sexo para que paguem por isso pressupõe que há mulheres que precisam vender sexo para viver. Quanto ao retorno às normas tradicionais de celibato pré-marital (para mulheres) e monogamia forçada (para mulheres): o quanto isso nos afasta da coerção no estupro?

79. Algumas feministas da mídia, incluindo Laurie Penny e Jaclyn Friedman, responderam a Douthat e a Hanson dizendo que a própria ideia de distribuir sexo pressupõe tratar as mulheres como mercadorias.[33] Portanto, essas feministas argumentavam, isso apenas ressaltava uma lógica capitalista do sexo, na qual o fenômeno *incel* era sintomático. Como disse Rebecca Solnit: "O sexo é uma mercadoria, o acúmulo dessa

mercadoria aumenta o status de um homem, e todo homem tem direito a acumular, mas as mulheres são, de alguma forma misteriosa, um obstáculo a isso e, portanto, são tanto o inimigo quanto a mercadoria". Os *incels*, diz Solnit, "estão furiosos com sua própria falta de status, mas não questionam o sistema que concede esse status e nos mercantilizam de maneiras dolorosas e desumanizantes".[34]

80. Solnit está certa ao dizer que os *incels* anseiam por status — o status conferido por fazer sexo com mulheres de alto status e o status que veem no custo do acesso a essas mulheres. Ao mesmo tempo, os *incels* odeiam a mercantilização do sexo e querem ser libertados dela. Eles odeiam a ideia de que o sexo é governado por relações de mercado, que o sexo com mulheres de status elevado não é oferecido a eles de forma gratuita e amorosa. Essa é a contradição profunda no cerne do fenômeno *incel*: eles se opõem a um mercado sexual no qual se veem como perdedores e, ao mesmo tempo, estão comprometidos com a hierarquia de status que estrutura esse mercado.

81. Assim, os *incels* representam uma colisão de duas patologias. De um lado está a patologia do que é por vezes chamado de neoliberalismo: a assimilação de cada vez mais domínios da vida pela lógica do mercado. De outro lado está a patologia do patriarcado, que tende a ver as mulheres e o lar como refúgios do mercado, como fontes de cuidado e amor livremente oferecidos. Ao fazer isso, o patriarcado ignora todas as maneiras como esses atos "espontâneos" de devoção têm sido exigidos das mulheres: pelo treinamento de gênero, pelas necessidades materiais do casamento, por ameaça implícita. O fato de que essas duas tendências estejam em tensão não quer dizer que uma não sirva à outra, ou que juntas não formem uma unidade orgânica. Como Selma James, Mariarosa Dalla Costa e Silvia Federici indicaram nos

anos 1970, e Nancy Fraser tem defendido desde então, a família como lugar de cuidados femininos serve ao capitalismo, dando aos homens compensações emocionais e sexuais pela coerção das relações de mercado.[35] O custo oculto disso é a coerção do lar patriarcal: um custo que recai principalmente sobre as mulheres. A verdadeira reclamação dos *incels* é de que não há mulheres que lhes ofereçam um descanso do próprio sistema que a ideologia deles — insistindo que as mulheres seriam como mercadorias que conferem status — sustenta.

82. Outra "extremista e radical e esquisita" que Ross Douthat abordou em seu artigo no *New York Times* fui eu. Embora Douthat afirme que, ao contrário de Hanson, eu não estava sugerindo que pudesse haver um "direito ao sexo", ele enxerga ambos os textos como "receptivos à lógica da vida sexual na modernidade tardia", referindo-se assim a uma revolução sexual que "criou novos vencedores e perdedores" e introduziu "novas hierarquias para substituir as antigas". Douthat lê meu texto, de modo correto, como uma resposta feminista utópica à nossa situação atual, e o de Hanson como uma solução mais condizente com a tendência para um comércio tecnológico libertário — a era do robô sexual e da pornografia instantânea. O próprio Douthat prefere o que ele chama de "resposta alternativa e conservadora [...], ou seja, que possamos lidar com nosso isolamento generalizado, nossa infelicidade e nossa esterilidade, revivendo ou adaptando ideias mais antigas sobre as virtudes da monogamia, da castidade, da permanência e do respeito especial atribuído ao celibatário".

83. Mas a visão conservadora e com inclinação religiosa de Douthat não é uma alternativa genuína à proposta de Hanson de reconhecer um direito ao sexo imposto pelo Estado. O casamento monogâmico, a família heteronormativa e as normas

de castidade são — como os subsídios do governo para *incels*, propostos por Hanson — partes de uma infraestrutura patriarcal projetada para garantir o acesso dos homens aos corpos e às mentes das mulheres. Na perspectiva feminista, não importa se é o Estado ou a sociedade que fortalece o direito sexual dos homens — na verdade, são sempre os dois.

84. Quanto ao respeito especial que se atribui ao celibatário, está tudo muito bem, desde que esse respeito não seja um prêmio de consolação para o homem ou a mulher gay que são ensinados a detestar seus próprios desejos.

85. Douthat está certo em dizer, como as feministas radicais há muito insistem, que a revolução sexual dos anos 1960 nos deixou insatisfeitos. Mas ela não criou, como ele afirma, "novos vencedores e perdedores" ou uma nova hierarquia para substituir a antiga.

86. Na verdade, o que é notável sobre a revolução sexual — é por isso que ela foi tão formativa da política de uma geração de feministas radicais — é o quanto permaneceu inalterada. Mulheres ainda dizem não querendo dizer sim, e as que dizem sim ainda são vadias. Homens negros e de outras identidades raciais minorizadas ainda são estupradores, e o estupro de mulheres negras e de outras identidades raciais minorizadas ainda não é levado em conta. As garotas ainda são acusadas de estarem pedindo. Os garotos ainda precisam aprender a dar.

87. Quem exatamente, então, foi libertado pela revolução sexual?

88. Até hoje nunca fomos livres.

Sobre não dormir com seus alunos

Em 1992, Jane Gallop, ilustre professora de literatura inglesa e literatura comparada da Universidade de Wisconsin, em Milwaukee, foi acusada de assédio sexual por duas de suas alunas de pós-graduação. Após uma longa investigação, a universidade considerou Gallop culpada de infringir, no caso de uma das alunas, a proibição de "relações amorosas consensuais" entre corpo docente e estudantes. Ela foi moderadamente repreendida. Cinco anos depois, Gallop publicou um livro, *Feminist Accused of Sexual Harassment* [Feminista acusada de assédio sexual], defendendo-se das acusações. Ela afirmou que tinha, sim, ficado com uma das mulheres em um bar, na frente de outros alunos de pós-graduação; que tinha anunciado em uma conferência sua "preferência sexual" por alunos de pós-graduação; que tinha, de forma deliberada, transformado seus relacionamentos pedagógicos em encontros intensos, de paquera e com carga sexual; e tinha dormido com muitos alunos, da graduação e da pós-graduação, pelo menos até 1982, quando conheceu o homem que se tornou seu parceiro de vida. Além do mais, ela disse, não havia nada de errado nisso:

> No nível mais intenso — eu diria, mais produtivo —, a relação pedagógica entre professor e aluno é, de fato, "uma relação amorosa consensual". E se as universidades decidirem proibir não só o sexo, mas "relações amorosas" entre professor e aluno, a "relação amorosa consensual" que será banida de nossos campi pode ser o próprio ensino.[1]

Gallop sugere que ensinar, na sua forma ideal, já é uma relação amorosa e erótica; então, que mal poderia haver em permitir que essa relação se manifestasse fisicamente no sexo? Eliminar o sexo entre alunos e professores é eliminar a pedagogia com carga erótica — que, Gallop acredita, é o melhor tipo.

No início da década de 1980, as universidades americanas passaram a desencorajar, e às vezes a proibir, o sexo entre professores e alunos. (Fora dos Estados Unidos, esse tipo de proibição ainda é raro. A política de Oxford, onde leciono, diz: "Embora a universidade não queira regulamentar a vida privada de seus funcionários, ela recomenda com veemência que funcionários não iniciem relacionamentos pessoais muito estreitos ou íntimos com alunos por quem eles têm qualquer responsabilidade, e alerta para as complicações que isso pode causar".) A adoção dessa política nos campi dos Estados Unidos foi uma consequência da campanha feminista contra o assédio sexual, nas décadas de 1970 e 1980. Embora a discriminação no emprego "com base no sexo" tenha sido proibida desde a aprovação da Lei dos Direitos Civis americana, de 1964, as mulheres nas décadas de 1960 e 1970 se esforçavam para que a lei fosse aplicada em sua luta contra o assédio sexual no local de trabalho. Regularmente, os juízes decidiam que o assédio sexual no local de trabalho era uma questão "pessoal" ou que não era discriminação "com base no sexo", mas em outra coisa, como por exemplo ser o tipo de mulher que não queria fazer sexo com o chefe — característica que, ao contrário do sexo, não era protegida pela lei antidiscriminação. (Usando uma lógica semelhante, um tribunal decidiu a favor de um empregador que demitiu uma funcionária por não obedecer a um código de vestimenta que exigia que mulheres usassem saias, argumentando que ela não estava sendo discriminada com base no sexo, mas por ser uma mulher com "afeição por terninhos".)[2]

As feministas dessa época lutaram para que os tribunais entendessem o que hoje para muitas de nós é óbvio: que longe de ser uma questão meramente pessoal, ou uma questão ortogonal ao gênero, o assédio sexual expressa e reforça a subordinação política das mulheres. Em 1974, Paulette Barnes, recém-demitida de seu emprego como assistente administrativa na Agência de Proteção Ambiental dos Estados Unidos, moveu uma ação contra seu ex-empregador por discriminação sexual. Seu chefe, Douglas Costle, demitiu Barnes depois que ela recusou suas persistentes investidas sexuais. O caso foi indeferido, mas depois levado à Corte de Apelações do Distrito de Colúmbia para revisão. Catharine MacKinnon, à época estudante de direito em Yale, entregou a um dos advogados envolvidos no recurso um documento técnico, que viria a se tornar seu livro, *The Sexual Harassment of Working Women* [O assédio sexual sofrido pelas mulheres trabalhadoras], uma obra inovadora de 1976. A corte decidiu que o que aconteceu com Barnes constituiu discriminação sexual e, portanto, foi uma violação do Título VII da Lei dos Direitos Civis.[3]

Alguns anos depois, MacKinnon, a essa altura atuando como uma das líderes do progressista New Haven Law Collective, ajudou um grupo de alunas de graduação de Yale a processar a universidade pelo assédio sexual que elas e suas colegas haviam sofrido como estudantes e pela ineficiência da instituição para tomar qualquer providência sobre o ocorrido. Apesar de as alunas perderem o processo, o caso *Alexander vs. Yale* (1980) estabeleceu que o assédio sexual constituía discriminação sexual sob o Título IX das Emendas de Educação de 1972. A decisão levou universidades de todo o país a elaborarem códigos que definiam o assédio sexual e como denunciar.

O assédio sexual, por definição legal, envolve progressos sexuais "indesejados". Isso parece não incluir relacionamentos consensuais entre professores e alunos — e, de fato, as primeiras políticas de assédio sexual não falaram desses relacionamentos. Mas, em 1986, a Suprema Corte dos Estados Unidos decidiu que o consentimento não era necessariamente uma barreira para o assédio sexual. O caso que motivou essa decisão, *Meritor Savings Bank vs. Vinson*, envolvia uma jovem, Mechelle Vinson, que havia sido demitida de seu emprego em um banco por tirar licença "excessiva". Seu supervisor, Sidney Taylor, começou a pedir para fazer sexo com Vinson logo que ela começou a trabalhar no banco, quatro anos antes. A princípio ela recusou, mas depois acabou cedendo por medo de perder o emprego. Vinson calculou que havia concordado em fazer sexo com Taylor em torno de cinquenta vezes, e testemunhou que em várias ocasiões havia sido estuprada à força por ele. (Como Paulette Barnes, antes dela, e como as mulheres envolvidas em outros casos importantes de assédio sexual, Mechelle Vinson era negra; nos Estados Unidos, são as mulheres negras que sofrem as consequências do assédio sexual e da batalha legal contra ele.)[4] A corte apontou que o consentimento de Vinson às demandas sexuais de seu chefe não significava que estas eram recebidas de bom grado, já que o consentimento foi garantido pelo medo das consequências de dizer não.

Estendendo a lógica do *Meritor* para o campus universitário, tornava-se possível argumentar que os professores assediavam sexualmente os alunos com quem praticavam sexo consensual. O consentimento dos alunos a esses relacionamentos pode, afinal, ser a expressão não de um desejo genuíno, mas do medo. Na década de 1980, as universidades, preocupadas com sua responsabilidade potencial, começaram a expandir suas políticas de assédio sexual para cobrir relações consensuais entre professores e alunos. Estima-se que, em 1989, apenas 17% das universidades americanas tinham políticas de relacionamento consensual; em 2004, a taxa era de 57%;[5] em 2014, uma pesquisa revelou que havia subido para 84%.[6] As políticas também estão ficando cada vez mais rígidas. Em 2010, Yale se tornou a primeira universidade dos Estados Unidos a impor uma proibição geral de relacionamentos entre professores e alunos de graduação. (Antes, Yale proibia que membros do corpo docente se relacionassem com alunos da graduação ou da pós-graduação com os quais tivessem ou fossem vir a ter uma relação de orientação.[7] Essa política havia sido criada em 1997, após um affair aparentemente consensual entre uma caloura de dezessete anos e seu professor de matemática que fez a aluna se sentir, em suas palavras, "traída" e "usada".)[8] Logo depois que Yale implementou a proibição geral, muitas outras universidades americanas seguiram o exemplo. Em 2020, a University College London foi a terceira universidade britânica a proibir esse tipo de relacionamento.[9] As instituições invariavelmente justificam essas proibições citando a diferença de poder entre professor e aluno — que, segundo elas, lança dúvidas sobre o significado do consentimento do aluno.[10]

A expansão das políticas de assédio sexual, no campus universitário, para cobrir relações consensuais entre professores e alunos é parte do grande legado do movimento de libertação das mulheres. No entanto, assim que essa expansão começou, algumas feministas a denunciaram como uma traição profunda a seus princípios. Elas argumentaram que para negar que estudantes mulheres pudessem consentir em fazer sexo com seus professores, a lógica do estuprador de "não significa sim" foi invertida e substituída pela lógica moralizante de "sim significa não". Elas não estavam autorizadas a fazer sexo com quem quisessem? Essas políticas não caíram nas mãos da direita religiosa ressurgente, que tinha interesse em controlar a vida sexual das mulheres? (Como Ann Snitow, Christine Stansell e Sharon Thompson escreveram em uma carta gentil e crítica a Adrienne Rich em 1981: "Na era Reagan, dificilmente podemos romantizar qualquer norma antiga de sexualidade virtuosa e moral".)[11] Algumas feministas, nas décadas de 1980 e 1990, também contestavam a maneira como essas políticas serviam para reforçar uma compreensão hierárquica e, portanto, antifeminista da pedagogia: professor poderoso versus aluna vulnerável. (Como era possível prever, os homens que se opunham às novas proibições reclamavam que elas representavam um ataque pudico à liberdade pessoal e — em um caso notório — que ignoravam as vantagens que as mulheres jovens tinham de perder a virgindade com seus professores homens.)[12] Mas nas últimas duas décadas esses argumentos tiveram menor destaque, e amplas proibições de relacionamentos professor-aluno foram pouco contestadas pelas feministas.[13] Isso está em conformidade com uma ansiedade feminista cada vez mais profunda quanto à ética das relações sexuais sob a influência de grandes diferenças de poder. Quando pessoas relativamente impotentes decidem consentir em fazer sexo com poderosos, consentir é mesmo a palavra certa?

Sem dúvida, às vezes acontece de as alunas consentirem em fazer sexo mesmo quando não querem, por medo do que pode acontecer se não agirem assim — uma nota baixa, uma recomendação medíocre, ser ignorada pelo orientador. Mas há também muitas alunas que consentem em fazer sexo com seus professores por um desejo genuíno. E há professores que têm uma disponibilidade romântica e sexual muito desejada. Insistir que a diferença de poder do professor e da aluna impede o consentimento é supor que as alunas, como as crianças, são intrinsecamente incapazes de consentir com o sexo — ou vê-las como, de alguma forma, incapacitadas pela força ofuscante do professor. E que professor é realmente *tão* bom assim?

Mas isso não quer dizer que o sexo desejado de modo genuíno entre professor e aluna não seja problemático. Imagine um professor que aceita com alegria as atenções apaixonadas de sua aluna, a leva para sair, transa com ela, começam a namorar, como talvez já tenha feito antes com várias alunas. Ela consentiu, e não por medo. Estamos realmente dispostos a dizer que não há nada de preocupante nesse caso? Mas, se há algo de preocupante e não é a falta de consentimento, então o que é?

É muito estéril, muito entediante sugerir que, em vez de dormir com sua aluna, esse professor deveria estar — *ensinando-a*?

Em sua resposta oficial às denúncias de assédio sexual feitas por suas alunas, Jane Gallop apelou para a noção freudiana de transferência, a tendência do paciente de projetar de modo inconsciente sentimentos associados a figuras significativas da infância (em geral, pai ou mãe) no analista. Em muitos casos, o resultado é o que Freud chamou de "amor transferencial", em que o objeto pelo qual a criança tem adoração, afeto e vontade de agradar é deslocado dos pais para o analista. A transferência, diz Gallop, "também é um componente inevitável em qualquer relacionamento que temos com um professor que realmente faça a diferença".[14] Em outras palavras, apaixonar-se por nossos professores é um sinal de que a pedagogia está funcionando bem.

Talvez. Sem dúvida, muitos de nós nos tornamos professores porque algum (ou alguns) professor — na escola, na universidade — nos estimulou novos desejos e vontades. E aqueles de nós que ensinam provavelmente reconhecerão algo parecido com a transferência não só nos alunos em quem estimulamos desejos similares, mas também nos que experimentam o exercício de nossa autoridade pedagógica como se fosse um ataque mortal à sua independência, provocando hostilidade descomunal em vez da adoração (descomunal).[15] Mesmo assim, Gallop negligencia a insistência de Freud de que para os analistas está "fora de questão" se envolver sexual ou romanticamente com seus analisandos.[16] Como diz um leitor, para Freud "o analista responde, mas não responde *da mesma maneira*".[17] Isto é, o analista não deve responder ao analisando com amor nem hostilidade, e não deve usar a transferência como um veí-culo para sua própria gratificação emocional ou física. (Freud é solícito ao lembrar o analista de que "a paixão do paciente é induzida pela situação analítica e não pode ser atribuída aos encantos de sua pessoa".)[18] Em vez disso, Freud diz, o analista deve usar a relação de transferência como ferramenta do processo terapêutico. O analista qualificado faz isso chamando a atenção da analisanda para a transferência em ação e, diz Freud, a "convence" — voltarei à ambiguidade dessa formulação — de que seu sentimento transferencial nada mais é do que a projeção de uma emoção reprimida. "Dessa maneira", diz Freud, "a transferência passa de mais forte arma da resistência a melhor instrumento da terapia analítica [...], a parte mais difícil e mais importante da técnica psicanalítica."[19]

Para o professor, o que seria responder ao amor transferencial do aluno, mas não da mesma maneira — em vez disso, fazendo bom uso dessa transferência no processo pedagógico? Isso, presume-se, exigiria que "convencesse" a aluna de que seu desejo por ele é uma forma de projeção: de que o que ela de fato deseja não é de modo algum o professor, mas o que ele representa. Trocando os termos de Freud pelos de Platão, o professor deve redirecionar as energias eróticas da aluna, afastando-as de si próprio e aproximando-as do seu objeto adequado: conhecimento, verdade, compreensão. (Platão, como Freud, é com frequência invocado em defesas do sexo professor-aluno, mas Sócrates, na verdade, não dormia com seus alunos — o que teria frustrado alguns deles. De fato, na *República*, Sócrates nos diz que "os prazeres do corpo não devem estar presentes em" relacionamentos entre os guardiões filósofos e os rapazes que eles educam, "se eles querem amar e ser amados da maneira correta".)[20] É o mau professor que absorve as energias eróticas do aluno para si. Como explica Freud, "por mais que ele valorize o amor", o bom professor "tem que apreciar mais ainda a oportunidade de alçar" a sua aluna "a um estágio decisivo de sua vida".[21]

E quanto à ambiguidade na observação de Freud de que o terapeuta deve "convencer" a analisanda de que seus sentimentos de transferência não são reais, mas meras projeções? Isso quer dizer que o analista deve revelar uma verdade ou persuadir o analisando de uma mentira? A resposta de Freud fica entre as duas coisas. A transferência do paciente é realmente uma projeção de sentimentos reprimidos: o terapeuta é amado como um símbolo. Mas isso não torna esse amor menos genuíno, pois a projeção, segundo Freud, é "o caráter essencial de toda paixão".[22] O amor transferencial "possui talvez um grau menor de liberdade que o amor [...] que sucede na vida, deixando reconhecer mais a dependência do padrão infantil, mostrando-se menos flexível e capaz de modificação, mas isso é tudo e não é o essencial".[23] O mesmo ocorre, talvez, no caso da paixão da aluna pelo professor. Podemos dizer que ela está apaixonada "realmente" pelo que esse homem representa, mais do que por ele mesmo. Mas quem se apaixona de outra forma? (Proust: "Amamos por um sorriso, por um olhar, por uns ombros. Basta isso; então, nas longas horas de esperança ou tristeza fabricamos uma pessoa amada, compomos um caráter".)*

As diferenças aqui, entre a paixão de uma aluna por seu professor e a de qualquer pessoa por outra, são uma questão de grau, não de tipo. O problema nos relacionamentos professor-aluno não é que não possam envolver um amor romântico genuíno. Muitos professores são casados com ex-alunos (um fato que os defensores das relações professor-aluno sempre reafirmam, como se estivéssemos em uma comédia shakespeariana, na qual

---

* Tradução de Carlos Drummond de Andrade. Trecho de "A fugitiva", título do v. 6 de *Em busca do tempo perdido*, de Marcel Proust (São Paulo: Biblioteca Azul, 2012). [N. T.]

tudo que termina em casamento termina bem). Mas a questão, como Freud nos mostra, não é se, no contexto pedagógico, o amor romântico "real" é possível, mas se o ensino real é possível.

Ou, dito de outra forma, a questão é que tipo de amor os professores, como professores, devem demonstrar por seus alunos. Em um ensaio de 1999, "Embracing Freedom: Spirituality and Liberation" [Abraçando a liberdade: Espiritualidade e libertação], bell hooks pede que os professores se perguntem: "Como posso amar esses estranhos, esses outros que vejo na sala de aula?".[24] O amor a que hooks se refere não é o exclusivo, ciumento e diádico de dois amantes, mas algo mais distante, mais controlado, mais aberto a outros e ao mundo. Não por isso é menos amor.

Quando falamos da diferença de poder entre professor e aluna, a questão não é apenas que o professor tem mais influência sobre a vida da aluna do que ela tem sobre o destino de seu professor. Na verdade, representar a situação dessa forma é admitir o contra-argumento de que as alunas têm total poder, pois podem fazer com que seus professores sejam demitidos. (Essa é a premissa da peça *Oleanna*, de David Mamet.) A relação entre professor e aluna é caracterizada, em sua natureza, por uma profunda assimetria epistêmica. Os professores entendem e sabem como fazer certas coisas; as alunas querem entender e saber como fazer essas mesmas coisas. Na relação deles, está implícita a promessa de que a assimetria será reduzida: de que o professor vai conferir à aluna parte de seu poder; vai ajudá-la a se tornar, pelo menos em algum aspecto, mais parecida com ele. Quando o professor transfere o anseio da aluna por poder epistêmico para uma chave sexual, permitindo-se ser — ou pior, sentindo-se — objeto de seu desejo, ele fracassou como seu professor.

Aqui está o relato de uma ex-estudante-namorada:

Por muito tempo, andei por aí me sentindo ingênua, humilhada e envergonhada. Muitos dos seus colegas sabiam a extensão dos serviços que prestei a ele [...]. Muitos dos seus colegas também foram meus professores, e eu sentia uma humilhação enorme na presença deles. Fui ridicularizada por alunos que sabiam o que estava acontecendo. Minha ligação emocional com ele me rendeu o título de "Pitbull do Professor X", como se eu não pudesse pensar por mim mesma, apenas defender meu dono quando solicitado.[25]

A relação entre professor e aluna é subvertida. Deveria servir às necessidades dela; e agora, aos olhos de seu namorado-professor, ela serve às dele (cumprindo suas tarefas, alimentando seu ego). Ela também está — ou assim imagina, mas será que está errada? — transfigurada aos olhos de sua comunidade acadêmica, de modo geral. Não consegue mais se relacionar, como aluna, com seus outros professores; eles agora são colegas (críticos) de seu namorado. Ela pode estar matriculada, mas ainda é de fato uma aluna? Se fosse embora, ficaríamos surpresos?

Em uma discussão publicada no *Critical Inquiry*, após o lançamento do livro *Feminist Accused of Sexual Harassment*, James Kincaid, professor de literatura inglesa na Universidade do Sul da Califórnia, defendeu Gallop da acusação de assédio sexual — uma acusação que, na visão dele, carece do sentido de "diversão".[26] Kincaid abre sua conjectura transcrevendo uma carta que recebeu de uma aluna no semestre anterior:

Caro professor Kinkade:

Eu nunca faço esse tipo de coisa, mas minha colega de quarto fica me falando que eu deveria, ela diz, "se tem vontade vá em frente e diga a ele", então aqui estou. Gosto demais da sua aula e da maneira como você explica as coisas. Quero dizer que leio esses poemas e eles não têm nenhum significado para mim até que você começa a falar, aí passam a ter. É a maneira como você fala que é diferente da dos outros professores que tive no Departamento de Literatura Inglesa, que podem saber mais do que você, mas não conseguem transmitir, se é que você me entende. Mas quando você estava dizendo que os poetas românticos escreviam sobre sentimentos, ao contrário dos poetas do século XVII, como Pope, que não o faziam, entendi na hora o que você quis dizer. Eu também tenho muitos sentimentos, embora não seja exatamente poeta haha. Mas, enfim, só queria agradecer e espero que você continue assim, porque eu gosto demais.

Kincaid lê o bilhete como se fosse um flerte, um primeiro passo, uma paquera:

Esse bilhete, anônimo e sincero, expressa o verdadeiro desejo [...]. Meu admirador ou minha admiradora espera que eu continue assim porque ele ou ela gosta, e me escreve essa carta esperando que eu goste. Eu vou gostar e ele ou ela vai gostar e, juntos, vamos continuar assim, porque para nós dois é divertido desejar e ser desejado e continuar sendo desejado sem que haja fim. Ninguém chega à linha de chegada; ninguém é o poderoso nem é o vitimado. Se meu (minha) aluno (aluna) perspicaz e eu formos além de escrever bilhetes, tornando tudo isso material, não será porque eu tenho algo para dar a ele ou ela para receber ou vice-versa, mas porque a gente gosta e quer manter isso assim. Um relacionamento físico não será um progresso, será apenas diferente.

Kincaid, cuja profissão é interpretar e ensinar outros a interpretar, está aqui comprometido com o que seria uma sátira de um tipo de interpretação psicanalítica "perversa", se a circunstância não fosse, como Kincaid diz, uma carta "sincera" de uma jovem.

(Kincaid insiste na ambiguidade do gênero — "ele ou ela" —, mas sabemos que se trata de uma jovem, se não pelo tom da carta, então pelo gênero da colega de quarto mencionada. Que investimento Kincaid está fazendo ao agir como se a carta e a resposta que ele dá não tivessem nada a ver com gênero?)

Do jeito que está, a leitura da carta por Kincaid é uma espécie de abuso, a pornificação de uma declaração sentimental gentil e sincera. A aluna, pela primeira vez, entende o sentido da poesia e fica maravilhada com esse professor que, entre todos os que já teve, foi o único que conseguiu lhe mostrar o que e o quanto a poesia significa. Kincaid ignora tudo isso e se concentra na linha final, "Espero que você continue assim, porque eu gosto demais", transformando-a em um trocadilho sexual grosseiro. Ele é rígido com a aluna, ela está gostando e quer que continue, ad infinitum, só porque é divertido.

Mas não foi isso que sua aluna disse. Ela quer que ele "continue assim" — isto é, continue *ensinando* —, não apenas porque é agradável, embora também seja, mas porque assim ele a ajuda a entender o sentido da poesia: "Quero dizer que leio esses poemas e eles não têm nenhum significado para mim até que você começa a falar, aí passam a ter". Ela quer ser capaz de entender poesia, não apenas ter o prazer de vê-lo exercitar essa capacidade. É a insistência de Kincaid no aspecto masturbatório do desejo de sua aluna que lhe permite dizer, de um futuro imaginado em que ambos vão "além de escrever bilhetes, tornando tudo isso material", que "ninguém é o poderoso nem é vitimado".

Não há diferença entre o poder de Kincaid, autor de *Child-Loving: The Erotic Child and Victorian Culture* [Amar as crianças: A criança erótica e a cultura vitoriana], e o poder de sua aluna? Quero deixar de lado a questão (nada divertida) do poder institucional: quem avalia quem, quem redige recomendações para quem, e assim por diante. Existem outras diferenças de poder aqui. Primeiro, o poder epistêmico. Kincaid sabe ler de uma forma que torna a leitura significativa; o aluno não tem, mas quer ter, esse poder. A aluna não é sofisticada em termos intelectuais, o que torna particularmente perturbadora a leitura que Kincaid faz de sua carta. Ao chamá-la de "perspicaz", Kincaid dá a impressão de ser manipulador e cruel, dando à aluna um simulacro do que ela quer — o domínio do próprio professor. Na verdade, Kincaid reproduz a carta, provavelmente sem a permissão da aluna, apenas porque está confiante de que ela não é o tipo de pessoa que lê o jornal *Critical Inquiry*. Mas, e se tiver lido? Como ela deveria se sentir, vendo sua sinceridade juvenil exibida como um troféu sexual?

Em segundo lugar, há o poder de Kincaid de interpretar não apenas poesia, mas também a própria aluna. É uma espécie de poder metafísico: ou seja, um poder não só de revelar a verdade, mas de fabricá-la. Ele nos diz que a carta dela é latentemente sexual, que seria natural resultar em sexo — que o sexo não faria mais do que "tornar tudo isso material". O que aconteceria se Kincaid fornecesse essa leitura à própria aluna, que acredita que ele revela a verdade das coisas escritas? Ele por acaso tinha o poder de *fabricar* a verdade de que a carta da aluna era, de certo modo, inteiramente sexual?

Kincaid talvez protestasse que a carta dela *é* sexual, embora de forma latente. Não é que não incluísse nenhuma expressão de desejo. Ela abre como se fosse uma confissão de amor: "Eu nunca faço esse tipo de coisa…". A aluna declara que tem "muitos sentimentos" e, em seguida, zomba de si mesma por isso ("haha"). Kincaid é especial, "diferente dos outros professores". Ele talvez esteja correto ao insinuar que se quisesse poderia dormir com essa aluna — sem qualquer necessidade de coerção, ameaças ou toma lá dá cá. Talvez ele não precisasse fazer muito mais do que ler para ela algum verso de Wordsworth, chamá-la de "perspicaz" e guiá-la até o quarto. E daí? Devemos acreditar que Kincaid não está, de maneira deliberada, sexualizando essa interação, que ele é meramente passivo e obediente diante da vontade de sua aluna?

É claro que é difícil ler a mente de alguém com base em uma carta. Talvez a aluna admire e queira ser como Kincaid, mas não queira (ainda) fazer sexo com ele. Ou talvez não saiba o que quer: ser como Kincaid ou ter o Kincaid. Ou ela quer os dois e considera que tê-lo é um meio de ser como ele, ou um sinal de que ela é como ele. Ou acredita que nunca poderá ser como Kincaid, e então deseja a segunda melhor opção, que seria tê-lo. Talvez, inclusive, ela só queira fazer sexo com Kincaid, e toda a conversa sobre poesia seja lisonjeira só com a intenção de levá-lo para a cama. Qualquer que seja a hipótese correta, é bem possível que Kincaid consiga que sua aluna faça sexo com ele de modo consensual. Onde o desejo de uma aluna é incipiente — *Eu quero ser como ele ou quero tê-lo para mim?* — é muito fácil para o professor direcioná-lo para a segunda opção. Da mesma forma que quando a aluna (de maneira equivocada) pensa que dormir com seu professor é um meio de se tornar como ele, ou um sinal de que ela já é como ele (*Ele me deseja, então eu devo ser brilhante*). Mesmo quando está claro que o desejo da aluna é ser como o professor, é fácil para ele convencer a aluna de que o desejo dela é de fato por ele, ou que dormir com ele é uma forma de se tornar parecida com ele. (Que maneira melhor de compreender os "sentimentos" dos poetas românticos do que experimentando pessoalmente esses sentimentos?)

O que quer que esteja na cabeça dela, certamente o foco de Kincaid, como professor, deve ser distanciar dele mesmo o desejo de sua aluna e direcioná-lo ao objeto apropriado: o empoderamento epistêmico. Se isso é o que a aluna já deseja, então, tudo o que Kincaid precisa fazer é exercer alguma moderação, e não sexualizar o que é uma expressão sincera do desejo de aprender. Se a aluna é ambivalente ou confusa em relação aos próprios desejos, Kincaid deve dar um passo adiante e traçar limites, indicando a direção adequada para os desejos da aluna. Freud acha que na psicanálise isso deve ser feito de maneira explícita, dizendo à paciente que ela está experimentando uma transferência. No contexto pedagógico, fazer essa abordagem seria bastante embaraçosa. (Apesar de toda a intimidade na relação professor-aluno, não cabe aos professores ler os corações de seus alunos, mesmo que possam fazê-lo.) Mas há formas mais sutis de redirecionar as energias de uma aluna, maneiras discretas de recuar, de chamar a atenção não para si, mas para uma ideia, um texto, uma forma de compreensão. Sem nem ao menos tentar fazer isso, Kincaid é incapaz de corresponder ao que leva a sua aluna a adorá-lo: ser um bom professor.

Os professores devem resistir à tentação de se permitir ser, ou se tornar, o receptáculo dos desejos de seus alunos. Não estou dizendo que o ensino possa ou deva ser inteiramente isento de satisfações narcísicas. Mas há uma diferença entre desfrutar dos desejos que você desperta em seus alunos, mesmo quando os afasta de si mesmo, e tornar-se o objeto deles. Esse tipo de narcisismo é o inimigo do bom ensino. A sexualização é sua manifestação mais óbvia, mas pode assumir outras formas. Parte do que impressiona no caso de Avital Ronell, a professora de alemão e literatura comparada da Universidade de Nova York (NYU), que em 2018 foi afastada do cargo por assediar sexualmente um estudante formado, é o quão pouco do abuso que ela supostamente perpetrou era de natureza sexual. Ela exigiu que ele passasse inúmeras horas na sua presença ou falando com ela por telefone, que "programasse a vida dele em função dos desejos e das necessidades dela", que ele "se distanciasse dos amigos e da família", que não saísse de Nova York. Se, além disso, Ronell não o tivesse tocado e enviado mensagens sexualmente explícitas, provavelmente a NYU não teria descoberto que ela violara o Título IX. Mas obviamente, ainda assim, ela teria falhado em suas obrigações como professora, na medida em que usava seu aluno para satisfazer suas próprias necessidades narcisistas. Aqui, vemos um limite das políticas de assédio sexual na sala de aula. Na melhor das hipóteses, proíbem certas falhas flagrantes do bom ensino. Mas não nos ensinam como ensinar bem.

Antes, questionei que investimento Kincaid estaria fazendo ao falar sobre sua aluna como se ela pudesse ser de qualquer gênero. O que ele não quer enfrentar? O mais óbvio é que a situação que ele está de fato descrevendo — professor mais velho; aluna mais jovem — é a forma mais comum de relacionamento professor-aluno. Kincaid não quer ser visto como um clichê. Pode-se presumir que também não quer que pensemos sobre — ou ele mesmo não está ciente disso — a dinâmica de gênero que sustenta esse clichê. Com isso, não me refiro apenas à maneira como garotos e homens são ensinados a achar a dominação sexy, e garotas e mulheres a achar que a subordinação é sexy; ou à maneira como alguns professores homens misturam benefícios sexuais com narcisismo intelectual, vendo o sexo com as alunas como uma recompensa atrasada pelo que sofreram na adolescência, quando a força física ou o jeito descolado eram mais valorizados do que os cérebros. Refiro-me, sobretudo, à maneira como as mulheres são educadas a interpretar seus sentimentos pelos homens que admiram.

Adrienne Rich descreveu a instituição da "heterossexualidade compulsória" como uma estrutura política que obriga todas as mulheres, heterossexuais e gays, a regular suas relações com outras mulheres de uma forma compatível com o patriarcado.[27] Um de seus mecanismos é a instrução tácita das mulheres sobre como devem sentir ou interpretar seus sentimentos em relação às mulheres que admiram. A resposta apropriada é inveja, não desejo. Você certamente quer ser *como* aquela mulher; a resposta nunca poderia ser que você apenas a *deseja*.

Mas quando se trata dos homens que elas acham atraentes, aplica-se o oposto: você certamente o *deseja*, não pode ser que você queira ser *como* ele.

Regina Barreca, falando de e para mulheres que se tornaram professoras, pergunta: "Quando exatamente [...] vocês chegaram no momento em que perceberam que queriam ser a professora, e não dormir com o professor?".[28] O padrão para a maioria das mulheres, sugere Barreca, é interpretar o desejo nela despertado por um professor (homem) como um desejo *pelo* professor: uma interpretação que ela precisa ter superado caso se torne professora. Já os alunos do sexo masculino se relacionam com os professores do sexo masculino do modo como são educados a fazer: querendo ser *como* eles (e, no limite, querendo destruí-los e substituí-los: sua própria fonte de drama psíquico). Essa diferença na probabilidade de que mulheres e homens vejam seus professores como objetos de emulação, e não de atração, não é efeito de uma disposição natural e primordial diferente. É o resultado da socialização determinada pelo gênero.

Para que fique claro: uma professora dormir com seu aluno ou aluna não é um fracasso pedagógico menor do que um professor dormir com um aluno.[29] Mas uma avaliação ética do fenômeno do sexo consensual professor-aluno perde algo crucial se não mostrar que os casos costumam envolver professores homens dormindo com alunas mulheres. O fracasso do professor nesses casos — isto é, na maioria dos casos de sexo consensual professor-aluno — não diz respeito apenas à sua incapacidade de redirecionar as energias eróticas do aluno para o objeto apropriado. Ele fracassa porque não resiste a tirar proveito do fato de que as mulheres são socializadas de uma maneira particular sob o patriarcado — isto é, de uma forma que contribui *para* o patriarcado. E, tão importante quanto, reproduz a própria dinâmica de que se alimenta, garantindo que os benefícios da educação não revertam do mesmo modo para homens e mulheres.

Adrienne Rich, em uma palestra que deu para professores que ensinam mulheres em 1978, falou sobre o que chamou de "conceito enganoso" de "coeducação": "de que pelo fato de mulheres e homens estarem sentados nas mesmas salas de aula, ouvindo as mesmas falas, lendo os mesmos livros, realizando as mesmas experiências de laboratório, eles estão recebendo uma educação igual".[30] Afinal, as mulheres não entram nem existem na sala de aula em igualdade de condições com os homens. Elas são consideradas menos capazes intelectualmente, encorajadas a correr menos riscos e a ser menos ambiciosas, recebem menos orientação, são socializadas de modo a se sentir menos confiantes e se levarem menos a sério, são informadas de que mostrar ser inteligente é uma desvantagem sexual e que seu valor próprio depende de sua capacidade de atrair a atenção sexual dos homens. São preparadas para ser cuidadoras, mães e esposas amorosas, em vez de acadêmicas ou intelectuais. "Se para mim é perigoso voltar tarde da noite da biblioteca para casa, *porque sou mulher e posso ser estuprada*", perguntou Rich, "como posso me sentir autoconfiante e exuberante enquanto trabalho nessa biblioteca?"[31] Da mesma forma, podemos perguntar: se eu sei que meu professor não me vê (apenas) como uma aluna a ser ensinada, mas (também) como um corpo a ser fodido, o quão autoconfiante e exuberante posso me sentir sentada em sua sala de aula?

As primeiras feministas que teorizaram sobre o assédio sexual no ambiente de trabalho argumentaram que o mal causado à vida das mulheres não era só uma contingência — isto é, não tinha a ver apenas com a resposta psicológica negativa das mulheres a certos padrões de comportamento masculino. Em vez disso, era *função* do assédio sexual prejudicar as mulheres destas maneiras: policiando e assegurando seus papéis subordinados, tanto como mulheres quanto como trabalhadoras.[32] É exagero pensar que a função, embora inconsciente, das investidas sexuais habituais de professores homens em suas alunas seja reforçar para as mulheres qual é o devido lugar delas na universidade? Que as mulheres podem entrar ali para desempenhar o papel não de alunas ou aspirantes a professoras, mas de conquistadoras sexuais, namoradas aduladoras, cuidadoras emocionais, esposas, secretárias? É exagero pensar que essa prática representa não só um fracasso pedagógico, mas um reforço das normas patriarcais de gênero?

Uma amiga minha, uma acadêmica excepcionalmente brilhante, certa vez explicou a um colega que, se algum de seus mestres, na faculdade ou na pós-graduação, tivesse tão somente colocado a mão em seu joelho, isso a teria "destruído". O colega ficou chocado. Ele reconheceu que esse gesto teria sido assustador, equivocado, um caso de assédio sexual — mas como algo tão pequeno poderia destruir alguém? O que ele não sabia, ela explicou a ele, era como é ter um sentido do seu valor intelectual repousando de forma tão precária na aprovação dos homens.

Em "Eros, erotismo e o processo pedagógico", bell hooks escreve sobre sua experiência como professora novata: "Ninguém falava sobre a relação entre o corpo e o ensino. O que fazer com o corpo na sala de aula?".[33] O que você deve ou não fazer com o seu corpo, e com o corpo de seus alunos, é algo sobre o qual professores universitários, via de regra, não falam. Ou, quando falam sobre isso, quase sempre a discussão é organizada por gestores preocupados, na forma de treinamentos obrigatórios contra o assédio sexual — que pouco remetem ao que há de especial ou particular na relação pedagógica. As lições do ambiente de trabalho são transferidas para a sala de aula, sem que se pense em como o ensino pode ser caracterizado por riscos e responsabilidades peculiares.

Às vezes, essas conversas acontecem de maneira informal. Um amigo meu, um jovem professor de direito, recentemente me descreveu como é estranho dividir uma academia de ginástica com seus alunos de graduação. Os alunos são livres para olhar o seu corpo, ele disse, enquanto ele "é claro, finge que eles nem têm corpo". Gostei que ele tenha dito "é claro": para ele é evidente que não pode ser um bom professor e ao mesmo tempo contemplar, em qualquer medida, seus alunos como potenciais parceiros sexuais.[34]

Mas isso não está claro para muitos professores, o que às vezes tem consequências pungentes. Outro amigo, quando era estudante de pós-graduação, ficou chocado ao saber que algumas de suas alunas estavam reclamando que ele olhava para as pernas delas quando usavam shorts ou saias nas aulas. Ninguém havia contado a esse estudante de pós-graduação o que poderia significar para ele, como homem, ensinar sob o patriarcado: que se apenas deixasse seu olhar ir para onde "naturalmente" iria, se deixasse suas conversas e interações com seus alunos seguirem como "naturalmente" deveriam, ele provavelmente deixaria de tratar suas alunas com a mesma igualdade de condições de seus alunos homens. Ninguém dissera a ele que, a menos que parasse de fazer o que lhe vinha "naturalmente", tinha grandes chances de acabar tratando as mulheres de sua classe não de forma plena, como estudantes, mas também como corpos a serem consumidos, prêmios a serem ganhos, fontes de atração emocional. Além do mais, ninguém lhe dissera que suas alunas, que haviam sido criadas em termos desiguais desde o início, poderiam muito bem concordar com isso. O resultado é que as jovens a quem ele ensinou ficaram desapontadas. Mas o mesmo aconteceu com esse aluno de pós-graduação, cujos próprios professores haviam falhado em ensiná-lo a ensinar.

Em 2019, Danielle Bradford processou a Universidade de Cambridge, onde havia se formado pouco antes, com base no Ato de Igualdade do Reino Unido, pelo tratamento indevido que a instituição deu às suas denúncias de assédio sexual persistente por um professor assistente. A universidade acatou a alegação de Bradford, mas a única medida que tomou foi insistir, primeiro, que o professor escrevesse a Bradford uma carta de desculpas e, segundo, que não tivesse mais contato com ela — condição que a universidade garantiu que seria cumprida em parte restringindo Bradford (não seu assediador) de entrar em alguns prédios do campus. O professor, entretanto, continuou a dar aulas para alunos de graduação. No Twitter, Bradford reclamou que a universidade não submeteu seu agressor a nenhum treinamento sobre como ensinar. O escritório de advocacia que cuida de seu caso é comandado por Ann Olivarius, uma das mulheres que, quando era estudante de graduação em Yale em 1977, processou a universidade por não ter lidado com denúncias de assédio sexual. Esse processo inaugurou uma nova era para a regulamentação do assédio sexual nos campi dos Estados Unidos. Mas a conversa sobre a ética sexual no ensino, naquela época, era, na melhor das hipóteses, incompleta. Será que o processo de Bradford vai fazer diferença?

Nesse aspecto, é notável o contraste entre o ensino universitário e os profissionais de psicoterapia. Aprender a antecipar e a negociar a dinâmica da transferência é central na formação de terapeutas e envolve uma ênfase na importância de não responder do mesmo modo aos desejos do paciente. A formação de professores universitários não envolve nada disso; nos Estados Unidos, ao menos, alunos de pós-graduação e professores assistentes recebem um breve treinamento pedagógico. Mas essa diferença na formação, a meu ver, não corresponde a nenhuma distinção fundamental de categoria entre a terapia e o ensino. Em ambos os casos, existe uma relação assimétrica de necessidade e confiança, pode-se esperar que surjam emoções intensas e o sexo prejudica os objetivos da prática. Não há nada obviamente distinto no ensino universitário que torne permissível o sexo professor-aluno, mas não o sexo terapeuta-paciente.

Seria a diferença uma função das contingências da história? Freud escreveu de maneira pensativa, mas inequívoca, sobre a ética sexual da psicanálise no início do século XX, estabelecendo princípios e normas para praticamente todas as escolas de psicoterapia que surgiram desde então. A pedagogia, no que diz respeito a esse tema, não teve o seu Freud. Platão, que talvez tenha chegado perto, é com facilidade mal interpretado.

Talvez não seja tarde demais. A tendência a uma maior regulamentação do sexo no campus cria uma oportunidade para os professores, como grupo, pensarem sobre os objetivos da prática pedagógica e as normas de conduta adequadas para alcançá-los. Os professores têm um forte incentivo para levar tudo isso a sério: se não se autorregularem, eles serão — já houve exemplos — regulados de cima, com todas as consequências decorrentes. É improvável que a regulamentação de cima para baixo leve em consideração as complexidades éticas e psíquicas do ensino; em vez disso, refletirá o desejo dos administradores de se resguardar e a tendência da lei de ver na sala de aula a estrutura do ambiente de trabalho. É impressionante que, quando a lei regula as relações terapeuta-paciente, quase sempre o faz nos termos aceitos pelos próprios terapeutas: isto é, de acordo com o que eles, como terapeutas, devem a seus pacientes, como pacientes. Como seria se os professores fizessem com que o setor administrativo e a lei não pensassem apenas em termos usuais de consentimento, coerção e conflito de interesses — mas de acordo com o que professores universitários, como professores, devem a seus alunos, como alunos? O que significaria para nós estabelecer uma ética sexual da pedagogia?

Imagine uma aluna que, apaixonada por seu professor, o persegue e, animada quando ele retribui suas atenções, faz sexo com ele, sai com ele, até que por fim percebe que ela era apenas a última de várias alunas, e que o affair entre eles demonstra menos o quão especial ela é do que o quão vaidoso ele é. O que acontece depois? Sentindo-se traída e envergonhada, ela não consegue mais assistir às aulas ou ficar no departamento dele (que é o departamento dela); passa a se preocupar com quais colegas dele (seus professores) sabem sobre o relacionamento e se podem usar isso contra ela; suspeita (com razão) que seu sucesso acadêmico será atribuído ao seu relacionamento com ele, embora na verdade todos os êxitos que ela venha a ter serão a despeito dele. Agora reconheça que essa é uma experiência pela qual passam muitas mulheres, e quase nenhum homem; e, além do mais, que isso não ocorre por causa de alguma divisão natural do trabalho sexual, mas por causa da ordem psicossexual à qual homens e mulheres são introduzidos, pela qual, de forma desproporcional, os homens são beneficiados e as mulheres são prejudicadas. Acho que está claro que nossa jovem imaginária não foi assediada sexualmente por seu professor. Mas, "com base no sexo", não foram negados a ela os benefícios da educação?

Embora as relações consensuais entre professor e aluna não se enquadrem na definição de assédio sexual, podem ser consideradas como discriminação sexual. Isso porque, muitas vezes, tais relacionamentos — de maneira previsível e grave — prejudicam a educação das mulheres.[35] E o fazem *com base no sexo*. No entendimento jurídico padrão da discriminação sexual, discriminar "com base no sexo" envolve tratar mulheres e homens de forma diferente. É evidente que o professor que só tem relações sexuais com alunas trata alunos homens e mulheres de forma diferente. O mesmo acontece com o professor homem que só tem relações sexuais com alunos do sexo masculino, ou com a professora que só tem relações sexuais com alunos do sexo masculino. A bissexualidade apresenta um problema para essa compreensão da discriminação sexual. (Não é discriminação sexual se um chefe agride tanto seus subordinados do sexo masculino quanto do sexo feminino?) Essa é uma das razões favoráveis a uma compreensão alternativa do que significa discriminar "com base no sexo". Para Catherine MacKinnon, Lin Farley e outras pioneiras feministas da teoria do assédio sexual, a essência da discriminação sexual não reside no tratamento diferente, mas no que reproduz a desigualdade. Veja o chefe que bate em sua secretária, uma mulher. O problema não é ele não bater também nos seus subordinados homens, mas que seus avanços sexuais indesejados, nas palavras de MacKinnon, "expressam e reforçam a desigualdade social entre mulheres e homens".[36]

O mesmo pode ser dito das relações consensuais entre professores e alunos? Talvez haja alguns professores homens que dormem com suas alunas, mas não se excitem com sua condição *de* alunas. Talvez. Ainda assim, devemos acreditar que a situação mais comum não é aquela em que o desejo heterossexual cotidiano é eroticamente ressaltado na dinâmica professor-aluno? Sei de uma mulher que, quando era estudante de graduação, começou um relacionamento com seu professor que continuou por muitos anos depois da faculdade. Quando ela por fim terminou com ele, explicou que "tem alguma coisa com um homem adulto que quer namorar uma caloura". Essa "coisa", suponho, era um investimento erótico na dominação de gênero.

Deixando de lado o que os relacionamentos professor--aluno expressam, é fácil dizer o que produzem. Com frequência, se não de maneira universal, eles prejudicam as mulheres a ponto de descarrilhar a educação delas. Isso é uma verdade óbvia no caso das mulheres que param de ir às aulas, que se convencem de que não foram feitas para a vida acadêmica, que abandonam a faculdade ou a pós-graduação. Mas também é verdade no caso de mulheres que permanecem, sentindo a sua capacidade intelectual diminuída, que passam a ficar desconfiadas quando outros professores homens demonstram interesse em seu trabalho, e preocupadas que, caso sejam bem-sucedidas, seus sucessos sejam atribuídos a outra pessoa ou outra coisa. Às vezes, muitas vezes, esses relacionamentos são desejados. Mas são menos discriminatórios por isso?

Estou sendo moralista? Há algo de provocativo no fascínio cultural pelo sexo professor-aluno, que deveria nos fazer suspeitar do impulso de regulá-lo.[37] A transgressão não serve de base para a regulamentação, em especial no que diz respeito ao sexo. Mas a discriminação, potencialmente, fornece as bases. O que importa é o efeito que o relacionamento professor--aluno tem na vida dos alunos — em geral, mulheres — envolvidos, bem como na vida e no êxito das mulheres como classe. No entanto, a verdade é que, sob o patriarcado, como sistema, as mulheres são sujeitas a discriminação "com base no sexo" aonde quer que elas vão, inclusive à universidade. Como poderia ser diferente? A questão para as feministas é quais formas de desigualdade devem ser tratadas com o uso da lei e quais são suscetíveis apenas às forças da mudança social.

O Título IX e as políticas de assédio sexual geradas por ele são instrumentos regulatórios que pretendem, ao menos em termos oficiais, tornar os campi universitários mais igualitários, equitativos e justos para as mulheres. Mas fizeram isso, em parte, tornando-os menos equitativos e justos em outros aspectos — um fato que muitas feministas detestam reconhecer. Às vezes, as vítimas dessa injustiça são mulheres. Em 1984, um ano após surgirem as primeiras políticas de relacionamento consensual nos campi dos Estados Unidos, os tribunais defenderam a penalização de uma estudante de pós-graduação, Kristine Naragon, da Universidade Estadual de Louisiana (LSU), na sigla em inglês, por manter um relacionamento amoroso com uma aluna caloura, de quem ela não era professora.[38] Na época, a LSU não proibia oficialmente essas relações, mas Naragon foi advertida após reclamações persistentes de pais dos alunos sobre o relacionamento lésbico. Nenhuma sanção foi aplicada a um professor, do mesmo departamento, que tinha um caso com uma aluna, cujas atividades acadêmicas ele era responsável por avaliar.

O Escritório de Direitos Civis, que administra o Título IX, não monitora estatísticas raciais de modo que se possa alegar violações nele. Os funcionários do Título IX no campus são encarregados de proteger os alunos da discriminação com base no sexo, mas não da discriminação com base em raça, sexualidade, status de imigração ou classe. Assim, sobre o Título IX, não interessa que os poucos estudantes negros da Universidade Colgate tenham sido, de forma desmedida, alvo de queixas de violação sexual; e, em termos legais, não há registros de onde mais isso poderia estar acontecendo.[39] Janet Halley, professora de direito em Harvard, passou anos documentando as recompensas secretas das políticas de assédio sexual do campus, incluindo acusações dirigidas de forma injusta a homens de minorias étnicas, imigrantes sem documentos e estudantes trans. "Como a esquerda pode se importar com essas pessoas quando o contexto é de encarceramento em massa, imigração ou transpositividade", ela pergunta, "e rejeitar fortemente as proteções da justiça para eles sob o Título IX?"[40]

Então, devemos indagar: reconhecer de forma legal os relacionamentos de professor e aluno como sexualmente discriminatórios — e, portanto, uma violação do Título IX — tornaria os campi mais justos para todas as mulheres, para as pessoas queer, para os imigrantes, para os que têm empregos precários, para as pessoas de minorias étnicas? Ou levaria a mais falhas no devido processo legal, injusto em si, mas duplamente injusto por visar, de forma desmedida, pessoas que já são marginalizadas? Será que isso, de forma inadvertida, fortaleceria os conservadores culturais, que estão interessados em controlar as mulheres sob o pretexto de protegê-las? Será que isso seria usado como um meio para reprimir a liberdade acadêmica?

Seria considerado, ainda que de maneira falsa, a maior reductio ad absurdum das políticas de assédio sexual no campus, um sinal claro, se é que era necessário algum, de que as feministas tinham perdido a cabeça?

A história da lei de assédio sexual é uma história da mobilização da lei a serviço da justiça de gênero. Mas é uma história que também aponta para os limites da lei. Onde exatamente estão esses limites — o ponto além do qual a lei, em vez de tentar orientar a cultura, deve esperar ansiosamente que ela mude — não é questão de princípio, mas de política.

Comecei a escrever uma versão deste ensaio em 2012, cinco anos após terminar meu curso de graduação em Yale e dois anos depois de a universidade implementar a proibição geral de sexo entre professores e alunos. Eu era, então, uma estudante de pós-graduação em filosofia, área disciplinar que tinha sua quantia injusta tanto de assédio sexual quanto de relacionamentos consensuais entre professores e alunos. Eu ficava impressionada na época, e fico ainda hoje, com o grau de limitação do pensamento dos filósofos sobre a questão do sexo ou do namoro de professores com alunos. Como é que pessoas acostumadas a enfrentar a ética da eugenia e da tortura (questões que você talvez achasse que eram mais óbvias) poderiam só dizer, sobre o sexo entre professores e alunos, que era aceitável se fosse consensual?

Muitos filósofos preferem ver a complexidade apenas onde lhes convém. A filosofia é uma disciplina dominada por homens, entre os quais muitos se sentem — ou historicamente se sentiram — impotentes diante das mulheres e trocam seu status profissional por sexo como forma de receber o que merecem. Lembro-me de uma vez ter lido, em um blog anônimo de filosofia, o comentário de um filósofo — não posso imaginar que tenha sido de uma mulher — que perguntava por que deveria haver alguma diferença entre um professor chamar uma aluna para fazer sexo ou para jogar tênis. De fato, por quê? "Quando você é mulher e filósofa", escreveu a filósofa francesa Michèle Le Dœuff, "é útil ser feminista para entender o que está acontecendo com você."[41]

Como estudante de pós-graduação, queria explicar aos homens da minha área de estudo, como tentei explicar aqui, que a falta de consentimento não é o único indicador de sexo problemático; que a prática consensual também pode ser sistemicamente nociva; que a relação pedagógica deve se dar com certas responsabilidades, além das que, como indivíduos, já devemos uns aos outros. Queria explicar a eles que, justamente porque a pedagogia é ou pode ser uma experiência carregada de erotismo, poderia ser danoso sexualizá-la. Queria explicar que se abster de fazer sexo com suas alunas não era o mesmo que tratá-las como crianças.

Agora que sou professora, confesso que não me atenho como antes a alguns desses argumentos. Não porque ache que são falsos — continuo achando que estão certos —, mas porque, de alguma maneira, não sinto mais que sejam necessários. Como professora, percebo que meus alunos de graduação e, em alguns casos, meus alunos de pós-graduação, apesar de toda a maturidade, inteligência e orientação própria que têm, ainda são, em larga medida, infantis. Não digo isso como afirmação sobre seu status legal, cognitivo ou moral. Eles são perfeitamente capazes de consentir e têm o direito de determinar o rumo de suas vidas, assim como eu tenho o direito de determinar o rumo da minha. Quero apenas dizer que meus alunos são muito jovens. Quando estava no lugar deles, não sabia o quanto eu era jovem e o quanto devo ter parecido jovem, mesmo para aqueles professores que foram gentis e me trataram como a intelectual madura que de forma equivocada eu pensava ser. Muitas pessoas da idade de meus alunos, a maioria das quais não está na universidade nem nunca estará, são adultos de uma forma que meus alunos simplesmente não são. A juventude deles tem muito a ver com o tipo de instituição em que lecionei, repleta de jovens que tiveram permissão, em virtude de sua classe e raça, de permanecer jovens, mesmo quando muitos de seus colegas precisaram crescer bem rápido.

A juventude de meus alunos, graduandos e pós-graduandos, também tem muito a ver com o caráter peculiar do espaço liminar em que eles, como alunos, vivem. Suas vidas são intensas, caóticas, emocionantes: abertas e em grande parte ainda sem forma. Às vezes é difícil não ter inveja deles. Alguns professores têm dificuldade de resistir ao impulso de tentar, e se assimilam aos seus alunos. Mas me parece óbvio — não como preceito moral genérico, mas no sentido específico do que é necessário nos momentos de confronto com nossos próprios eus anteriores, que são parte do significado de ensinar — que é preciso recuar, afastar-se e deixar que eles fiquem entre eles. Jane Tompkins, em *A Life in School* [Uma vida na escola] (1996), escreve: "A vida está bem na minha frente na sala de aula, no rosto e no corpo dos alunos. *Eles* são vida, e eu quero que compartilhemos nossa vida, façamos algo juntos enquanto o curso durar, e que isso seja suficiente".[42]

Em minha primeira semana como docente, participei de um jantar em meu departamento com professores e alunos de pós-graduação. Minha idade era mais próxima da dos alunos do que da maioria dos professores, e me lembro de me sentir relaxada e feliz na companhia deles. Depois do jantar, com vinho sobrando, todo mundo agitado, o chefe do departamento me disse que estava encerrando a noite. Olhando para a farra de dois alunos de pós-graduação sobre a mesa, ele riu: "Quando eles começam a sentar um em cima do outro, acho que é hora de ir para casa". Ele estava certo, e eu o segui, deixando meus alunos continuarem ali.[43]

Sexo, carceralismo, capitalismo

Um professor negro que conheço gosta de dizer a seus alunos que eles devem ter um plano do que fazer caso vençam. O que as feministas devem fazer se vencerem? A questão pode soar extravagantemente hipotética. Feministas não têm poder, alguns dirão; em vez disso, elas "falam a verdade ao poder", a partir de um lugar de relativa impotência. Exceto que algumas feministas, gostemos ou não, têm bastante poder. Isso é verdade, por exemplo, no caso de feministas que foram cruciais na formulação de diversas políticas: de assédio sexual em universidades e ambientes de trabalho, de prioridades das ONGs de atuação global e de tratamento de mulheres pelas legislações nacional e internacional. É verdade no caso de mulheres que se autoproclamam feministas e que se encaixaram nos sistemas de poder existentes, como líderes políticas e CEOs. É verdade para as feministas cujos objetivos convergem, mesmo que de forma involuntária, com os da direita política: por exemplo, as feministas antipornografia e antiprostituição das décadas de 1970 e 1980 e as feministas trans excludentes de hoje. E, cada vez mais, é verdade para as feministas que, pelas redes sociais, têm conseguido chamar a atenção do público para o comportamento de homens sexualmente abusivos. Sem dúvida, essas feministas poderosas são quase todas ricas, em geral brancas e de países ocidentais. Nesse sentido, o feminismo reproduziu as desigualdades do mundo dentro de sua própria organização. Mas o fato de que a maioria das mulheres — mulheres da classe trabalhadora e imigrantes dos países do Norte, mulheres pobres e negras ou de outras identidades minorizadas dos países do Sul — permanece relativamente desprovida de poder não é motivo para negar que algumas feministas exercem um poder considerável. O que elas devem fazer com esse poder?

Em setembro de 2019, o jornal *The Guardian* relatou o surgimento de "bordéis drive-thru" patrocinados pelo governo em Colônia, na Alemanha:

> Localizado na periferia da cidade, o resultado é uma espécie de drive-thru sexual. Os clientes dirigem por uma rua de mão única, em um espaço ao ar livre de cerca de 8 mil metros quadrados, onde profissionais do sexo podem oferecer seus serviços. Uma vez contratada, a profissional do sexo acompanha o cliente até uma vaga de estacionamento semiprivativa. Por medida de segurança, cada vaga permite que elas escapem com facilidade, se necessário — a vaga é projetada de forma que a porta do motorista não possa ser aberta, mas a da passageira sim —, e há um botão de emergência para pedir socorro. Assistentes sociais ficam no local e oferecem a elas um espaço para descanso, para se aquecerem e terem acesso a serviços.[1]

Karen Ingala Smith, CEO da nia, organização assistencial com sede em Londres, criada para "acabar com a violência contra mulheres e crianças", postou o artigo no Twitter com o comentário: "Para mim, as imagens desses bordéis drive-thru, que se parecem muito com estábulos ou postos de serviços, exemplificam a desumanização de mulheres prostituídas".[2] Making Herstory, outra organização assistencial britânica que trabalha pelo fim da violência contra mulheres, tuitou: "Tudo para salvaguardar o acesso fácil às vítimas de abuso, da miséria e do tráfico, certo?".[3] A foto que acompanha o artigo — um grande galpão de madeira, dividido em lotes do tamanho de um carro com divisórias de metal coloridas — é uma provocação à sensibilidade feminista. A semiótica da construção explicita sua função: o serviço sexual anônimo e rotineiro que homens obtêm de mulheres. Os botões de pânico e as rotas de fuga são um franco reconhecimento de que uma parte dos clientes será violenta. O imóvel representa tudo o que as feministas abominam no estado das relações entre homens e mulheres: uma evidência construída do domínio físico, sexual e econômico dos homens.

No entanto, se lermos a imagem de outra forma — não como símbolo do estado das relações entre homens e mulheres, mas como resposta pragmática a ele —, podemos perceber o impulso de tornar o mundo mais habitável para determinado grupo de mulheres. Uma vez que aceitamos que na atual conjuntura econômica muitas mulheres serão obrigadas a vender sexo, e que na atual conjuntura ideológica muitos homens irão comprá-lo, a questão mais importante que resta é: o que podemos fazer para fortalecê-las nessa barganha? Nicole Schulze, profissional do sexo em Colônia, disse ao *Guardian*: "Acho que todas as cidades deveriam ter um espaço seguro para as profissionais do sexo trabalharem e descansarem. Todas as cidades deveriam ter isso porque todas têm prostituição".

O debate feminista sobre o trabalho sexual muitas vezes envolve uma tensão entre esses dois níveis de análise: a força simbólica do trabalho sexual e sua realidade. No nível simbólico, a prostituição é vista como uma destilação da condição feminina sob o patriarcado. A prostituta é a figura perfeita do status subordinado da mulher, assim como seu cliente é a figura perfeita da dominação masculina. A transação sexual entre eles, definida pela desigualdade e frequentemente acompanhada de violência, representa as relações sexuais entre mulheres e homens de maneira mais geral. Dessa forma, clama-se para que a prostituta seja salva, o cliente seja punido e o sexo transacional entre eles seja interrompido — para o bem de todas as mulheres.

Feministas antiprostituição se propõem a responder a esse apelo por meio da criminalização do trabalho sexual: tornando ilegal a compra de sexo, e às vezes também a venda. Mas a criminalização do trabalho sexual, no cômputo geral, não ajuda as trabalhadoras do sexo, muito menos as "salva". Na verdade, como as profissionais do sexo há tempos nos dizem, sabemos que as restrições legais ao trabalho sexual tornam a vida delas mais difícil, perigosa, violenta e precária.[4] Quando a prostituição é criminalizada, como na maior parte dos Estados Unidos, as profissionais do sexo são estupradas por clientes e pela polícia, impunemente. Quando a prostituição é parcialmente legalizada, como no Reino Unido, mulheres que trabalham juntas por segurança são presas por "manter bordéis" e — se forem imigrantes — são deportadas. Quando a prostituição é legalizada, mas fortemente regulamentada pelo Estado, como na Alemanha e na Holanda, os gerentes e donos de bordéis, que são homens, enriquecem, enquanto as mulheres que não conseguem cumprir os requisitos para ter a licença se juntam a uma classe criminosa obscura, suscetível ao tráfico e à prostituição forçada. Quando comprar sexo é ilegal, mas vender não é, como no "modelo nórdico", os clientes exigem mais privacidade para suas transações com profissionais do sexo, forçando as mulheres a correrem riscos maiores para ganhar a mesma quantia de dinheiro.[5] Em nenhum desses regimes de criminalização, as profissionais do sexo, como classe, ficam em uma situação melhor.

Não estou sugerindo que as feministas antiprostituição — Catharine MacKinnon, Andrea Dworkin, Susan Brownmiller, Kathleen Barry, Julie Bindel, Sheila Jeffreys — pensem que estão se engajando em uma política simbólica. Longe disso: a maioria delas é plenamente consciente e mobilizada pela dura realidade de grande parte do trabalho sexual. (Digo "a maioria" das feministas antiprostituição porque algumas são, como elas mesmas admitem, indiferentes ao bem-estar das profissionais do sexo; Julie Burchill, por exemplo, disse que quando "a guerra do sexo for vencida, as prostitutas devem ser fuziladas como colaboradoras, por sua terrível traição a todas as mulheres".[6]) Ao mesmo tempo, as profissionais do sexo insistem que os esforços contra a prostituição tornam a vida delas pior, não melhor. O que devemos fazer com isso?

Que investimento afetivo as feministas antiprostituição fazem na criminalização do trabalho sexual, de modo que sua preocupação genuína com as profissionais do sexo termine, paradoxalmente, em uma recusa em ouvir o que elas têm a dizer? Quando Molly Smith e Juno Mac começaram a escrever *Revolting Prostitutes* [Prostitutas rebeldes] (2018), uma defesa formidável dos direitos das profissionais do sexo, elas formaram um grupo de leitura com outras profissionais do sexo sobre a história dos escritos antiprostituição, produzidos em grande parte por feministas. Escrevem:

Para mulheres feministas, a figura da prostituta muitas vezes representa o trauma infligido a todas as mulheres dentro do patriarcado — é o símbolo máximo da dor das mulheres, da violência que elas sofrem. O cliente, por sua vez, se torna o símbolo de todos os homens violentos: ele é o avatar da violência absoluta contra as mulheres, o predador arquetípico. Simpatizamos profundamente com essa perspectiva. Nossa vida também foi moldada pela violência de gênero, e entendemos o impulso político de punir o homem que passou a simbolizar esse trauma [...]. E, é claro, os defensores do modelo nórdico estão certos em identificar a prostituição como uma transação profundamente desigual — marcada pelo patriarcado, bem como pela supremacia branca, pela pobreza e pelo colonialismo. Intuitivamente, parece correto criminalizar os homens que *são*, em muitos aspectos, as encarnações vivas dessas diferenças imensas de poder.[7]

Para Smith e Mac, o desejo de punir os homens que compram sexo — como indivíduos, mas também como dublês de todos os homens violentos — é o que explica as contradições de um feminismo que contribui para piorar a vida das profissionais do sexo. Smith e Mac entendem esse desejo. Elas não negam que os clientes são "em muitos aspectos" símbolos apropriados do patriarcado. Mas insistem que é preciso fazer uma escolha entre satisfazer o desejo de punir os homens e empoderar as mulheres que vendem sexo para viver. Dizendo de outra forma, as satisfações psíquicas, e talvez morais, de punir os homens só podem ser obtidas às custas das mulheres — e muitas vezes das mulheres cujas vidas são mais precárias. As feministas antiprostituição, que em geral não são profissionais do sexo, mantêm a fantasia de que não há escolha a ser feita aqui: de que há uma convergência satisfatória entre a punição dos homens que se permitem esse direito patriarcal e o bem-estar das mulheres que vivem nas piores condições. Mas, desse modo, elas esquecem o aviso de Max Weber de que fazer política é estar "se comprometendo com potências diabólicas que agem com toda violência".[8] Para as próprias profissionais do sexo, a escolha entre o castigo dos homens e sua própria sobrevivência é muito clara.

A questão simbólica, é evidente, tem importância: o patriarcado se estabelece no nível dos discursos e dos signos, não apenas dos corpos. Mas as demandas do simbólico podem entrar em tensão com as demandas das mulheres reais, que precisam pagar suas contas, alimentar seus filhos, e às vezes são agredidas pelos homens a quem vendem sexo. Quando essas mulheres forem agredidas, elas terão algum recurso — ou ficarão presas em um espaço fechado com um homem violento, um sacrifício silencioso em uma guerra de símbolos?

Talvez eu esteja simplificando demais. É inegável, a meu ver, que as feministas antiprostituição estão simbolicamente engajadas na punição de homens que acreditam ter direito ao sexo e que isso as impede de admitir que há uma escolha entre punir homens que compram sexo e melhorar a situação das mulheres que o vendem. Mas essas feministas podem argumentar que estão respondendo a outra escolha, igualmente legítima, ignorada por defensores dos direitos das profissionais do sexo: a escolha entre melhorar a vida das mulheres que atualmente vendem sexo e criar um mundo em que o sexo não seja mais comprado e vendido. Alguns anos atrás, ativistas francesas contra a prostituição fizeram uma campanha bem-sucedida para implementar uma lei que pune a compra de sexo. Questionada se a criminalização dos clientes tornaria as prostitutas mais vulneráveis, uma das ativistas afirmou: "É claro que sim! Não tenho medo de dizer isso. Mas pense na abolição da escravatura, que também dificultou a vida de pessoas que antes eram escravizadas. Precisamos pensar no futuro!".[9]

Ao se autodenominarem "abolicionistas", as feministas antiprostituição optam por invocar a campanha histórica contra a escravidão. As profissionais do sexo se opõem não apenas à assimilação do trabalho sexual à condição de escravidão, mas também à ideia de que proibir o trabalho sexual, assim como proibir a escravidão, é de fato um passo para sua erradicação. Na prática, a criminalização — parcial ou total — do trabalho sexual nunca acabou com a prostituição. O trabalho sexual tem prosperado sob todos os regimes legais; o que varia são as condições sob as quais o sexo é comprado e vendido e, em particular, se os clientes e as profissionais estão sujeitos ao poder coercitivo do Estado. Enquanto mulheres precisarem de dinheiro para pagar suas contas e dar de comer aos seus filhos, enquanto o trabalho sexual for melhor do que as alternativas disponíveis, e enquanto a subordinação das mulheres for erotizada, haverá prostituição. Criminalizar o trabalho sexual é, nesse sentido, efetuar uma abolição simbólica: elimina a prostituição na lei, mas não na realidade. Em 2018, um tribunal na Espanha anulou os estatutos de um sindicato de profissionais do sexo, sob intensa pressão das feministas antiprostituição, que alegavam que trabalho sexual não é trabalho. A decisão não se aplica às mulheres que trabalham em "clubes de cavalheiros" — isto é, bordéis, quase sempre administrados por homens. As profissionais do sexo espanholas que desejam trabalhar para si mesmas, e não para homens, não gozam de proteção trabalhista, não podem receber pensão do Estado ou previdência social e são rotineiramente multadas pela polícia, com base em leis obscuras de segurança pública. Agora elas não podem se sindicalizar. O lema das feministas espanholas antiprostituição que lideraram a campanha é #SoyAbolicionista. Mas o que exatamente elas aboliram?*

Há um paralelo notável nessa dialética — entre quem está investindo em uma abolição simbólica do trabalho sexual e quem trabalha para melhorar de imediato a vida das profissionais do sexo —, no debate de um tema com o qual as profissionais do sexo e a maioria das feministas antiprostituição concordam firmemente: o aborto. Há muito as feministas tentam

---

* Em junho de 2021, após a escrita deste livro, as profissionais do sexo na Espanha ganharam na justiça o direito de ter um sindicato. Mais informações em: <https://elpais.com/sociedad/2021-06-02/el-supremo-reconoce-el-derecho-de-las-prostitutas-por-cuenta-propia-a-formar-sindicatos.html>. Acesso em: 30 ago. 2021. [N. T.]

explicar aos opositores do aborto que criminalizá-lo não reduz o número de intervenções realizadas, mas aumenta o número de mulheres que morrem em decorrência disso.[10] Um movimento real para abolir o aborto sem dúvida envolveria investimento maciço em educação sexual (não baseada na abstinência); contracepção eficaz, segura e disponível gratuitamente; licença parental garantida pelo Estado; assistência geral às crianças e assistência médica para as mães. Claro, algumas pessoas contra o aborto querem mesmo que mulheres que desejam abortar morram; o ex-jornalista do *Atlantic*, Kevin Williamson, comentou que "acharia adequado tratá-lo como qualquer outro crime, sendo punido, inclusive, com enforcamento".[11] Mas se levarmos ao pé da letra a maioria das pessoas que se opõem ao aborto, elas não estão preocupadas com o castigo das mulheres, mas com a proteção dos nascituros. Não importa o que se pense sobre a ideia de que os "não nascidos" representam uma classe que precisa de proteção, é bastante evidente que a criminalização do aborto não serve para esse fim. Se for assim, podemos dizer que os manifestantes antiaborto também estão engajados em uma política simbólica cujo objetivo, embora inconsciente, não é exatamente acabar com o aborto, mas sim denunciá-lo na lei.

A descriminalização do trabalho sexual seria melhor? Não para melhorar as condições de vida das profissionais do sexo hoje — neste ponto, a questão da descriminalização é clara —, mas para conseguir a abolição imediata do trabalho sexual? No entanto, em países onde a prostituição foi descriminalizada, o tamanho dessa indústria não diminuiu muito, mesmo que as condições de trabalho das profissionais tenham melhorado.[12]

Smith e Mac argumentam que o título de "abolicionista" pertence, de maneira apropriada, às proponentes da descriminalização porque é apenas através do reconhecimento político das profissionais do sexo como trabalhadoras — que precisam de proteção legal, e não de censura ou salvação — que elas terão o poder de recusar o sexo que não quiserem fazer.[13] Smith e Mac invocam a feminista marxista Silvia Federici, que afirmou, no contexto da campanha Wages for Housework [Salários pelo trabalho doméstico], iniciada no começo dos anos 1970 por Selma James e Mariarosa Dalla Costa, que chamar algo de "trabalho" era o primeiro passo para se recusar a realizá-lo.[14] Federici argumentou que, ao forçar o reconhecimento de que o trabalho reprodutivo não remunerado das mulheres é uma precondição necessária à produção capitalista, o salário pelo trabalho doméstico permitiria a elas *recusar esse trabalho como uma expressão de nossa natureza* e, portanto, recusar precisamente o papel feminino que o capital inventou para nós".[15] A demanda por salários rompe a ilusão de que o trabalho doméstico é tarefa natural das mulheres — uma expressão de sua feminilidade inata — e, ao fazê-lo, "força o capital a reestruturar as relações sociais em termos mais favoráveis para nós e, consequentemente, mais favoráveis à unidade da classe [trabalhadora]".[16] Em *Mulheres, raça e classe* (1981), Angela Davis rebateu Federici e outras feministas do movimento Wages for Housework, argumentando que o salário pelo trabalho doméstico poderia melhorar de forma marginal a vida das mulheres da classe trabalhadora, mas à custa de consolidar ainda mais seu papel de trabalhadora doméstica.[17] "Faxineiras, empregadas domésticas, arrumadeiras", Davis escreveu, "são essas as mulheres que sabem melhor do que ninguém o que significa ser remunerada pelas tarefas domésticas."[18] Segundo Davis, os salários pelo trabalho doméstico não melhorariam a posição social das mulheres da classe trabalhadora nem lhes ofereceria "libertação psicológica".[19] Em vez disso, acabariam por "legitimar ainda mais essa escravidão doméstica".[20] O salário pelo trabalho doméstico, Davis pergunta, poderia mesmo ser "uma estratégia concreta para a libertação feminina?"[21]

O debate entre Federici e Davis, visto por uma lente política mais ampla, diz respeito a quais demandas são revolucionárias e quais são meramente reformistas — isto é, quais estabelecem as bases para a destruição de um sistema de dominação e quais apenas garantem o controle desse sistema, aliviando seus sintomas mais flagrantes. Federici vê o salário pelo trabalho doméstico como uma demanda revolucionária porque, segundo ela, fortaleceria as mulheres em sua luta contra o capitalismo e o sexismo, dando-lhes assim mais controle coletivo sobre os processos de produção e reprodução social. É uma demanda, diz ela, não só por uma "coisa" (dinheiro), mas, além disso, pelo poder de refazer as relações sociais. Aqui, Federici alude a André Gorz, que escreveu em seu ensaio "Reforma e revolução" (1967) que, para o reformista, "que aposta na ação reformadora, são apenas 'coisas' — salários, amenidades públicas, pensões etc. — que o Estado deve, de cima, dispensar aos indivíduos mantidos em sua dispersão e impotentes em relação ao processo de produção". Em contraste, para os socialistas revolucionários, "cada melhoria parcial, cada reforma exigida deve ser articulada em um projeto geral com o objetivo de produzir uma mudança global".[22] Davis, em concordância com Gorz, pensa que a campanha Wages for Housework é essencialmente, e apenas, reformista: ao tornar a vida opressiva da dona de casa um pouquinho mais suportável, diz ela, pagar-lhe um salário reforçaria tanto o sexismo quanto o capitalismo. A demanda verdadeiramente revolucionária, na visão de Davis, seria pela "*abolição* das tarefas domésticas enquanto responsabilidade privada e individual das mulheres": isto é, a socialização dos cuidados com os filhos, a cozinha, a limpeza.[23]

Há uma dialética análoga no debate sobre o trabalho sexual. Tanto as feministas antiprostituição quanto as pró-descriminalização afirmam ter como objetivo derrubar o sistema que produz o trabalho sexual: daí a disputa sobre qual dos lados tem o direito de se autodenominar "abolicionista". Defensoras da descriminalização, como Smith e Mac, alegam que fortalecer a força de trabalho das profissionais do sexo não só tornaria suas vidas mais suportáveis, como lhes daria mais poder para exigir uma reestruturação das relações econômicas e sociais, de modo que não precisassem mais vender sexo para viver. A partir desse ponto de vista, a política delas é revolucionária. No entanto, na visão das feministas antiprostituição, a descriminalização é, na melhor das hipóteses, uma medida reformista, que melhora ligeiramente a vida das profissionais do sexo, ao mesmo tempo que reforça o patriarcado e a mercantilização neoliberal do sexo.

Quem está certa? Para ser honesta, é difícil saber. Como escreve Gorz, "qualquer reforma [...] pode ser esvaziada de seu significado revolucionário e reabsorvida pelo capitalismo".[24] Talvez a descriminalização do trabalho sexual pudesse, a longo prazo, apesar das intenções de seus defensores radicais, estabilizar o lugar do trabalho sexual nas sociedades capitalistas. E talvez, ao transformar profissionais do sexo em trabalhadoras como quaisquer outras, a descriminalização pudesse corromper em vez de fortalecer seu potencial insurrecional.[25] Talvez. Enquanto isso, não há muitas razões para pensar que mandar profissionais do sexo e seus clientes para a prisão acabará levando ao fim do trabalho sexual. (Com certeza isso ainda não aconteceu.) Existem, porém, todas as razões para pensar que a descriminalização torna a vida das mulheres que vendem sexo melhor. Nessa perspectiva, escolher a criminalização é optar pela miserabilidade das mulheres reais como uma pretensa forma de libertação imaginária de todas as mulheres. É uma escolha que, no fundo da lógica do feminismo antiprostituição, mais uma vez revela um investimento na política simbólica.

Mas suponhamos, a título de argumentação, que fosse possível ter certeza de que seria preciso fazer uma escolha trágica entre melhorar as condições para as mulheres que vendem sexo atualmente e antecipar um futuro em que não haverá prostituição. Se, como feministas, de fato soubéssemos disso, como agiríamos? O coletivo Combahee River, grupo de feministas lésbicas negras, explicou sua metodologia política em seu manifesto de 1977, que diz:

> Em nossas práticas políticas, não acreditamos que o fim sempre justifica os meios. Para atingir objetivos políticos "corretos", usam-se muitas ações reacionárias e destrutivas. Como feministas, não queremos maltratar pessoas em nome da política.[26]

Este princípio básico — de não "maltratar" as pessoas para alcançar fins políticos — implica que qualquer escolha entre melhorar a vida das pessoas hoje e aguentar o tranco em prol de um futuro melhor deve ser favorável à primeira opção. Muitas, talvez a maioria, das feministas antiprostituição simplesmente negam que estão diante dessa escolha — insistindo, incrivelmente, que criminalizar o trabalho sexual pode garantir a sua abolição e ao mesmo tempo ajudar as profissionais do sexo. Mas algumas feministas antiprostituição sem dúvida acham que há uma escolha a ser feita e se dispõem a admitir a miséria das profissionais do sexo, se isso representar a satisfação psíquica de punir os homens, o apagamento simbólico da prostituição na lei e o aceleramento, ou assim elas imaginam, de um mundo sem patriarcado. Essas feministas podem não querer acertar nas prostitutas, mas nos colaboradores do patriarcado. Porém, de uma forma ou de outra, ficam felizes ao maltratá-las.

Em 2007, a socióloga Elizabeth Bernstein cunhou o termo "feminismo carcerário" para descrever uma política que confia no poder coercitivo do Estado — polícia, varas criminais, prisões — para obter justiça de gênero.[27] Nos últimos cinquenta anos, respostas carcerárias para a prostituição, a violência doméstica e o estupro se tornaram cada vez mais aceitas pelo senso comum na maioria dos países. O problema, como mostra o caso particular do trabalho sexual, é que as "soluções" carcerárias tendem a piorar as coisas para as mulheres que já estão numa situação ruim. Isso ocorre porque o feminismo carcerário convida ao exercício do poder coercitivo do Estado contra as mulheres que mais sofrem com a violência de gênero — mulheres pobres, imigrantes, de minorias étnicas, de casta inferior —, bem como contra os homens com quem suas vidas estão fatalmente entrelaçadas. Ao mesmo tempo, a abordagem carcerária não consegue enfrentar as realidades sociais — pobreza, racismo, casta — que estão na raiz da maioria dos crimes e que tornam certos grupos de mulheres particularmente suscetíveis à violência de gênero.

Em 2006, o Brasil aprovou a Lei Maria da Penha, que leva o nome de uma mulher que sobreviveu a repetidos espancamentos e duas tentativas de assassinato por parte do marido, ficando paraplégica após uma delas. Demorou vinte anos até Maria da Penha conseguir que o marido fosse levado a julgamento e condenado por um tribunal brasileiro. A nova lei, aprovada em grande parte devido aos esforços de campanha de organizações feministas, estabeleceu sentenças de prisão compulsória para agressores que praticavam violência doméstica e tribunais especiais para o julgamento desses casos. Alguns acadêmicos brasileiros apontaram que a Lei Maria da Penha resultou em uma queda nas denúncias de violência doméstica. Não porque a nova lei tenha diminuído a incidência de violência doméstica. Isso aconteceu porque mulheres brasileiras pobres, que são as que mais sofrem com a violência doméstica, sentem que não podem mais pedir ajuda à polícia: elas temem que seus parceiros sejam presos em condições tenebrosas e se preocupam com sua capacidade de manter a casa sozinhas, sem suporte econômico do Estado.[28]

A partir da década de 1980, feministas americanas fizeram campanhas bem-sucedidas para que os governos estaduais adotassem políticas de "prisão compulsória", que exigem que a polícia prenda sempre que atender a denúncias de violência doméstica. Como previram muitas feministas negras e latino--americanas, essas políticas aumentaram a incidência de violência doméstica contra mulheres de minorias étnicas.[29] Muitos estudos mostraram que a violência retaliatória após a prisão está relacionada à pobreza, ao desemprego e ao uso de drogas e álcool — fatores que afetam sobretudo as comunidades negras e latinas.[30] Um estudo feito em Milwaukee, em 1992, descobriu que a política de prisão compulsória reduziu o índice de violência perpetrada por homens brancos empregados, enquanto aumentou o índice de violência perpetrada por homens negros desempregados: "Se negros são presos três vezes mais do que brancos em uma cidade como Milwaukee, o que é um arredondamento justo, então uma política geral de prisões compulsórias evita 2504 atos de violência realizados principalmente contra mulheres brancas à custa de 5409 atos de violência realizados principalmente contra mulheres negras".[31] De fato, no mundo inteiro, o desemprego masculino está relacionado com a violência doméstica contra as mulheres.[32] Mas as mulheres pobres vítimas de abuso não podem, via de regra, recorrer ao Estado para empregar seus maridos ou para receber o dinheiro de que precisariam para poder deixá-los. Em vez disso, só podem pedir que seus maridos sejam presos, o que, como é compreensível, muitas relutam em fazer. Quando essas mulheres pedem ajuda ao Estado carcerário, às vezes elas mesmas são diretamente punidas. De acordo com as políticas de prisão compulsória e de "dupla prisão" nos Estados Unidos, as mulheres de minorias étnicas — em vez de, ou além de, seus agressores — muitas vezes acabam presas.[33]

Em 1984, bell hooks escreveu sobre a tendência do movimento de libertação das mulheres em focar apenas no que se considera que as mulheres têm em comum:

> Embora a busca por unidade e empatia refletida na noção de opressão comum estivesse orientada à construção de laços de solidariedade, slogans do tipo "organize-se para combater sua própria opressão" permitiram que muitas mulheres privilegiadas encontrassem um motivo para ignorar as diferenças entre seu status social e o status da maioria da população feminina. Se as mulheres brancas de classe média puderam fazer de seus interesses o foco principal do movimento feminista, empregando uma retórica que tornava sua condição sinônimo de opressão, isso ocorreu graças a seus privilégios de raça e classe.[34]

Aparentemente, a noção de "opressão comum" contém uma promessa de solidariedade universal entre as mulheres. A mulher rica e a mulher pobre, a cidadã e a refugiada, a mulher branca e a mulher negra, a mulher de casta alta e a mulher dalit: todas são oprimidas com base no seu sexo, e esta será a base de sua aliança empática e estratégica. Mas precisamente as formas de dor que não são comuns a todas as mulheres — contra as quais algumas são blindadas, em virtude de sua riqueza, raça, casta ou de suas condições de cidadania — são as mais dolorosas para quem as sofre. Um feminismo que trata apenas da opressão sexual buscará estratégias que são de pouca utilidade para mulheres cujo sexo é apenas uma das causas de seus apuros políticos. Fazer da opressão comum o seu grito de guerra, aponta bell hooks, não significa apenas ignorar, mas garantir a opressão das mulheres que vivem em condições mais difíceis.

Abordagens carcerárias à justiça de gênero tendem a pressupor um sujeito que é um caso "puro" de "opressão comum" da mulher, sem complicações de fatores como classe e raça. A crença de que uma profissional do sexo será acudida pela criminalização de seu comércio é baseada no pressuposto de que há outras opções disponíveis para ela — que a prostituição é o seu problema fundamental, e não, por exemplo, a pobreza ou a lei de imigração. Da mesma forma, a crença de que o encarceramento é a maneira correta de lidar com a violência doméstica não leva em conta as mulheres cujos destinos estão atados aos seus agressores: mulheres que dependem financeiramente dos homens que as espancam e que sabem o que está em risco quando policiais, tribunais e prisões se ocupam dos homens de suas comunidades.

A abordagem carcerária também negligencia mais de meio milhão de mulheres em todo o mundo que estão encarceradas — e, na prisão, sujeitas a abusos sexuais, violência, humilhação, esterilização forçada e à perda dos seus filhos. Nos Estados Unidos, que têm 30% das mulheres encarceradas do mundo (em comparação, a China tem 15% e a Rússia, 7,5%), a taxa de encarceramento de mulheres cresceu duas vezes mais que a de homens nas últimas décadas.[35] A pobreza desproporcional das mulheres indica que elas têm menos possibilidade de pagar a fiança e escapar da prisão preventiva, aumentando assim o número de crianças que são separadas de suas cuidadoras: 80% das mulheres presas nos Estados Unidos são mães.[36] Na Tailândia, o único país onde a taxa de encarceramento feminino rivaliza com a estadunidense, 80% das mulheres são presas por crimes não violentos, relacionados a drogas.[37] Em Yarl's Wood, um centro de detenção de imigrantes no Reino Unido, onde as mulheres podem ser mantidas indefinidamente, um grupo de detidas em greve de fome foi alertado pelo Ministério do Interior de que o protesto poderia acelerar a deportação delas.[38] A grande maioria das mulheres encarceradas em todo o mundo é pobre, tem baixa escolaridade e tem antecedentes que envolvem violência. O fato de muitas feministas célebres terem pouco a dizer a essas mulheres não surpreende, pois elas próprias estão comprometidas no sistema carcerário.

Quando feministas acolhem soluções carcerárias — policiais na rua, homens mandados para a prisão —, encobrem a recusa da classe governante em atacar as causas mais profundas da maioria dos crimes: pobreza, dominação racial, fronteiras, casta.[39] Essas são também as causas mais severas da desigualdade das mulheres, no sentido de que essas forças e seus corolários — falta de moradia, assistência médica, educação, creches, empregos decentes — são os responsáveis pela maior parte da miséria feminina. Em termos globais, a maioria das mulheres é pobre e a maioria das pessoas pobres é mulher. É por isso que o feminismo entendido como a luta contra a "opressão comum" se desvencilha do feminismo que luta pela igualdade e pela dignidade de todas as mulheres. Um feminismo focado na opressão comum das mulheres deixa as forças que mais colocam a maioria das mulheres na miséria intocadas, em vez de buscar que a igualdade de gênero ingresse nas estruturas de desigualdade existentes.

A virada para o carceralismo é parte de uma mudança mais ampla de ênfase dentro do feminismo desde a década de 1970, que se afasta da transformação da vida socioeconômica para garantir a igualdade das mulheres nas estruturas preexistentes do capitalismo. Como apontou Susan Watkins na *New Left Review* em 2018, as mulheres liberacionistas radicais do mundo anglófono, do fim dos anos 1960 e dos anos 1970, assim como suas contemporâneas na Europa social-democrata e no Terceiro Mundo descolonizado, estavam interessadas em transformar a ordem social que produziu não só a desigualdade de gênero, mas também desigualdades baseadas em raça e classe.[40] Elas demandavam creches, assistência médica e educação para as crianças; o direito à autodeterminação reprodutiva e o fim da família nuclear heteronormativa; redistribuição de riquezas, direitos sindicais, salários para o trabalho doméstico e a propriedade democrática dos meios de produção. Em 1974, as Feministas Radicais de Nova York publicaram *Rape: The First Sourcebook for Women* [Estupro: O primeiro livro de referências para mulheres], onde escreveram: "Deve ficar claro que o estupro não é uma questão de ordem pública. As mulheres não estão exigindo a castração nem a pena de morte [...]. Não queremos tornar as leis de estupro mais punitivas".[41] Elas disseram que o estupro só poderia ser eliminado por meio de "uma transformação da família, do sistema econômico e da psicologia dos homens e das mulheres para que a exploração sexual" se tornasse "inimaginável". Para elas, o estupro "não é uma questão reformista, mas revolucionária".[42]

Porém nos Estados Unidos, essas demandas transformadoras logo deram lugar ao que Watkins chama de paradigma da "antidiscriminação", segundo o qual o verdadeiro problema das mulheres era a falta de igualdade de condições com os homens na força de trabalho — "atrair mulheres", como afirmava a Organização Nacional de Mulheres (NOW, na sigla em inglês), de Betty Friedan, "para que participem plenamente das tendências dominantes na sociedade americana".[43] Esse tipo de feminismo era, e continua sendo, satisfatório para as mulheres que já se beneficiavam do capitalismo americano: ricas, em sua maioria brancas, agora libertadas do tédio do trabalho doméstico para se tornarem médicas, advogadas, banqueiras e acadêmicas. Também foi satisfatório, como Watkins observa, para a direita americana, que viu no paradigma antidiscriminação uma solução para o chamado "problema do negro" — o espetáculo público de um povo miserável clamando por igualdade racial e econômica. O "problema", na perspectiva da direita, não era como alcançar essa igualdade, mas como evitar um constrangimento internacional ao longo de sua luta contra o comunismo e a insurreição anticolonial.[44] Ao garantir o acesso de alguns homens e mulheres negros à classe média profissional, o governo Nixon começou a dividir a população negra. Haveria uma classe, nas palavras de Nixon, de "capitalistas negros", e uma segunda vasta subclasse negra, a ser disciplinada nas décadas seguintes por meio de uma série de "guerras" — contra as drogas, o crime, as *welfare queens*. (Essas guerras, assim como a "guerra contra o terrorismo" adiante, também foram travadas contra os imigrantes, responsabilizados pela pobreza branca.) A estratégia foi explicitamente prisional e ajudou os Estados Unidos a alcançar a maior população carcerária no mundo.[45] Ao mesmo tempo, a busca do feminismo "antidiscriminação", a partir de meados da década de 1970, revelou a divisão entre uma classe recém-empoderada de mulheres profissionais majoritariamente brancas e uma classe de mulheres pobres, em sua maioria imigrantes e não brancas, que assumiram as tarefas de cuidar dos filhos e limpar a casa.[46]

As feministas dos primeiros movimentos pela libertação das mulheres nos Estados Unidos, assim como na Europa e no Terceiro Mundo, não tinham, de modo geral, olhado para o aparato coercitivo do Estado em busca de uma solução para a violência de gênero. Céticas em relação ao poder do Estado, elas criaram e administraram seus próprios centros de apoio às vítimas de estupro, abrigos para vítimas de violência doméstica e suas próprias redes para viabilizar o aborto.[47] Mas, antes dos anos 1980, as feministas mais influentes haviam abraçado totalmente a "ordem pública" como forma de lidar com a violência doméstica, a prostituição, a pornografia e o estupro. Por que essa mudança? Em parte, foi reflexo de alterações mais amplas nos Estados Unidos nessa época: o aumento da preocupação com crimes violentos[48] junto com a adoção de uma ideologia individualista que insinuava que o crime era um fracasso pessoal, e não uma patologia social. Em 1984, Ronald Reagan reclamou que os liberais venderam aos americanos a mentira de que qualquer "delito individual [...] era sempre causado por falta de bens materiais, desamparo educacional ou condições socioeconômicas ruins". "Não surpreende", Reagan falou, "que uma nova classe privilegiada tenha emergido [...] dos criminosos de carreira e reincidentes que pensavam ter o direito de tornar seus concidadãos vítimas da impunidade."[49] Em 1989, Donald Trump, à época um playboy nova-iorquino e magnata do mercado imobiliário, publicou anúncios de página inteira em quatro jornais da cidade, entre eles o *New York Times*, pedindo a execução de cinco adolescentes, quatro negros e um latino-americano, acusados falsamente de estuprar uma mulher no Central Park. (Esses anúncios, característicos do Trump, por sua celebração bombástica e orgíaca da violência do Estado, também servem como um lembrete de que a política de Trump foi formada no contexto da história mais geral das práticas carcerárias americanas.)

A virada carcerária do feminismo estava de acordo, ainda, com a mudança de condições materiais e ideológicas dos Estados Unidos no pós-guerra.[50] Mas, nessa época, as feministas americanas também facilitaram de modo ativo o crescimento do Estado carcerário, quer fosse ou não a intenção delas.[51] Buscando ampla legitimidade e acesso a financiamentos, algumas feministas se tornaram especialistas em "antiviolência" — conselheiras, defensoras de vítimas, administradoras de projetos —, que, como diz Beth Richie, começaram a funcionar como apologistas do sistema, em vez de agentes de transformação.[52] Ao mesmo tempo, as advogadas feministas abriram caminho para a redefinição da violência de gênero como um problema legal e de aplicação da lei.[53] Em 1976, foi discutido em uma ação coletiva, *Bruno vs. Codd*, que mulheres espancadas tinham direito à intervenção policial. Dois anos depois, feministas participaram das audiências da Comissão Federal de Direitos Civis sobre "abusos contra esposas", que lançaram as bases para iniciativas governamentais de combate ao espancamento, incluindo pedidos de prisão compulsória. Na década de 1980, feministas cooperaram com os republicanos para introduzir a legislação civil contra pornógrafos;[54] participaram da disseminação do pânico moral sobre abuso sexual infantil, que acabou enviando para a prisão funcionárias inocentes de creches;[55] apoiaram a criação de registros de agressores sexuais, incluindo menores de idade;[56] e lançaram uma campanha pela "abolição" da prostituição e do tráfico sexual por meio da criminalização intensificada.[57] Em 1994, Bill Clinton sancionou a Lei da Violência Contra a Mulher, ou VAWA, na sigla em inglês (o projeto foi copatrocinado pelo senador Joe Biden), que forneceu 1,6 bilhão de dólares para a investigação e o julgamento de crimes violentos contra mulheres. Feministas estadunidenses, que desempenharam um papel crucial na criação e aprovação da VAWA, se alegraram. Fazia parte da Lei de Controle de Crimes Violentos e Preservação da Ordem, bipartidária, que também estabeleceu sessenta novos crimes com pena de morte e se livrou do financiamento federal para programas de educação nas prisões. Dois anos depois, Clinton cumpriu sua promessa de campanha de "acabar com o bem-estar social tal como o conhecemos", deixando as mulheres pobres e seus filhos mais suscetíveis à violência. Leis "pró-prisão" para casos de violência doméstica aumentaram o número de homens e mulheres pobres encarcerados.

Tudo isso ocorreu em um cenário no qual o fim da Guerra Fria e a espiral de dívidas do Terceiro Mundo marcavam o início de uma era de hegemonia dos Estados Unidos. O feminismo "global" assumiu um caráter americano.[58] As ambições das feministas socialistas e anticoloniais de criar uma nova ordem mundial, em que a emancipação das mulheres andaria de mãos dadas com a justiça econômica, deram lugar a uma nova prioridade: trazer as mulheres do mundo para a economia capitalista global, com os Estados Unidos no comando. Governos ocidentais, ONGs e fundações privadas investiram na educação e na saúde das mulheres, mas a ferramenta mais importante nesse projeto de assimilação foi o microfinanciamento: a extensão do crédito às mulheres pobres. O sistema não registrava que as mulheres pobres diziam precisar de mais fornecimentos públicos — água, eletricidade e saneamento. (Em 1984, a feminista indiana Devaki Jain advertiu que "o desenvolvimento econômico, aquela fórmula mágica, […] se tornou o pior inimigo das mulheres".) Em vez disso, foi decidido que o empoderamento das mulheres seria alcançado pela emissão de pequenos empréstimos com taxa de juros de 20% por credores estrangeiros do setor privado. Junto com o acesso ao crédito, as mulheres pobres também recebiam a "proteção" do Estado carcerário. A Plataforma de Ação de Pequim de 1995, adotada por 189 países na IV Conferência Mundial sobre a Mulher, realizada pela ONU, listou a violência contra as mulheres como uma de suas doze áreas críticas de preocupação. Convocou os governos a introduzir "sanções penais, civis, trabalhistas e administrativas […], com o fim de punir e reparar os danos causados às mulheres e às meninas vítimas de violência de qualquer tipo" e a adotar leis com ênfase na "prevenção da violência e na perseguição dos infratores".[59]

Enquanto a Plataforma de Ação de Pequim também encorajou os governos a tomar medidas para eliminar práticas sexistas e prover as mulheres de meios de subsistência, as ativistas globais dos direitos das mulheres passaram a se concentrar principalmente em soluções carcerárias para a violência de gênero.[60] Ao enquadrar a violência de gênero como uma questão de direitos humanos internacionais, essas ativistas também deram cobertura à intervenção militar ocidental.[61] Em um discurso na rádio, em novembro de 2001, logo após seu marido inaugurar a "guerra ao terror" ao invadir o Afeganistão, Laura Bush explicou que "a luta contra o terrorismo é também uma luta pelos direitos e pela dignidade das mulheres".[62] Ela não mencionou o papel histórico dos Estados Unidos em tornar o Afeganistão um dos piores lugares do mundo para ser mulher[63] — distinção que é mantida até hoje.[64] Depois de décadas de intervenção militar estrangeira, incluindo a guerra mais longa da história dos Estados Unidos, a devastação econômica deixou os afegãos mais desesperados em relação às suas vidas do que os povos de qualquer outro país.[65] O preço que as mulheres pagam é desproporcional: 90% das afegãs sofreram violência doméstica e 80% dos suicídios do país são cometidos por mulheres.[66]

É uma vergonha para o feminismo que décadas de melhorias de condições em certos aspectos para algumas mulheres — a ampliação dos direitos legais; a maior representação no ensino superior, nas profissões de destaque, na política eleitoral e na mídia; o acesso facilitado à saúde reprodutiva; a difusão, na alta sociedade, do consenso de que as mulheres são iguais aos homens; uma maior disposição entre os homens de questionar as restrições de gênero; a crescente aceitação de sexualidades não hegemônicas — tenham coincidido com o aumento generalizado de outras formas de desigualdade, em especial a desigualdade econômica. Não estou sugerindo que as melhorias na vida das mulheres não sejam reais ou que não tenham sido conquistadas a duras penas, ou que beneficiem apenas mulheres ricas. Não seria verdade. Uma mulher pobre na Índia também precisa que seu marido saiba que ele não tem o direito de bater nela; ela tem que ter a chance de se defender. Ela deve poder mandar sua filha para a universidade, se puder arcar com os custos; e sua filha deve ser livre para amar quem quiser. Mas essa mulher também deve ter os meios para garantir a sua própria sobrevivência e a de sua família: terra, água, comida, mas também segurança, solidariedade, comunidade. A história do feminismo nos Estados Unidos, que há bastante tempo tem sido a sua forma mais poderosa em termos globais, é uma história de mulheres — algumas mulheres — que exercem, com sucesso, o poder do Estado e, em última instância, o poder supranacional. Mas também é uma história do Estado capitalista canalizando o poder das mulheres de maneiras favoráveis ao seu próprio sustento — maneiras, em última análise, que pouco fazem para ameaçar a classe dominante.

O ponto de inflexão mais recente do feminismo americano, a campanha de 2007 #MeToo, ganhou sua força motriz do simples fato de que todas as mulheres trabalhadoras, ou quase todas, sofreram assédio sexual: comentários obscenos, humilhações, apalpadas, ameaças sexuais, sabotagem. Em plataformas de mídias sociais, primeiro nos Estados Unidos e depois em outros lugares, as mulheres reconheceram suas próprias histórias nos depoimentos de outras. "As mulheres entram no movimento a partir da frustração não especificada em relação às suas próprias vidas privadas", como disse Juliet Mitchell em 1971, e então "descobrem que o que pensavam ser um dilema individual é um dilema social e, portanto, um problema político."[67] Muitos homens observaram à distância, surpresos com o que viam. Mas, logo em seguida, os limites de "MeToo" como grito de guerra universal começaram a aparecer. O slogan tinha sido criado mais de dez anos antes, por Tarana Burke, uma ativista negra antiviolência. Mulheres negras se ressentiram por serem convocadas a se solidarizar com mulheres brancas, quando seus próprios protestos contra o assédio sexual foram por tanto tempo ignorados. Quando a atriz Rose McGowan teve sua conta no Twitter suspensa por ter postado sobre como foi tratada por Harvey Weinstein, Alyssa Milano e outras mulheres brancas pediram um boicote feminino à plataforma com a hashtag #WomenBoycottTwitter. Muitas mulheres negras ilustres, entre elas Ava DuVernay e Roxane Gay, acusaram as mulheres brancas de serem seletivas em suas preocupações.[68] April Reign, a consultora de mídia que estava por trás da hashtag #OscarsSoWhite, disse ao *New York Times*: "Se houver apoio para Rose McGowan — o que é ótimo —, precisamos ser coerentes em todos os setores, sem distinções. Todas as mulheres se unem a todas as mulheres".[69]

Mas o problema do Me Too, como movimento de mulheres de massa, não é apenas uma falta de aplicação "coerente" da preocupação e da indignação, para além das linhas raciais. Seu problema fundamental é a pressuposição de que qualquer movimento desse tipo deve se basear no que as mulheres universalmente têm em comum. O assédio sexual é uma realidade para as mulheres trabalhadoras. Mas, para muitas mulheres, sofrer assédio sexual não é a pior coisa em seu trabalho. Há uma profunda diferença entre a situação de uma mulher branca e rica como Rose McGowan, ou de mulheres negras abastadas como Roxane Gay e Ava DuVernay, e a situação de mulheres imigrantes e pobres que limpam os banheiros de Hollywood. Quando essas mulheres são assediadas sexualmente, isso apenas ressalta a miséria de seu trabalho precário e mal remunerado. Graças às atrizes de Hollywood do movimento Me Too, essas mulheres agora podem recorrer ao

Time's Up, um fundo de defesa legal, para que movam processos caso sejam assediadas sexualmente. Mas a quem elas devem recorrer quando precisam de dinheiro para escapar de um parceiro abusivo, quando precisam de assistência médica para uma criança doente ou quando lhes exigem os papéis de imigração?[70] Poucas feministas, talvez nenhuma, acreditam que o assédio deve ser tolerado, que os empregadores não devem ser processados ou que as leis contra o assédio sexual não fizeram muito para ajudar as mulheres trabalhadoras, incluindo as mulheres pobres.[71] Mas uma política feminista que vê a punição de homens maus como seu objetivo principal nunca representará um feminismo que liberta todas as mulheres, pois obscurece aquilo que torna a maioria delas não livres.

As feministas do Me Too parecem, em geral, ter muita confiança nos poderes coercitivos do Estado. Elas protestaram contra a sentença relativamente branda de Brock Turner por agressão sexual, celebraram quando a juíza no julgamento de Larry Nassar pareceu expressar sua esperança de que ele viesse a ser estuprado na prisão e ficaram exultantes quando foi dado o veredito no caso de Harvey Weinstein. Elas defendem que haja noções mais rígidas de consentimento sexual tanto na lei quanto nos campi universitários, e denunciaram os críticos desses progressos como apologistas do estupro. É difícil culpá-las. Durante séculos, os homens não só agrediram e degradaram as mulheres, mas usaram o aparato coercitivo do Estado para assegurar seu direito de agir assim. Não é hora de as mulheres exercerem parte desse mesmo poder — expressarem sua indignação e se vingarem?

Exceto que, uma vez que a máquina carcerária é acionada, não se pode escolher quem ela vai atingir. A adoção do carceralismo pelo feminismo, querendo ou não, dá cobertura progressiva a um sistema cuja função é evitar um acerto de contas político com a desigualdade material.[72] Isso não quer dizer que não haja escolhas difíceis a serem feitas. Há mulheres pobres que querem ver seus parceiros abusivos na cadeia, assim como há profissionais do sexo que anseiam que clientes violentos sejam presos. Algumas pessoas que se opõem ao carceralismo acham que ninguém merece ser punido, que a violência nunca deve ser tratada com mais violência. Mas as feministas não precisam ser santas. Elas devem apenas, eu sugeriria, ser realistas. Talvez alguns homens mereçam ser punidos. Mas as feministas devem se perguntar o que elas acionam, e contra quem, quando exigem mais policiamento e mais prisões.[73]

A atenção renovada da mídia dada ao movimento Black Lives Matter [Vidas negras importam], na esteira do assassinato de George Floyd por um policial de Minneapolis em maio de 2020, apresentou a muita gente pela primeira vez a ideia de que a polícia e o extenso complexo carcerário de que ela faz parte podem ser radicalmente reduzidos ou abolidos. Os apelos para "cortar o dinheiro da polícia" deixaram perplexos aqueles, incluindo feministas, que não conseguem imaginar uma sociedade que não seja regulada pelo violento poder do Estado. Quem iria assegurar a ordem pública senão a polícia? O pressuposto aqui é que, em termos gerais, a polícia e as prisões garantem a ordem pública: que coisas como execuções extrajudiciais, cárcere privado, histerectomias forçadas e violência sexual são a exceção, e não, no tratamento de algumas pessoas, a regra. E há gente, é claro, que acredita que em todo caso a ordem pública consiste no tratamento injusto dado às pessoas pobres, de minorias étnicas e imigrantes — que essas pessoas não merecem nada melhor, ou que os maus-tratos que sofrem são um preço razoável a pagar por uma sociedade ordenada.

A pergunta — "Se não a polícia, então quem?" — também mostra um mal entendido da tradição abolicionista. Para a maioria dos pensadores abolicionistas — mais notadamente, entre as feministas dessa tradição, Angela Davis e Ruth Wilson Gilmore — a proposta não é, nem era preciso dizer, que as energias raivosas daqueles que existem às margens da sociedade deveriam ser todas simplesmente liberadas. Os abolicionistas asseguram que as práticas carcerárias colocam o controle no lugar da provisão: que "a criminalização e as gaiolas" servem como "soluções abrangentes para os problemas sociais".[74] Como Davis escreveu em junho de 1971, sentada em uma prisão do condado de Marin, aguardando ser julgada sob a acusação de ajudar a armar ativistas negros, "a necessidade de recorrer a tal repressão é reflexo de uma profunda crise social, de uma desintegração sistêmica".[75] E se, em vez de depender da polícia e das prisões para administrar os sintomas da crise social, essa crise fosse encarada de frente? Como expõe o professor de direito James Forman Jr., o abolicionismo nos pede para "imaginar um mundo sem prisões, e então... trabalhar para tentar construir esse mundo".[76] Qual seria o custo disso? Envolveria a descriminalização de atividades, como o uso de drogas e o trabalho sexual, cuja criminalização, como se sabe, agrava a violência em vez de reduzi-la.[77] Exigiria uma reestruturação das relações econômicas de tal forma que os crimes de sobrevivência — roubo de comida, cruzamento de fronteira, falta de moradia — fossem desnecessários. (George Floyd foi morto depois de usar uma nota falsa para comprar cigarro. Pouco tempo antes, ele havia perdido o emprego.) Seria necessário estabelecer arranjos sociais e políticos para atender a necessidades que, se não forem preenchidas, produzem violência interpessoal: habitação social, assistência médica, educação e creches; empregos decentes em locais de trabalho democraticamente organizados; renda básica garantida; controle local democrático dos gastos e prioridades da comunidade; espaços de lazer, recreação e convivência; ar e água limpos. E isso envolveria também a criação de um sistema jurídico que, sempre que possível, buscasse a reparação e a reconciliação. A abolição, Gilmore explica, "não é apenas a falta... a abolição é uma presença física e material da vida social vivida de maneira diferente".[78]

A tradição abolicionista entende que o carceralismo funciona como uma forma de encobrir as privações do capitalismo racial e que uma transformação em nossas relações sociais e econômicas, pelo menos em parte, corroeria a razão e a lógica do Estado carcerário. Implícito no chamado para "cortar o dinheiro da polícia", então, está a demanda por uma redistribuição maciça de riqueza e poder dos ricos para os pobres. Como as feministas radicais dos primeiros movimentos de libertação das mulheres, as ativistas e organizadoras do Movimento pelas Vidas Negras têm pouco interesse em encontrar um lugar em um sistema construído nos termos de terceiros. (Embora seja verdade que o mesmo não pode ser dito de muitos "aliados" delas.) O manifesto do movimento de 2016, A Vision for Black Lives [Uma visão para vidas negras], lista seis demandas, incluindo o desinvestimento em instituições carcerárias e o investimento em educação e saúde, junto com "justiça econômica para todos e uma reconstrução da economia para garantir que nossas comunidades tenham não apenas acesso coletivo, mas também propriedade compartilhada". Nesse ponto, o manifesto ecoa Fred Hampton, o Pantera Negra assassinado pela polícia e pelo FBI em 1969: "Não acreditamos que a melhor forma de combater o fogo seja com fogo; a melhor forma de combater o fogo é com água. [...] Dizemos que não vamos lutar contra o capitalismo com capitalismo negro, mas vamos combatê-lo com o socialismo".[79]

Portanto, o Movimento pelas Vidas Negras não é, como afirmaram alguns críticos de esquerda — principalmente o teórico político marxista Adolph Reed —, um movimento que simplesmente busca a inclusão dos negros na ordem capitalista reinante, com seus poucos vencedores sortudos e uma população descomunal de perdedores.[80] De forma acertada, Reed se opõe a uma abordagem antidiscriminatória do racismo, que não busque igualdade genuína, mas sim, como explicam ele e Walter Benn Michaels, "*desigualdade* proporcional":[81] isto é, a representação proporcional de pessoas de minorias étnicas em todos os níveis de um sistema econômico desigual. Reed não está errado ao dizer que o antirracismo, assim como o feminismo, pode chegar, e muitas vezes chega, de forma compatível com o capitalismo. O capitalismo, historicamente e de diferentes maneiras, dependeu da criação de hierarquias baseadas em raça, casta e gênero — permitindo, para dar apenas um exemplo, que o trabalhador branco explorado seja subjugado, tendo o conforto de sua superioridade sobre sua esposa e seus colegas de trabalho negros. Mas o capitalismo também é bem servido pela lógica antidiscriminatória. A discriminação sexista, racista e anti-imigrantista perturba o bom funcionamento da meritocracia, privando em potencial o capital dos trabalhadores mais talentosos. As medidas antidiscriminatórias aumentam a eficiência do mercado de trabalho, deixando sua lógica subjacente — de que algumas pessoas devem vender seu trabalho para sobreviver — intocada. Após o assassinato de George Floyd, os CEOs de Google, Amazon, Twitter e Nike convocaram seus funcionários a honrar o "Juneteenth": a comemoração, no dia 19 de junho, do fim da escravidão nos Estados Unidos. Jeff Bezos, CEO da Amazon, incentivou os trabalhadores da empresa a cancelar todas as reuniões do dia — o que não ajudou muito os funcionários do depósito da Amazon, que não têm pausa para ir ao banheiro e sofrem lesões por esforços repetitivos, enquanto trabalham sob a constante ameaça de censura dos algoritmos.

Reed e outros críticos de esquerda da "política identitária" tendem a pensar que a desigualdade proporcional é o melhor a que a política antirracista pode aspirar.[82] Se isso for verdade, os Estados Unidos — e também outras sociedades racialmente estratificadas — podem estar condenados. Afinal, a carência histórica de um movimento de massa da classe trabalhadora nos Estados Unidos tem muito a ver com o racismo branco e o nativismo, que são produtos históricos do antagonismo de classe.[83] Como W. E. B. Du Bois explicou em *Black Reconstruction in America* [A reconstrução negra na América], obra de 1935, a supremacia racial branca tem servido como "compensação" para a miséria que o capitalismo traz para os trabalhadores brancos, excluindo a possibilidade de que a solidariedade entre a classe trabalhadora cruzasse toda a "linha de cor".[84] Sem dúvida, é verdade que um movimento da classe trabalhadora nos Estados Unidos não consegue ter sucesso alienando pessoas brancas e pobres, muito menos tratando-as como objetos de desprezo. Mas é ainda mais verdadeiro que tal movimento não pode ter sucesso sem conversar com — a não ser que surja dela — a crescente proporção da classe trabalhadora que não é branca ou nativa, isto é, o número crescente de pessoas cuja vida é devastada pelo emaranhado do capitalismo, do racismo e da xenofobia.[85] Isso não ocorre apenas porque essas pessoas, cada vez mais, *são* a classe trabalhadora, e porque para elas a força da "classe", na experiência, é inseparável do funcionamento da "raça".[86] É porque a vida delas, em seu maior grau de devastação, contém em si a demanda pela mudança mais revolucionária.

Teóricos como Reed acham que esse dilema pode ser resolvido não criando uma política da classe trabalhadora multirracial e pró-imigrante, mas sim focando na "opressão comum" de todos os americanos pobres — ou seja, na exploração que sofrem sob o capitalismo, entendida de forma estreita. Mas, como disse bell hooks sobre o feminismo branco, essa abordagem ameaça não apenas encobrir, mas perpetuar a opressão dos que estão em uma situação pior. Além do mais, na medida em que o investimento psíquico na branquitude e no status "nativo" tem um papel na antipatia dos brancos pobres pelos trabalhadores de minorias étnicas ou imigrantes — como sugerem acontecimentos recentes nos Estados Unidos e no Reino Unido —, o enfrentamento tardio do racismo e da xenofobia garante a miséria também para os brancos pobres.[87] Em uma carta que escreveu para Angela Davis quando ela estava na prisão em 1970, James Baldwin lamentou que

apenas um punhado entre os milhões de pessoas neste vasto lugar está ciente de que o destino pretendido para ti [...] é um destino que está prestes a engolfá-los também. Para as forças que governam este país, as vidas brancas não são mais sagradas do que as negras [...]. A ilusão americana não é apenas que seus irmãos são todos brancos, mas que os brancos são todos seus irmãos.[88]

A questão, portanto, não é: "O movimento antirracista pode, algum dia, ser suficientemente anticapitalista?". Em vez disso, devemos perguntar: "O movimento da classe trabalhadora pode não ser antirracista?".

O mesmo ocorre com a relação entre feminismo e anticapitalismo. Feministas marxistas da década de 1970 apontaram que o capitalismo se baseava no trabalho doméstico feminino não remunerado. Elas observaram que as mulheres da classe trabalhadora não apenas davam à luz, vestiam e alimentavam os trabalhadores do sexo masculino, mas também acalmavam seus egos, absorviam suas frustrações e ofereciam lares que lhes proporcionavam uma trégua do trabalho alienante.[89] Cada vez mais, nos países capitalistas avançados, o trabalho das mulheres, o trabalho de assistência social (limpeza, enfermagem, alimentação, criação de filhos, ensino de jovens, cuidado de idosos), agora é comprado e vendido. Mulheres com salários baixos estão se tornando a cara da nova classe trabalhadora e estão no centro de seus protestos mais promissores.[90] A pandemia da Covid-19 demonstrou de forma severa como a ideologia patriarcal da família nuclear autossuficiente aprisiona não apenas as mulheres, mas também os homens, em vidas que são consideradas, nessa contradição do capitalismo contemporâneo, ao mesmo tempo "essenciais" e descartáveis.[91] Deixou claro para muitas pessoas aquilo em que certas feministas já insistem há muito tempo: que o trabalho de reprodução social deve ser o trabalho da sociedade. A questão não é se o feminismo pode ser um movimento da classe trabalhadora, mas se um movimento da classe trabalhadora pode ser algo que não feminista.

Dizer que um movimento da classe trabalhadora deve ser feminista e antirracista não é negar que o capital é capaz de cooptar, e de fato cooptou, energias feministas e antirracistas. Seria um erro subestimar as habilidades do capital: sua capacidade de se redefinir e de se restabelecer de acordo com as mudanças culturais. Afinal, o mesmo é verdade em relação às demandas "puramente" anticapitalistas, como a renda básica universal: uma proposta desenvolvida por muitos socialistas, mas que apela aos bilionários do Vale do Silício que a veem como um meio de acalmar a resistência à erosão, promovida pela tecnologia, de empregos de qualificação mediana e dignamente pagos.[92] Em 1973, o grupo Workshop pela Libertação das Mulheres de Notting Hill explicou que uma declaração de demandas entregue por Selma James no ano anterior — incluindo o pagamento de trabalhos domésticos, remunerações iguais e creches administradas pela comunidade — "não era uma declaração do que, ao final, queremos ter". Essas demandas, disseram as integrantes do grupo, não constituíam "um plano para uma sociedade ideal", e uma sociedade que estivesse de acordo com ele "não deixaria de ser opressiva". Ao contrário, as demandas pretendiam apenas agir como "uma força contra o que o capital deseja e a favor do que queremos". Pois, "em última análise, a única demanda que não é cooptável é a população armada exigindo o fim do capitalismo".[93] Não se chega ao acordo prévio de um programa político que é imune à cooptação ou que prefere ser revolucionário, em vez de reformista. Só se pode ver o que acontece e, em seguida, traçar seu próximo passo. Isso requer que se esteja preparado — em termos estratégicos e emocionais — para abandonar formas de agir e pensar às quais talvez cada um estivesse profundamente apegado. Nesse sentido, a nostalgia é uma barreira para qualquer política de fato emancipatória. Isso é verdadeiro tanto no feminismo quanto em qualquer outra coisa.

Mas, e os estupradores?

Essa é a objeção em relação à qual a crítica do carceralismo supostamente teria naufragado. Se nada mais evidencia isso, o exemplo do estuprador com certeza nos mostra que o abolicionismo é inutilmente utópico. Como uma feminista pode criticar as práticas patriarcais de punição enquanto exige que o estuprador seja julgado, condenado e preso?

Alguns oponentes do carceralismo respondem a esse desafio insistindo que a agressão sexual é resultado de problemas sociais que podem ser resolvidos através do uso do poder estatal de formas não carcerárias, sendo as mais óbvias a democratização radical da economia e a tomada de decisões políticas. Mas essa resposta comete o erro de reduzir a opressão patriarcal à opressão econômica e política. A violência sexual é, de fato, em parte uma função dessas coisas: dominação racial, desigualdade econômica e déficits na democracia são todos indicadores de altos índices de agressão sexual.[94] Sobretudo as crises de masculinidade, precipitadas pela desindustrialização e pela depressão salarial, tornam as mulheres particularmente suscetíveis à violência sexual. Mas as razões por que os homens subempregados e desesperançosos dirigem sua agressão às mulheres não se esgotam com as forças econômicas: há dimensões das relações entre gêneros que são anteriores aos atuais arranjos econômicos. Enquanto a crítica do capital for feita apenas a partir das relações econômicas, ela nunca vai explicar ou solucionar totalmente a violência sexual. Uma crítica completa do capital deve enxergar a subordinação de gênero como um aspecto essencial do sistema capitalista mais amplo — econômico, sim, mas também social, ecológico, psíquico e assim por diante —, que é seu foco de interesse apropriado.[95] Caso contrário, uma política anticapitalista ameaça abandonar as mulheres à sociedade civil, o que para elas, como bem afirmou Catharine MacKinnon, "se assemelha mais com um estado natural".[96]

Mas e os estupradores? A pergunta às vezes é lançada como um trunfo. Porém, na verdade, é uma questão sobre a qual as feministas abolicionistas têm muito a dizer. Para começar, elas perguntam: quais estupradores? Nos Estados Unidos, depois do uso excessivo da força, a queixa mais comum contra policiais é de má conduta sexual. Entre 2005 e 2013, foram presos 405 policiais por estupro forçado e 219 por sodomia forçada.[97] Na Inglaterra e no País de Gales, houve 1500 acusações de má conduta sexual contra policiais entre 2012 e 2018.[98] Em março de 2021, quando um policial foi acusado de sequestro e assassinato de uma jovem britânica, o governo do Reino Unido respondeu anunciando que policiais à paisana começariam a patrulhar bares e boates na hora do fechamento, como parte de uma iniciativa chamada "Projeto Vigilância". Na Índia, em 2014, uma mulher foi estuprada por quatro policiais; ela tinha ido à delegacia para tentar conseguir a libertação do marido.[99] Teóricas e praticantes do abolicionismo feminista — muitas vezes mulheres de minorias étnicas e pobres — estão construindo, em vários lugares, instituições democráticas situadas nas comunidades para administrar a violência interpessoal, incluindo a violência sexual, sem recorrer ao aparato coercitivo do Estado. Elas buscam novas maneiras de responsabilizar os homens, e ao mesmo tempo insistem que eles não usem o tratamento que recebem do Estado como desculpa para praticar sua própria violência.[100] Apesar de seus diversos êxitos, esses projetos têm se mostrado penosos, recorrendo justamente às mulheres que são mais suscetíveis à violência de gênero para criar as instituições necessárias para acabar com ela. Se fossem apoiados por uma forma diferente de poder estatal — não carcerário, mas socialista —, tais projetos seriam, sem dúvida, muito mais simples. Renda garantida, moradia e creche para as crianças deixariam as mulheres pobres do mundo livres para pensar sobre como tornar suas comunidades mais seguras e justas — como ensinar a seus filhos, irmãos e parceiros o que significa viver em condições de igualdade com mulheres e meninas. No entanto, seria penoso o trabalho de pedir às mulheres que façam o que a lei não fez e, a meu ver, não pode fazer: transformar os termos mais básicos do compromisso entre mulheres e homens.

Há um paradoxo na impotência. Coletivizada, articulada e representada, a impotência pode se tornar poderosa. Isso, em si, não é uma coisa ruim. Mas, com o novo poder, vêm novas dificuldades e responsabilidades. Isso é verdade sobretudo para aqueles cuja posse de poder repousa em sua autoridade ética: em sua promessa de trazer à existência algo novo e melhor. As feministas não precisam renunciar ao poder — em todo o caso, é tarde demais para isso —, mas precisam fazer planos sobre o que fazer quando o tiverem. Com frequência, feministas com poder negaram seu próprio envolvimento com a violência, agindo como se não houvesse escolhas difíceis a serem feitas: entre ajudar alguns e prejudicar outros, entre simbolismo e eficácia, entre punição e libertação.

Muitas vezes, os que detêm o poder são os menos capazes de enxergar como ele deve ser exercido. Mas isso não precisa ser, pelo menos para as feministas, um motivo de desespero. O feminismo é um movimento. Nele sempre houve, sempre há, aquelas para quem o poder continua sendo difícil de alcançar — aquelas que ainda não venceram, aquelas para quem vencer ainda significa sobreviver. É para essas mulheres, no ponto nevrálgico do poder, que o restante de nós deve se voltar e, então, ao nos voltarmos para elas, devemos segui-las.

Agradecimentos

Em primeiro lugar, meus profundos agradecimentos a Karolina Sutton, por saber antes de mim que este era o livro que eu queria escrever; e aos meus editores, Alexis Kirschbaum e Mitzi Angel, pela energia depositada nele.

Minha infinita gratidão a Mary-Kay Wilmers, que deu à minha escrita seu primeiro lar e que, em especial, deu um lar para "O direito ao sexo" ("sexo nunca é demais para um artigo da *London Review of Books*"); a Katherine Rundell, amiga corajosa, sábia e gentil, que me disse, dois dias depois de meu 26º aniversário, que eu deveria tentar escrever; a Katie Geminder, dona da casa onde escrevi alguns dos ensaios deste livro; e a Robin Bierstedt e Peter Mayer, donos da casa onde escrevi outros; a Ted Fertik, pela camaradagem e pela crítica; a Dennis Zhou, pela meticulosa verificação dos fatos e por muito mais; aos meus alunos Simple Rajrah e Robert Cheah, por me ajudarem a preparar o manuscrito; a Susan Brison, que na última hora leu o manuscrito com grande generosidade e cuidado; e aos muitos alunos para quem ensinei em Oxford e na University College London (UCL), cujas histórias de alguns contei aqui.

Tenho uma dívida impagável com meus colegas de política e filosofia em Oxford; e com o diretor, os colegas e a equipe do All Souls College, que tem sido mais do que uma segunda casa.

Meu amor e agradecimento aos meus pais, Chitra e Anand, por me deixarem surpreendê-los e, por sua vez, por me surpreenderem; à minha irmã, Sveta, por em geral me apoiar, e a Saana, Simran e Joe; às minhas avós, Ammama e Patuma, por quererem mais; à minha tia e ao meu tio, Radhi e Ramesh, pelo refúgio; ao meu primo Madhu, pela solidariedade; à Cindy, pela gentileza implacável; a Dick e Mandy Russell, pela generosidade selvagem ao longo de muitos anos; à minha afilhada Clio, por quase sempre estar de excelente humor; e para Goose, meu amor incondicional.

A amizade é um milagre desconcertante. Pelas conversas sobre este livro e pelo apoio enquanto o escrevia, meu amor e agradecimento a Alex Cole, Alice Spawls, Ambrogio Cesare-Bianchi, Amrou Al-Kadhi, Camilla Dubini, Cat Normile, Cécile Fabre, Chas Tyler, Christian Nakarado, Clare Birchall, Cressie St Aubyn, Daniel Rothschild, Danny Grossman, Danny Rubens, Ed Hollingsworth, Eli Schachar, Emma Hogan, Fabienne Hess, Fazeelat Aslam, Fred Wilmot-Smith, Henrik Isackson, Hermione Hoby, Jane Friedman, Joanna Biggs, Jonathan Gingerich, Jonny Yarker, Justin Zaremby, Kate Saunders-Hastings, Liz Chatterjee, Marcel Przymusinski, Mary Wellesley, Matthew Campbell, Matt Knott, Merve Emre, Mirra Vane, Nick Mayer, Osh Jones, Paul Lodge, Philippa Hetherington, Polly Russell, Rob Simpson, Sanja Bogojevic, Steve Rose, Tabitha Goldstaub, Tom Adams, Vikrom Mathur e Zeynep Pamuk.

Por fim, reservo amor e gratidão especiais — do tipo que estremecem meu coração — a três pessoas, todas elas também leitoras atentas do manuscrito:

A Paul Myerscough, que odeia o culto ao editor, mas merece ser cultuado, e não apenas pela edição deste livro. Obrigada por aguentar o quanto eu te amo.

À minha companheira de viagem na estrada para a liberdade, minha amiga brilhante, minha melhor amiga, Daniela Dover.

A Sophie Smith, que está neste livro tanto quanto eu. *Eu sabia que esta experiência, estes sinais negativos diante de mim… não podiam ser compartilhados com ninguém, a não ser com a garota que, tão bravamente, ficava ao meu lado. Essa garota disse sem hesitar: "Vá em frente". Era ela quem realmente tinha a imparcialidade e a integridade da Pitonisa de Delfos. Mas era eu... quem estava vendo as imagens, quem lia os escritos ou a quem foi concedida a visão interior. Ou talvez, de alguma forma, estivéssemos "vendo" juntas, pois sem ela, admito, eu não poderia ter ido em frente* (H. D.).

Notas

Prefácio [pp. 11-6]

1. Consulte Judith Butler, *Gender Trouble: Feminism and the Subversion of Identity* [1990]. Abingdon: Routledge, 2010, p. 10. [Ed. bras.: *Problemas de gênero: Feminismo e subversão da identidade*. Trad. de Renato Aguiar. Rio de Janeiro: Civilização Brasileira, 2003, p. 27.]
2. Simone de Beauvoir, *The Second Sex*. Trad. de Constance Borde e Sheila Malovany-Chevallier. Nova York: Vintage, [1949], 2011, pp. 765-6. [Ed. bras.: *O segundo sexo*. Trad. de Sérgio Millet. Rio de Janeiro: Nova Fronteira, 2009, pp. 701-2.]
3. Para uma discussão sobre alguns desses progressos recentes, consulte: Verónica Gago, *Feminist International: How to Change Everything*. Trad. de Liz Mason-Deese. Londres, Nova York: Verso, 2020. [Ed. bras.: *A potência feminista ou o desejo de transformar tudo*. Trad. de Igor Peres. São Paulo: Elefante, 2020.]
4. David R. Roediger, *The Wages of Whiteness: Race and the Making of the American Working Class*. Londres, Nova York: Verso, 2007 [1991], p. x.
5. Bernice Johnson Reagon, "Coalition Politics: Turning the Century" [1981]. In: Barbara Smith (Org.), *Home Girls: A Black Feminist Anthology*. Nova York: Kitchen Table: Women of Color Press, 1983, p. 359.

A conspiração contra os homens [pp. 17-54]

1. Liz Kelly, Jo Lovett e Linda Regan, "A Gap or a Chasm?: Attrition in Reported Rape Cases". *Home Office Research Study*, Londres, n. 293, p. 50, 2005. Disponível em: <webarchive.nationalarchives.gov.uk/20100418065544/homeoffice.gov.uk/rds/pdfs05/hors293.pdf>. Acesso em: 27 ago. 2021. Eu cheguei a esse estudo, assim como ao Registro Nacional de Exonerações (National Registry of Exonerations) que discutirei mais adiante, através do artigo de Sandra Newman, "What Kind of Person Makes False Rape Accusations?". Nova York, *Quartz*, 11 maio 2017. Disponível em: <https://qz.com/980766/

the-truth-about-false-rape-accusations/>. Acesso em: 27 ago. 2021. Meu agradecimento a Newman pela recomendação de uso do Registro.

2. Liz Kelly et al., op. cit., p. 47. O estudo observa que mesmo o valor mais alto, de 8%, "é consideravelmente menor do que a amplitude dos relatórios falsos estimados por policiais entrevistados neste estudo" (p. xi).

3. FBI, *Crime in the United States, 1996, Section II: Crime Index Offenses Reported* (1997), p. 24. Disponível em: <https://ucr.fbi.gov/crime-in-the--u.s/1996/96sec2.pdf>. Acesso em: 27 ago. 2021.

4. Bruce Gross, "False Rape Allegations: An Assault on Justice". *The Forensic Examiner*, Houston, v. 18, n. 1, p. 66, 2009; e Liz Kelly et al., op. cit. O relatório do Ministério do Interior do Reino Unido concluiu que "quanto mais a vítima e o agressor se conhecem, menor a probabilidade de os casos serem apontados como falsos" (p. 48). Ao mesmo tempo, vários policiais entrevistados confessaram que, pessoalmente, eles eram propensos a não acreditar nas mulheres que conheciam os supostos agressores.

5. Joanna Jolly, "Does India Have a Problem with False Rape Claims?", BBC News, 8 fev. 2017. Disponível em: <www.bbc.co.uk/news/magazine-38796457>. Acesso em: 27 ago. 2021.

6. Ministério da Saúde e do Bem-Estar da Família do governo da Índia, "National Family Health Survey (NFHS-4)", 2015-6, p. 568. Disponível em: <https://dhsprogram.com/pubs/pdf/FR339/FR339.pdf>. Acesso em: 27 ago. 2021.

7. Sandra Newman, op. cit.

8. No Reino Unido, cerca de 12 mil homens entre 16 e 59 anos de idade sofrem anualmente estupro, tentativa de estupro ou agressão sexual com penetração, apenas na Inglaterra e no País de Gales (Ministério do Interior e Escritório de Estatísticas Nacionais, "An Overview of Sexual Offending in England and Wales", 2013. Disponível em: <https://www.gov.uk/government/statistics/an-overview-of-sexual-offending-in-england-and-wales>. Acesso em: 27 ago. 2021. O encarceramento em massa faz dos Estados Unidos o único país em que a taxa de estupro de homens pode rivalizar com a de mulheres (Christopher Glazek, "Raise the Crime Rate". *n+1*, 2012. Disponível em: <https://nplusonemag.com/issue-13/politics/raise-the-crime-rate/>. Acesso em: 27 ago. 2021; Jill Filipovic, "Is the US the Only Country Where More Men are Raped than Women?". *The Guardian*, 21 fev. 2012. Disponível em: <www.theguardian.com/commentisfree/cifamerica/2012/feb/21/us-more-men-raped--than-women>. Acesso em: 27 ago. 2021.).

9. Registro Nacional de Exonerações. Disponível em: <www.law.umich.edu/special/exoneration/Pages/about.aspx>. Acesso em: 27 ago. 2021. É difícil de obter estimativas confiáveis de condenações injustas, pois costumam se basear em taxas de exoneração que, na melhor das hipóteses,

é um indicador muito vago. Sobre as dificuldades de calcular taxas de condenação injusta com base nos dados de exoneração, consulte: Jon B. Gould e Richard A. Leo, "One Hundred Years Later: Wrongful Convictions after a Century of Research", *Journal of Criminal Law and Criminology*, v. 100, n. 3, pp. 825-68, 2010. Para um estudo recente que estima em 11,6% a taxa de condenações injustas em casos envolvendo agressão sexual no estado da Virgínia, consulte: Kelly Walsh, Jeanette Hussemann, Abigail Flynn, Jennifer Yahner e Laura Golian, "Estimating the Prevalence of Wrongful Convictions", *Office of Justice Programs' National Criminal Justice Reference Service*, 2017. Disponível em: <https://nij.ojp.gov/library/publications/estimating-prevalence-wrongful-convictions>. Acesso em: 27 ago. 2021.

10. Registro Nacional de Exonerações, op. cit.

11. Rape, Abuse & Incest National Network (Rainn), "Perpetrators of Sexual Violence: Statistics". Disponível em: <www.rainn.org/statistics/perpetrators-sexual-violence>. Acesso em: 27 ago. 2021.

12. Samuel R. Gross, Maurice Possley e Klara Stephens, "Race and Wrongful Convictions in the United States", National Registry of Exonerations, 2017. Disponível em: <www.law.umich.edu/special/exoneration/Documents/Race_and_Wrongful_Convictions.pdf>, p. iii. Acesso em: 27 ago. 2021.

13. Bernadette Rabuy e Daniel Kopf, "Prisons of Poverty: Uncovering the Pre-Incarceration Incomes of the Imprisoned", *Prison Policy Initiative*, 9 jul. 2015. Disponível em: <www.prisonpolicy.org/reports/income.html>. Acesso em: 27 ago. 2021.

14. Citado em Mia Bay, "Introduction". In: Ida B. Wells, *The Light of Truth*. Mia Bay (Org.). Londres: Penguin, 2014, p. xxv.

15. Ida B. Wells, "A Red Record. Tabulated Statistics and Alleged Causes of Lynchings in the United States, 1892-1893-1894". In: Id., *The Light of Truth*. Londres: Penguin, 2014 [1895], pp. 220-312.

16. Sheila Weller, "How Author Timothy Tyson Found the Woman at the Center of the Emmett Till Case", *Vanity Fair*, 26 jan. 2017. Disponível em: <www.vanityfair.com/news/2017/01/how-author-timothy-tyson-found-the-woman-at-the-center-of-the-emmett-till-case>. Acesso em: 27 ago. 2021.

17. Para discussões a respeito de falsas acusações de estupro no contexto colonial, consulte: Amirah Inglis, *The White Women's Protection Ordinance: Sexual Anxiety and Politics in Papua*. Londres: Chatto and Windus, 1975; Norman Etherington, "Natal's Black Rape Scare of the 1870s". *Journal of Southern African Studies*, v. 15, n. 1, pp. 36-53, 1988; John Pape, "Black and White: The 'Perils of Sex' in Colonial Zimbabwe". *Journal of Southern African Studies*, v. 16, n. 4, pp. 699-720, 1990; Vron Ware, *Beyond the Pale: White Women, Racism and History*. Londres, Nova York: Verso, 1992;

Jenny Sharpe, *Allegories of Empire: The Figure of Woman in the Colonial Text*. Minneapolis: University of Minnesota Press, 1993; Alison Blunt, "Embodying War: British Women and Domestic Defilement in the Indian 'Mutiny', 1857-8". *Journal of Historical Geography*, v. 26, n. 3, pp. 403-28, 2000; David M. Anderson, "Sexual Threat and Settler Society: 'Black Perils' in Kenya, *c.* 1907-30". *The Journal of Imperial and Commonwealth History*, v. 38, n. 1, pp. 47-74, 2010; e David Sheen, "Israel Weaponizes Rape Culture Against Palestinians". *The Electronic Intifada*, 31 jan. 2017. Disponível em: <https://electronicintifada.net/content/israel--weaponizes-rape-culture-against-palestinians/19386>. Acesso em: 27 ago. 2021.

18. Homens negros nos Estados Unidos têm sete vezes mais chances de ser falsamente condenados por assassinato do que homens brancos (Gross et al., op. cit., p. 4). Em média, as sentenças recebidas por homens negros são 20% mais longas do que as recebidas por homens brancos pelo mesmo crime (Joe Palazzolo, "Racial Gap in Men's Sentencing", *The Wall Street Journal*, 14 fev. 2013. Disponível em: <www.wsj.com/articles/SB10001424127887324432004578304463789858002>. Acesso em: 27 ago. 2021.). Garotas negras recebem sentenças mais severas quando entram no sistema judiciário juvenil do que garotas de qualquer outra raça (Kimberlé Williams Crenshaw, Priscilla Ocen e Jyoti Nanda, "Black Girls Matter: Pushed Out, Overpoliced and Underprotected", *African American Policy Forum*, 2015. Disponível em: <www.atlanticphilanthropies.org/wp-content/uploads/2015/09/BlackGirlsMatter_Report.pdf>, p. 6. Acesso em: 27 ago. 2021). Garotos negros são suspensos da escola três vezes mais do que garotos brancos, enquanto garotas negras são suspensas seis vezes mais do que garotas brancas (ibid., p. 16). Na cidade de Nova York, onde os negros representam 27% da população, 53,4% de todas as mulheres paradas pela polícia são negras e 55,7% de todos os homens detidos são negros (Kimberlé Williams Crenshaw, Andrea J. Ritchie, Rachel Anspach, Rachel Gilmer e Luke Harris, "Say Her Name: Resisting Police Brutality Against Black Women", *African American Policy Forum*, 2015. Disponível em: <www.aapf.org/sayhername>, p. 5. Acesso em: 27 ago. 2021). É 2,5 vezes mais provável que homens negros sejam mortos pela polícia ao longo de suas vidas do que homens brancos, enquanto mulheres negras têm 1,4 vez mais chances de serem mortas pela polícia ao longo de suas vidas do que mulheres brancas (Frank Edwards, Hedwig Lee e Michael Esposito, "Risk of Being Killed by Police Use of Force in the United States by Age, Race-Ethnicity, and Sex", *Proceedings of the National Academy of Sciences of the United States of America*, v. 116, n. 34, pp. 16793-8, 2019.

19. Para uma discussão sobre o fenômeno dos homens negros simpatizantes de Brett Kavanaugh, consulte Jemele Hill, "What the Black Men

Who Identify with Brett Kavanaugh Are Missing", *The Atlantic*, 12 out. 2018. Disponível em: <www.theatlantic.com/ideas/archive/2018/10/why-black-men-relate-brett-kavanaugh/572776/>. Acesso em: 27 ago. 2021.

20. Dan A. Turner, "Letter from Brock Turner's Father", 2016. Disponível em: <www.stanforddaily.com/2016/06/08/the-full-letter-read-by-brock--turners-father-at-his-sentencing-hearing/>. Acesso em: 27 ago. 2021.

21. "Brett Kavanaugh's Opening Statement: Full Transcript", *The New York Times*, 26 set. 2018. Disponível em: <www.nytimes.com/2018/09/26/us/politics/read-brett-kavanaughs-complete-opening-statement.html>. Acesso em: 27 ago. 2021.

22. Kate Kelly e David Enrich, "Kavanaugh's Yearbook Page Is 'Horrible, Hurtful' to a Woman It Named", *The New York Times*, 24 set. 2018. Disponível em: <www.nytimes.com/2018/09/24/business/brett-kava-naugh-yearbook-renate.html>. Acesso em: 27 ago. 2021.

23. Mollie Hemingway e Carrie Severino, "Christine Blasey Ford's Father Supported Brett Kavanaugh's Confirmation", *The Federalist*, 12 set. 2019. Disponível em: <https://thefederalist.com/2019/09/12/christine-blasey--fords-father-supported-brett-kavanaughs-confirmation/>. Acesso em: 27 ago. 2021.

24. Ver, por exemplo, JoAnn Wypijewski, "What We Don't Talk About When We Talk About #MeToo", *The Nation*, 22 fev. 2018. Disponível em: <www.thenation.com/article/archive/what-we-dont-talk-about--when-we-talk-about-metoo/>. Acesso em: 27 ago. 2021.

25. Emily Yoffe, "The Uncomfortable Truth about Campus Rape Policy", *The Atlantic*, 6 set. 2017. Disponível em: <www.theatlantic.com/educa-tion/archive/2017/09/the-uncomfortable-truth-about-campus-rape-po-licy/538974/>. Acesso em: 27 ago. 2021.

26. Shulamith Firestone, *The Dialectic of Sex*. Londres, Nova York: Verso, 2015 [1970]. [Ed. bras.: *A dialética do sexo*. Trad. de Vera Regina Rabelo Terra. Rio de Janeiro: Labor do Brasil, 1976.]

27. Angela Y. Davis, *Women, Race & Class*. Londres: Penguin Modern Clas-sics, 2019 [1981], p. 163. [Ed. bras.: *Mulheres, raça e classe*. Trad. de Heci Regina Candiani. São Paulo: Boitempo, 2016, p. 179.]

28. Libby Purves, "Indian Women Need a Cultural Earthquake", *The Times*, 31 dez. 2012. Disponível em: <www.thetimes.co.uk/article/indian-wo-men-need-a-cultural-earthquake-mtgbgxd3mvd>. Acesso em: 27 ago. 2021.

29. Sobre o mito da "inestuprabilidade" tal como aplicado às mulheres in-dígenas e às das primeiras nações norte-americanas, consultar: Andrea Smith, *Conquest: Sexual Violence and American Indian Genocide*. Boston: South End Press, 2005; Jacki Thompson Rand, *Kiowa Humanity and the Invasion of the State*. Lincoln: University of Nebraska Press, 2008;

e Maya Seshia, "Naming Systemic Violence in Winnipeg's Street Sex Trade". *Canadian Journal of Urban Research*, v. 19, n. 1, pp. 1-17, 2010. Sobre o mesmo fenômeno na África do Sul, ver: Pumla Dineo Gqola, *Rape: A South African Nightmare*. MF Books Joburg, 2015; e Rebecca Helman, "Mapping the Unrapeability of White and Black Womxn". *Agenda: Empowering Women for Gender Equality*, v. 32, n. 4, pp. 10-21, 2018. Sobre a Austrália, ver: Ann McGrath, "'Black Velvet': Aboriginal Women and Their Relations with White Men in the Northern Territory 1910-40". In: Kay Daniels (Org.), *So Much Hard Work: Women and Prostitution in Australian History*. Fontana Books, 1984, pp. 233-97; Greta Bird e Pat O'Malley, "Kooris, Internal Colonialism, and Social Justice", *Social Justice*, v. 16, n. 3, pp. 35-50, 1989; Larissa Behrendt, "Consent in a (Neo) Colonial Society: Aboriginal Women as Sexual and Legal 'Other'", *Australian Feminist Studies*, v. 15, n. 33, pp. 353-67, 2000; e Corrinne Tayce Sullivan, "Indigenous Australian Women's Colonial Sexual Intimacies: Positioning Indigenous Women's Agency", *Culture, Health & Sexuality*, v. 20, n. 4, pp. 397-410, 2018. A historiadora Pamela Scully nota uma "característica curiosa da historiografia: que os autores em geral têm se preocupado mais com mitos evasivos a respeito de mulheres brancas vítimas de estupradores negros do que com as formas como o colonialismo criou condições que autorizaram o estupro dominantemente de mulheres negras por homens brancos". Consulte: "Rape, Race, and Colonial Culture: The Sexual Politics of Identity in the Nineteenth-Century Cape Colony, South Africa", *The American Historical Review*, v. 100, n. 2, p. 337, 1995.

30. Pamela Scully, op. cit., pp. 335 ss.

31. Carolyn M. West e Kalimah Johnson, "Sexual Violence in the Lives of African American Women", National Online Resource Center on Violence against Women, 2013. Disponível em: <vawnet.org/sites/default/files/materials/files/2016-09/AR_SVAAWomenRevised.pdf>, p. 2. Acesso em: 27 ago. 2021.

32. Joanna Bourke, *Rape: A History from 1860 to the Present Day*. Londres: Virago, 2007, p. 77.

33. Rebecca Epstein, Jamilia J. Blake e Thalia González, "Girlhood Interrupted: The Erasure of Black Girls' Childhood", Georgetown Center on Poverty and Inequality, 2017. Disponível em: <https://ssrn.com/abstract=3000695>. Acesso em: 27 ago. 2021.

34. Kimberlé Williams Crenshaw, "I Believe I Can Lie", *The Baffler*, 17 jan. 2019. Disponível em: <https://thebaffler.com/latest/i-believe-i-can-lie-crenshaw>. Acesso em: 27 ago. 2021.

35. Nos Estados Unidos, estima-se que 41,2% das mulheres negras não hispânicas sofrerão violência física de um parceiro íntimo em algum momento de suas vidas, já entre mulheres brancas não hispânicas, essa

taxa é de 30,5%. Entre mulheres ameríndias, o número é 51,7%, e entre mulheres hispânicas, 29,7%. Ver Matthew J. Breiding, Sharon G. Smith, Kathleen C. Basile, Mikel L. Walters, Jieru Chen e Melissa T. Merrick, "Prevalence and Characteristics of Sexual Violence, Stalking, and Intimate Partner Violence Victimization — National Intimate Partner and Sexual Violence Survey, United States, 2011", *Center for Disease Control and Prevention: Morbidity and Mortality Weekly Report*, v. 63, n. 8, 2014, tabela 7. Disponível em: <www.cdc.gov/mmwr/preview/mmwrhtml/ss6308a1.htm>. Acesso em: 27 ago. 2021. Mulheres negras são assassinadas três vezes mais do que mulheres brancas americanas. Ver Emiko Petrosky, Janet M. Blair, Carter J. Betz, Katherine A. Fowler, Shane P. D. Jack e Bridget H. Lyons, "Racial and Ethnic Differences in Homicides of Adult Women and the Role of Intimate Partner Violence — US, 2003-2014", *Morbidity and Mortality Weekly Report*, v. 66, n. 28, p. 742, 2017.

36. Beth E. Richie, *Arrested Justice: Black Women, Violence, and America's Prison Nation*. Nova York: NYU Press, 2012.

37. Shatema Threadcraft, "North American Necropolitics and Gender: On #BlackLivesMatter and Black Femicide", *South Atlantic Quarterly*, v. 116, n. 3, p. 574, 2017.

38. Ibid., p. 566.

39. Joe Coscarelli, "R. Kelly Faces a #MeToo Reckoning as Time's Up Backs a Protest", *The New York Times*, 1 maio 2018. Disponível em: <www.nytimes.com/2018/05/01/arts/music/r-kelly-timesup-metoo-muterkelly.html>. Acesso em: 27 ago. 2021.

40. "Chance the Rapper Apologizes for Working With R. Kelly", NBC Chicago, 8 jan. 2019. Disponível em: <www.nbcchicago.com/news/local/Chance-the-Rapper-Apologizes-for-Working-With-R-Kelly-504063131.html>. Acesso em: 27 ago. 2021.

41. Alan Blinder, "Was That Ralph Northam in Blackface? An Inquiry Ends Without Answers". *The New York Times*, 22 maio 2019. Disponível em: <www.nytimes.com/2019/05/22/us/ralph-northam-blackface-photo.html>. Acesso em: 27 ago. 2021.

42. "Virginia's Justin Fairfax Compared Himself to Lynching Victims In An Impromptu Address". YouTube, 25 fev. 2019. Disponível em: <www.youtube.com/watch?v=ZTaTssa2d8E>. Acesso em: 27 ago. 2021.

43. Anubha Bhonsle, "Indian Army, Rape Us", *Outlook*, 10 fev. 2016. Disponível em: <www.outlookindia.com/website/story/indian-army-rape-us/296634>. Acesso em: 27 ago. 2021. Meus agradecimentos a Durba Mitra por chamar a minha atenção para esse caso e suas extraordinárias consequências.

44. Sobre o papel da mulher de casta inferior e "sexualmente transgressora" na formação social da Índia colonial e pós-colonial, consultar: Durba

Mitra, *Indian Sex Life: Sexuality and the Colonial Origins of Modern Social Thought*. Princeton: Princeton University Press, 2020.

45. "Hathras Case: A Woman Repeatedly Reported Rape. Why are Police Denying It?". BBC News, 10 out. 2020. Disponível em: <www.bbc.co.uk/news/world-asia-india-54444939>. Acesso em: 27 ago. 2021.

46. Adrija Bose, "'Why Should I be Punished?': Punita Devi, Wife of Nirbhaya Convict, Fears Future of 'Shame'". *News 18*, 19 mar. 2020. Disponível em: <www.news18.com/news/buzz/why-should-i-be--punished-punita-devi-wife-of-nirbhaya-convict-fears-future-of-shame--delhi-gangrape-2543091.html>. Acesso em: 27 ago. 2021.

47. Ibid. Sobre a reação de feministas indianas (no que diz respeito ao encarceramento) ao caso do estupro coletivo de Singh e a crítica que recebeu das feministas marxistas, consulte: Prabha Kotiswaran, "Governance Feminism in the Postcolony: Reforming India's Rape Laws". In: Janet Halley, Prabha Kotiswaran, Rachel Rebouché e Hila Shamir, *Governance Feminism: An Introduction*. Minneapolis: University of Minnesota Press, 2018, pp. 75-148. Para uma crítica da resposta carcerária à violência sexual, consulte: "Sexo, carceralismo, capitalismo" (neste livro), pp. 189-226.

48. Claudia Jones, "An End to the Neglect of the Problems of the Negro Woman!" [1949]. Carole Boyce Davies (Org.), *Claudia Jones: Beyond Containment*. Banbury: Ayebia Clarke Publishing, 2011, pp. 74-86; Frances M. Beal, "Double Jeopardy: To Be Black and Female" [1969], *Meridians: Feminism, Race, Transnationalism*, v. 8, n. 2, pp. 166-76, 2008; Enriqueta Longeaux y Vásquez, "The Mexican-American Woman". In: Robin Morgan (Org.), *Sisterhood is Powerful: An Anthology of Writings from the Women's Liberation Movement*. Nova York: Vintage, 1970, pp. 379-84; Selma James, *Sex, Race and Class*. Bristol: Falling Wall Press, 1975; The Combahee River Collective, "A Black Feminist Statement" [1977]. In: Barbara Smith (Org.), *Home Girls: A Black Feminist Anthology*. Nova York: Kitchen Table: Women of Color Press, 1983, pp. 272-92 [Ed. bras.: "Manifesto do Coletivo Combahee River". *Plural*, USP, São Paulo, v. 26, n. 1, 2019]; Lorraine Bethel e Barbara Smith (Orgs.), *Conditions: Five: The Black Women's Issue*, 1979; Angela Davis, *Women, Race & Class*, op. cit.; Cherríe Moraga e Gloria E. Anzaldúa, *This Bridge Called My Back: Writings by Radical Women of Color*. Londres: Persephone Press, 1981; bell hooks, *Ain't I a Woman? Black Women and Feminism*. Londres: South End Press, 1981. [Ed. bras.: *E eu não sou uma mulher? Mulheres negras e feminismo*. Trad. de Bhuvi Libanio. Rio de Janeiro: Rosa dos Tempos, 2019]; Id., *Feminist Theory: From Margin to Center*. Londres: Routledge, 1984 [Ed. bras.: *Teoria feminista: Da margem ao centro*. Trad. de Rainer Patriota. São Paulo: Perspectiva, 2019]; e Kimberlé Crenshaw, "Demarginalizing the Intersection of Race and Sex: A Black Feminist

Critique of Antidiscrimination Doctrine, Feminist Theory and Antiracist Politics", *University of Chicago Legal Forum*, v. 1989, n. 1, pp. 139-67, 1989.

49. Para mais informações sobre esse fenômeno, ver: "Sexo, carceralismo, capitalismo" (neste volume, pp. 189-226).

50. Ida B. Wells, "Southern Horrors: Lynch Laws in All Its Phases" [1892]. In: Jacqueline Jones Royster (Org.), *Southern Horrors and Other Writings: The Anti-Lynching Campaign of Ida B. Wells 1892-1900*. Boston, Nova York: Bedford Books, 1997, p. 59.

51. Jia Tolentino, "Jian Ghomeshi, John Hockenberry, and the Laws of Patriarchal Physics". *The New Yorker*, 17 set. 2018. Disponível em: <www.newyorker.com/culture/cultural-comment/jian-ghomeshi-john-hockenberry-and-the-laws-of-patriarchal-physics>. Acesso em: 27 ago. 2021.

52. Patrick Smith e Amber Jamieson, "Louis C. K. Mocks Parkland Shooting Survivors, Asian Men, And Nonbinary Teens in Leaked Audio". BuzzFeed News, 31 dez. 2018. Disponível em: <www.buzzfeednews.com/article/patricksmith/louis-ck-mocks-parkland-shooting-survivors-asian-men-and?ref=hpsplash&bftw=&utm_term=4ldqpfp#4ldqpfp>. Acesso em: 27 ago. 2021.

53. Enquanto isso, o único programa de TV que tomou uma atitude contra o comportamento de C. K., o brilhante e comovente *One Mississippi*, criado por Tig Notaro e Diablo Cody, no qual C. K. trabalhara como produtor executivo, foi cancelado pela Amazon após duas temporadas.

54. Glenn Whipp, "A Year after #MeToo Upended the Status Quo, the Accused are Attempting Comebacks — but Not Offering Apologies". *Los Angeles Times*, 5 out. 2018. Disponível em: <www.latimes.com/entertainment/la-ca-mn-me-too-men-apology-20181005-story.html>. Acesso em: 27 ago. 2021.

55. John Hockenberry, "Exile". *Harper's*, out. 2018. Disponível em: <https://harpers.org/archive/2018/10/exile-4/>. Acesso em: 27 ago. 2021.

56. Kevin Spacey (@KevinSpacey), *Twitter*, 30 out. 2017. Disponível em: <https://twitter.com/KevinSpacey/status/924848412842971136>. Acesso em: 27 ago. 2021.

57. Id., "Let Me Be Frank". *YouTube*, 24 dez. 2018. Disponível em: <www.youtube.com/watch?v=JZveA-NAIDI>. Acesso em: 27 ago. 2021.

58. Michelle Goldberg, "The Shame of the MeToo Men". *The New York Times*, 14 set. 2018. Disponível em: <www.nytimes.com/2018/09/14/opinion/columnists/metoo-movement-franken-hockenberry-macdonald.html>. Acesso em: 27 ago. 2021.

59. Catharine A. MacKinnon, *Toward a Feminist Theory of the State*. Cambridge (EUA): Harvard University Press, 1991 [1989], p. 180.

60. *R vs. Cogan e Leak*, 1976. QB 217.

61. Leak foi condenado por ajudar e encorajar um estupro, embora, do ponto de vista da lei, não tenha havido tentativa nem ocorrido nenhum estupro.

Ele não foi acusado de estuprar sua esposa: a "exceção do estupro marital" foi revogada pela Câmara dos Lordes apenas em 1991.

62. Melena Ryzik, Cara Buckley e Jodi Kantor, "Louis C. K. Is Accused by 5 Women of Sexual Misconduct". *The New York Times*, 9 nov. 2017. Disponível em: <www.nytimes.com/2017/11/09/arts/television/louis-ck-sexual-misconduct.html>. Acesso em: 27 ago. 2021.

63. "The Reckoning: Women and Power in the Workplace". *The New York Times Magazine*, 13 dez. 2017. Disponível em: <www.nytimes.com/interactive/2017/12/13/magazine/the-reckoning-women-and-power-in-the-workplace.html>. Acesso em: 27 ago. 2021.

64. Ian Buruma, em 2018, recém-nomeado editor da *New York Review of Books*, publicou na revista um ensaio pessoal de Jian Ghomeshi — "Reflections from a Hashtag" (*NYRB*, 11 out. 2018. Disponível em: <www.nybooks.com/articles/2018/10/11/reflections-hashtag/>. Acesso em: 27 ago. 2021.) —, que havia sido demitido da rádio CBC em 2014 após ter sido acusado por várias mulheres de agressão sexual. O texto era uma autodeclaração deturpada de inocência, que omitia o fato de que as acusações apresentadas por uma das mulheres só foram retiradas depois que Ghomeshi concordou em lhe pedir desculpas. Feministas, entre elas eu mesma, tuitaram sobre a aversão à decisão de Buruma de publicar Ghomeshi. Pouco depois, Buruma foi forçado a deixar o seu posto. A história da demissão publicada no *New York Times* incluía a reprodução da imagem do meu tuíte. Eu me senti incomodada. Por um lado, achava que Buruma tinha feito um mau julgamento editorial, e pelo que eu havia ouvido e depois apurei, impôs seu desejo passando por cima da discordância de sua equipe, na qual havia mulheres seniores que trabalhavam na revista havia muito tempo. Espero que ele tenha sido obrigado a sair por isso: por sua própria equipe, por ter sido um editor ruim e um chefe ditatorial. Mas, e se ele tivesse sido levado a renunciar, como Buruma alega, apenas porque "um ataque nas redes sociais" (do qual fiz parte) havia forçado a diretoria do *NYRB* a tomar uma decisão precipitada? Um editor provocar a fúria das pessoas no Twitter não é um bom motivo para demiti-lo, mesmo que essa fúria seja justificada. Não irritar as pessoas nas redes sociais não configura parte do que é ser um bom editor, nem do que é ser um bom acadêmico. As feministas, que tiram do sério um monte de gente, devem ser as primeiras a insistir que as instituições dedicadas a buscar a verdade — revistas literárias, universidades — não dependam da aprovação pública para sobreviver.

65. Queixa, *Bonsu vs. Universidade de Massachusetts — Amherst*, Ação Civil n. 3:15-cv-30172-MGM (Distrito de Massachusetts, 25 set. 2015), p. 9.

66. Emily Yoffe, op. cit.

67. Queixa, *Bonsu vs. Universidade de Massachusetts*, op. cit., p. 10.

68. Ibid.

69. Massachusetts é um dos estados americanos que continua a definir o estupro em termos de força e ameaça, em vez de considerar termos de consentimento ("afirmativo" ou não); estupro é, portanto, "relação sexual ou relação sexual não natural com uma pessoa", quando o agressor "obriga essa pessoa a se submeter à sua força e agir contra a vontade, ou a se submeter por meio de ameaça de lesão corporal". Consultar a Mass. Gen. Law [Lei Geral de Massachusetts] 265, §22.

70. Emily Yoffe, op. cit.

71. Jacob Gersen e Jeannie Suk, "The Sex Bureaucracy". *California Law Review*, v. 104, n. 4, pp. 881-948, 2016. Veja também: Janet Halley, "Trading the Megaphone for the Gavel in Title IX Enforcement". *Harvard Law Review Forum*, v. 128, pp. 103-17, 2015; Janet Halley, "The Move to Affirmative Consent". *Signs*, v. 42, n. 1, pp. 257-79, 2016; Laura Kipnis, *Unwanted Advances: Sexual Paranoia Comes to Campus*. Nova York: HarperCollins, 2017; Elizabeth Bartholet, Nancy Gertner, Janet Halley e Jeannie Suk Gersen, "Fairness For All Students Under Title IX". *Digital Access to Scholarship at Harvard*, 21 ago. 2017. Disponível em: <nrs.harvard.edu/urn-3:HUL.InstRepos:33789434>. Acesso em: 27 ago. 2021; e Wesley Yang, "The Revolt of the Feminist Law Profs: Jeannie Suk Gersen and the Fight to Save Title IX from itself". *The Chronicle of Higher Education*, 7 ago. 2019. Disponível em: <www.chronicle.com/article/the--revolt-of-the-feminist-law-profs/>. Acesso em: 27 ago. 2021.

72. Jacob Gersen e Jeannie Suk, op. cit., p. 946, grifo meu.

73. Até mesmo Ruth Bader Ginsburg, heroína das feministas liberais, disse que "a crítica a alguns códigos de conduta da universidade que não dão ao acusado uma oportunidade justa de ser ouvido" estava correta, e que "todos merecem um julgamento justo" (Jeffrey Rosen, "Ruth Bader Ginsburg Opens Up About #MeToo, Voting Rights, and Millennials". *The Atlantic*, 15 fev. 2018. Disponível em: <www.theatlantic.com/politics/archive/2018/02/ruth-bader-ginsburg-opens-up-about-metoo-voting--rights-and-millenials/553409/>. Acesso em: 27 ago. 2021.).

74. Jacob Gersen e Jeannie Suk, op. cit., p. 946.

75. Em "Rape Redefined", MacKinnon escreve que "o gênero sexual pertence a uma lista de desigualdades que, quando usadas como forma de poder e de coerção nas interações sexuais, fazem do sexo um estupro" (Catharine A. MacKinnon, "Rape Redefined". *Harvard Law & Policy Review*, v. 10, n. 2, p. 469, 2016).

76. Código de Educação da Califórnia §67386. Sobre o papel de Jerry Brown no aumento do encarceramento em massa no estado, ver Ruth Wilson Gilmore, *Golden Gulag: Prisons, Surplus, Crisis, and Opposition in Globalizing California*. Berkeley: University of California Press, 2007.

77. Ezra Klein, "'Yes Means Yes' é uma lei terrível, que eu apoio totalmente". *Vox*, 13 out. 2014. Disponível em: <www.vox.com/2014/10/13/6966847/

yes-means-yes-is-a-terrible-bill-and-i-completely-support-it>. Acesso em: 27 ago. 2021.

78. MacKinnon, "Rape Redefined", op. cit., p. 454. Para uma discussão cruzada dos limites do paradigma do consentimento, consulte Linda Martín Alcoff, *Rape and Resistance*. Cambridge: Polity, 2018; e Joseph J. Fischel, *Screw Consent: A Better Politics of Sexual Justice*. Berkeley: University of California Press, 2019.

79. Nova Jersey: "A fim de estabelecer o consentimento efetivo da pretensa vítima de agressão sexual, o réu deve demonstrar a presença de 'permissão afirmativa e livremente concedida [...]'" (*State vs. Cuni*, 733 A.2d 414, 159 N.J. 584 (1999), p. 424). Oklahoma: "O termo 'consentimento' quer dizer que há um acordo afirmativo, inequívoco e voluntário, para envolver-se em uma atividade sexual específica durante um encontro sexual, que pode ser revogado a qualquer momento" (Okla. Stat. 21 §113). Wisconsin: "'Consentimento' significa palavras ou ações explícitas de uma pessoa competente para consentir de forma bem fundamentada, indicando um acordo livre para que haja contato ou relações sexuais" (Wis. Stat. § 940.225[4]).

80. Queixa, *Bonsu vs. Universidade de Massachusetts*, op. cit., p. 10.

81. Jia Tolentino, op. cit.

82. Jian Ghomeshi, op. cit.

83. Michelle Goldberg, op. cit.

Conversando com meus alunos sobre pornografia [pp. 55-102]

1. O título verdadeiro, menos empolgante, era "The Scholar and the Feminist IX: Towards a Politics of Sexuality" [A academia e a feminista IX: Rumo a uma política da sexualidade].

2. *Diary of a Conference on Sexuality*, 1982. Disponível em: <www.darkmatterarchives.net/wp-content/uploads/2011/12/Diary-of-a-Conference--on-Sexuality.pdf>, p. 38. Acesso em: 27 ago. 2021.

3. Lorna Norman Bracewell, "Beyond Barnard: Liberalism, Antipornography Feminism, and the Sex Wars". *Signs*, v. 42, n. 1, p. 23, 2016.

4. *Diary of a Conference on Sexuality*, op. cit., p. 72.

5. Alice Echols, "Retrospective: Tangled Up in Pleasure and Danger". *Signs*, v. 42, n. 1, p. 12, 2016.

6. Rachel Corbman, "The Scholars and the Feminists: The Barnard Sex Conference and the History of the Institutionalization of Feminism". *Feminist Formations*, v. 27, n. 3, p. 59, 2015.

7. "Coalition for a Feminist Sexuality and against Sadomasochism". Folheto The Barnard, reproduzido em *Feminist Studies*, v. 9, n. 1, pp. 180-2, 1983.

8. *Diary of a Conference on Sexuality*, op. cit., p. 72.

9. Gayle Rubin, "Blood under the Bridge: Reflections on 'Thinking Sex'". *GLQ: A Journal of Lesbian and Gay Studies*, v. 17, n. 1, pp. 26-7, 2011.

10. Elizabeth Wilson, "The Context of 'Between Pleasure and Danger': The Barnard Conference on Sexuality". *Feminist Review*, v. 13, n. 1, p. 40, 1983.

11. Ibid., p. 35.

12. Gayle Rubin, op. cit., p. 34.

13. Consulte, por exemplo, Sheila Jeffreys, "Let Us Be Free to Debate Transgenderism without Being Accused of 'Hate Speech'". *The Guardian*, 29 maio 2012. Disponível em: <www.theguardian.com/commentisfree/2012/may/29/transgenderism-hate-speech>. Acesso em: 27 ago. 2021.

14. Ibid., p. 16.

15. Isto é, onipresente e instantânea para metade da população mundial. A outra metade não tem acesso à internet. A China e a Índia, em termos absolutos, têm o maior número de usuários de internet do mundo, mas apenas 54% e 30% de suas populações, respectivamente, estão online. No Afeganistão, esse número é 10%. Na República do Congo, 6%. (Max Roser, Hannah Ritchie e Esteban Ortiz-Ospina, "Internet". *Our World in Data*, 2017. Disponível em: <https://ourworldindata.org/internet>. Acesso em: 27 ago. 2021.).

16. Alice Echols, *Daring to Be Bad: Radical Feminism in America 1967-1975*. Minneapolis: University of Minnesota Press, 2011 [1989], p. 361, fn. 7; Bracewell, op. cit., pp. 29-30, fn. 19; e Robin Morgan, "Goodbye to All That" [1970]. In: Judith Clavir Albert e Stewart Edward Albert (Orgs.), *The Sixties Papers: Documents of a Rebellious Decade*. Westport: Praeger, 1984, pp. 509-16.

17. Andrea Dworkin, "Suffering and Speech". In: Catharine A. MacKinnon e Andrea Dworkin (Orgs.), *In Harm's Way: The Pornography Civil Rights Hearings*. Cambridge (EUA): Harvard University Press, 1997, p. 28; e Bracewell, op. cit., pp. 28-30.

18. Robin Morgan, "Theory and Practice: Pornography and Rape" (citado, daqui em diante, como TP:PR) [1974]. In: Laura Lederer (Org.), *Take Back the Night: Women on Pornography*. Nova York: William Morrow and Company, 1980, p. 139.

19. Rubin, op. cit., pp. 29-30.

20. Georgia Dullea, "In Feminists' Antipornography Drive, 42nd Street Is the Target". *The New York Times*, 6 jul. 1979. Disponível em: <www.nytimes.com/1979/07/06/archives/in-feminists-antipornography-drive-42d--street-is-the-target.html>. Acesso em: 27 ago. 2021.

21. Ibid.

22. Robin Morgan, TP:PR, p. 139.

23. Catharine A. MacKinnon, *Only Words*. Cambridge (EUA): Harvard University Press, 1996 [1993], pp. 21-2.

24. Citado em Patricia Hill Collins, *Black Feminist Thought*. Abington: Routledge, 1991 [1990]), p. 168. [Ed. bras.: *Pensamento feminista negro*. Trad. de Jamille Pinheiro Dias. São Paulo: Boitempo, 2019, p. 236.]
25. Ibid., pp. 167-8. [Ed. bras.: p. 235.]
26. Ann Snitow, Christine Stansell e Sharon Thompson (Orgs.), *Powers of Desire: The Politics of Sexuality*. Nova York: Monthly Review Press, 1983, p. 460. Essa citação foi tirada de uma nota introdutória dos organizadores do livro, que está no início do ensaio "Feminism, Moralism, and Pornography", de Ellen Willis.
27. MacKinnon, *Only Words*, op. cit., pp. 19-20.
28. Michael Castleman, "Surprising New Data from the World's Most Popular Porn Site". *Psychology Today*, 15 mar. 2018. Disponível em: <www.psychologytoday.com/us/blog/all-about-sex/201803/surprising-new-data-the-world-s-most-popular-porn-site>. Acesso em: 27 ago. 2021.
29. Gert Martin Hald, Neil M. Malamuth e Carlin Yuen, "Pornography and Attitudes Supporting Violence against Women: Revisiting the Relationship in Nonexperimental Studies". *Aggressive Behavior*, v. 36, n. 1, p. 18, 2010.
30. Ibid.
31. Paul J. Wright e Michelle Funk, "Pornography Consumption and Opposition to Affirmative Action for Women: A Prospective Study". *Psychology of Women Quarterly*, v. 38, n. 2, pp. 208-21, 2014.
32. Elizabeth Oddone-Paolucci, Mark Genius e Claudio Violato, "A Meta-Analysis of the Published Research on the Effects of Pornography". In: Id., *The Changing Family and Child Development*. Farnham (ING): Ashgate, 2000, pp. 48-59.
33. Neil M. Malamuth, Tamara Addison e Mary Koss, "Pornography and Sexual Aggression: Are There Reliable Effects and Can We Understand Them?". *Annual Review of Sex Research*, v. 11, n. 1, pp. 26-91, 2000.
34. Joetta L. Carr e Karen M. VanDeusen, "Risk Factors for Male Sexual Aggression on College Campuses". *Journal of Family Violence*, v. 19, n. 5, pp. 279-89, 2004.
35. Matthew W. Brosi, John D. Foubert, R. Sean Bannon e Gabriel Yandell, "Effects of Sorority Members' Pornography Use on Bystander Intervention in a Sexual Assault Situation and Rape Myth Acceptance". *Oracle: The Research Journal of the Association of Fraternity/Sorority Advisors*, v. 6, n. 2, pp. 26-35, 2011.
36. "Study Exposes Secret World of Porn Addiction". University of Sydney, 10 maio 2012. Disponível em: <http://sydney.edu.au/news/84.html?newscategoryid=1&newsstoryid=9176>. Acesso em: 27 ago. 2021.
37. Gustavo S. Mesch, "Social Bonds and Internet Pornographic Exposure Among Adolescents". *Journal of Adolescence*, v. 32, n. 3, pp. 601-18, 2009.

38. Jon Ronson, "The Butterfly Effect". *Audible*, 2017, ep. 4: "Children". Disponível em: <www.jonronson.com/butterfly.html>. Acesso em: 27 ago. 2021.

39. Maddy Coy, Liz Kelly, Fiona Elvines, Maria Garner e Ava Kanyeredzi, "'Sex Without Consent, I Suppose that Is Rape': How Young People in England Understand Sexual Consent". *Children's Commissioner*, 2013. Disponível em: <www.childrenscommissioner.gov.uk/report/sex-without-consent-i-suppose-that-is-rape/>. Acesso em: 27 ago. 2021. Rae Langton discute essa pesquisa e suas implicações para o debate feminista sobre a pornografia, "Is Pornography Like The Law?". In: Mari Mikkola (Org.), *Beyond Speech: Pornography and Analytic Feminist Philosophy*. Oxford: Oxford University Press, 2017, pp. 23-38.

40. Rae Langton, "Speech Acts and Unspeakable Acts". *Philosophy and Public Affairs*, v. 22, n. 4, p. 311, 1993.

41. Stoya, "Feminism and Me". *Vice*, 15 ago. 2013. Disponível em: <www.vice.com/en/article/bn5gmz/stoya-feminism-and-me>. Acesso em: 27 ago. 2021.

42. Stoya, "Can There Be Good Porn?". *The New York Times*, 4 mar. 2018. Disponível em: <www.nytimes.com/2018/03/04/opinion/stoya-good-porn.html>. Acesso em: 27 ago. 2021.

43. Peggy Orenstein, *Girls & Sex: Navigating the Complicated New Landscape*. Londres: OneWorld, 2016, pp. 7-8. [Ed. bras.: *Garotas & sexo*. Trad. de Rachel Botelho. Rio de Janeiro: Zahar, 2017, pp. 15-6.]

44. Em um grande estudo sobre a cultura das "ficadas" entre universitários heterossexuais dos Estados Unidos, realizado entre 2005 e 2008, os pesquisadores descobriram que, nos primeiros encontros em que havia sexo oral, em 55% dos casos só os homens recebiam, enquanto apenas as mulheres recebiam sexo oral em apenas 19% dos casos. Os pesquisadores também descobriram que, nos primeiros encontros, os homens atingiam o orgasmo com uma frequência três vezes maior do que as mulheres; essa diferença diminui, mas não deixa de existir, quando estabelecem relacionamentos, em que as mulheres universitárias têm orgasmo 79% das vezes que seus parceiros masculinos o fazem. (Elizabeth A. Armstrong, Paula England e Alison C. K. Fogarty, "Orgasm in College Hookups and Relationships". In: Barbara J. Risman e Virginia E. Rutter (Orgs.), *Families as They Really Are*. 2. ed. Nova York: W. W. Norton, 2015, pp. 280-96.

45. Nancy Bauer, "Pornutopia". *n+1*, inverno de 2007. Disponível em: <https://nplusonemag.com/issue-5/essays/pornutopia/>. Acesso em: 27 ago. 2021.

46. Parte dessa entrevista está na série de podcasts *Unfinished Business*, de Polly Russell. Série 2, ep. 2: "The Politics of Pleasure". The British Library, 2020. Disponível em: <www.bl.uk/podcasts>. Acesso em: 27 ago. 2021.

47. Zoë Heller, "'Hot' 'Sex & Young Girls". *The New York Review of Books*, 18 ago. 2016. Disponível em: <www.nybooks.com/articles/2016/08/18/hot-sex-young-girls/>. Acesso em: 27 ago. 2021.

48. Vincent Canby, "What Are We To Think of 'Deep Throat'?". *The New York Times*, 21 jan. 1973. Disponível em: <www.nytimes.com/1973/01/21/archives/what-are-we-to-think-of-deep-throat-what-to-think-of-deep-throat.html>. Acesso em: 27 ago. 2021.

49. Stuart Taylor Jr., "Pornography Foes Lose New Weapon in Supreme Court". *The New York Times*, 25 fev. 1986. Disponível em: <www.nytimes.com/1986/02/25/us/pornography-foes-lose-new-weapon-in-supreme-court.html>, grifo meu. Acesso em: 27 ago. 2021.

50. Caso *R.A.V. vs. cidade de St. Paul, Minnesota 505* US 377 (1992).

51. Decreto de crime motivado por preconceito, cidade de St. Paul (MN). Código da legislação § 292.02 (1990).

52. MacKinnon, *Only Words*, op. cit., p. 12.

53. *R. vs. Butler* (1992), 1 S. C. R. 452, Suprema Corte do Canadá.

54. Ibid., p. 103

55. *R. vs. Scythes* (1993) OJ 537. Ver Becki L. Ross, "'It's Merely Designed for Sexual Arousal': Interrogating the Indefensibility of Lesbian Smut" [1997]. In: Drucilla Cornell (Org.), *Feminism and Pornography*. Oxford: Oxford University Press, 2007 [2000], pp. 264 ss. Para uma defesa qualificada de *Butler*, consulte Ann Scales, "Avoiding Constitutional Depression: Bad Attitudes and the Fate of *Butler*" [1994]. In: *Feminism and Pornography*, op. cit., pp. 318-44.

56. Jeffrey Toobin, "X-Rated". *The New Yorker*, pp. 70-8, 3 out. 1994.

57. Ellen Willis, "Feminism, Moralism, and Pornography" [1979]. In: Ann Snitow, Christine Stansell e Sharon Thompson (Orgs.), *Powers of Desire: The Politics of Sexuality*. Nova York: Monthly Review Press, 1983, p. 464.

58. Bracewell, op. cit., p. 35, fn. 29.

59. "Attorney General's Commission on Pornography: Final Report", U.S. Department of Justice, 1986, v. 1, p. 78.

60. Morgan, TP:PR, p. 137.

61. Christopher Hooton, "A Long List of Sex Acts Just Got Banned in UK Porn". *Independent*, 2 dez. 2014. Disponível em: <www.independent.co.uk/news/uk/a-long-list-of-sex-acts-just-got-banned-in-uk-porn-9897174.html>. Acesso em: 27 ago. 2021.

62. Frankie Miren, "British BDSM Enthusiasts Say Goodbye to Their Favorite Homegrown Porn". *Vice*, 1 dez. 2014. Disponível em: <www.vice.com/en_uk/article/nnqybz/the-end-of-uk-bdsm-282>. Acesso em: 27 ago. 2021.

63. Tracy McVeigh, "Can Iceland Lead the Way Towards a Ban on Violent Online Pornography?". *The Observer*, 16 fev. 2013. Disponível em: <www.theguardian.com/world/2013/feb/16/iceland-online-pornography>. Acesso em: 27 ago. 2021.

64. Katrien Jacobs, "Internationalizing Porn Studies". *Porn Studies*, v. 1, n. 1-2, p. 117, 2014.

65. "UK's Controversial 'Porn Blocker' Plan Dropped". BBC News, 16 out. 2019. Disponível em: <www.bbc.co.uk/news/technology-50073102>. Acesso em: 27 ago. 2021.

66. Tom Crewe, "The P-P-Porn Ban". *London Review of Books*, 4 abr. 2019. Disponível em: <www.lrb.co.uk/the-paper/v41/n07/tom-crewe/short--cuts>. Acesso em: 27 ago. 2021.

67. Ryan Thorneycroft, "If Not a Fist, Then What About a Stump? Ableism and Heteronormativity Within Australia's Porn Regulations". *Porn Studies*, v. 7, n. 2, pp. 152-67, 2020.

68. Anirban K. Baishya e Darshana S. Mini, "Translating Porn Studies: Lessons from the Vernacular". *Porn Studies*, v. 7, n. 1, p. 3, 2020.

69. Compreendendo o Pornhub, "The 2019 Year in Review". Pornhub, 11 dez. 2019. Disponível em: <www.pornhub.com/insights/2019-year-in--review>. Acesso em: 27 ago. 2021.

70. Joe Pinsker, "The Hidden Economics of Porn". *The Atlantic*, 4 abr. 2016. Disponível em: <www.theatlantic.com/business/archive/2016/04/pornography-industry-economics-tarrant/476580/>. Acesso em: 27 ago. 2021.

71. Jon Millward, "Deep Inside: A Study of 10,000 Porn Stars and Their Careers". *Jon Millward: Data Journalist*, 14 fev. 2013. Disponível em: <https://jonmillward.com/blog/studies/deep-inside-a-study-of-10000--porn-stars/>. Acesso em: 27 ago. 2021; e Shira Tarrant, *The Pornography Industry: What Everyone Needs to Know*. Oxford: Oxford University Press, 2016, p. 51.

72. Gabrielle Drolet, "The Year Sex Work Came Home". *The New York Times*, 10 abr. 2020. Disponível em: <www.nytimes.com/2020/04/10/style/camsoda-onlyfans-streaming-sex-coronavirus.html>. Acesso em: 27 ago. 2021.

73. Blake Montgomery (@blakersdozen), Twitter, 31 mar. 2020. Disponível em: <https://twitter.com/blakersdozen/status/1245072167689060353?lang=en>. Acesso em: 27 ago. 2021.

74. Nana Baah, op. cit.

75. "SRE — The Evidence". *Sex Education Forum*, 1 jan. 2015. Disponível em: <www.sexeducationforum.org.uk/resources/evidence/sre-evidence>. Acesso em: 27 ago. 2021.

76. "Statutory RSE: Are Teachers in England Prepared?". *Sex Education Forum*, 2018. Disponível em: <www.sexeducationforum.org.uk/sites/default/files/field/attachment/Statutory%20RSE%20-%20are%20teachers%20in%20England%20prepared.pdf>. Acesso em: 27 ago. 2021.

77. "Give Parents the Right to Opt Their Child Out of Relationship and Sex Education". Petitions: UK Government and Parliament, 2019. Diponível

em: <https://petition.parliament.uk/petitions/235053>. Acesso em: 27 ago. 2021.

78. "Sex and HIV Education". Guttmacher Institute, 1º jan. 2021. Disponível em: <www.guttmacher.org/state-policy/explore/sex-and-hiv-education>. Acesso em: 27 ago. 2021.

79. "Abstinence Education Programs: Definition, Funding, and Impact on Teen Sexual Behavior". Kaiser Family Foundation, 1 jun. 2018. Disponível em: <www.kff.org/womens-health-policy/fact-sheet/abstinence--education-programs-definition-funding-and-impact-on-teen-sexual--behavior/>. Acesso em: 27 ago. 2021.

80. "SRE — The Evidence", op. cit.

81. "International Technical Guidance on Sexuality Education". Organização das Nações Unidas para a Educação, a Ciência e a Cultura (Unesco), rev. ed. (2018). Disponível em: <www.unaids.org/sites/default/files/media_asset/ITGSE_en.pdf>, p. 23. Acesso em: 27 ago. 2021.

82. Laura Mulvey, "Visual Pleasure and Narrative Cinema". *Screen*, v. 16, n. 3, p. 12, 1975. [Ed. bras.: "Prazer visual e cinema narrativo". Trad. de João Luiz Vieira. In: Ismael Xavier (Org.), *A experiência do cinema — Antologia*. Rio de Janeiro, São Paulo: Paz & Terra, 2018, p. 429.]

83. Citado em Linda Williams, *Hard Core: Power, Pleasure, and the "Frenzy of the Visible"*. Berkeley: University of California Press, 1999 [1989], p. 93.

84. Citação em ibid., p. 291.

85. Willis, "Feminism, Moralism, and Pornography", op. cit., p. 464.

86. Ver Parveen Adams, "Per Os(cillation)". *Camera Obscura*, Durham, Duke University Press, v. 6, n. 2, pp. 7-29, 1988.

87. Jennifer C. Nash, "Strange Bedfellows: Black Feminism and Antipornography Feminism". *Social Text*, v. 26, n. 4, p. 67, 2008. Consulte também: Id., *The Black Body in Ecstasy: Reading Race, Reading Pornography*. Durham: Duke University Press, 2014.

88. Leslie Green, "Pornographies". *Journal of Political Philosophy*, v. 8, n. 1, p. 47, 2000.

89. Pornhub Insights, "2017 Year in Review". Pornhub, 9 jan. 2018. Disponível em: <www.pornhub.com/insights/2017-year-in-review>. Acesso em: 27 ago. 2021.

90. Pinsker, op. cit.

91. Candida Royalle, "Porn in the USA" [1993]. In: *Feminism and Pornography*, op. cit., p. 547.

92. Marianna Manson e Erika Lust, "Feminist Porn Pioneer Erika Lust on the Cultural Cornerstones of Her Career". *Phoenix*, 31 maio 2018. Disponível em: <www.phoenixmag.co.uk/article/feminist-porn-pioneer--erika-lust-on-the-cultural-cornerstones-of-her-career/>. Acesso em: 27 ago. 2021.

93. A lei no Japão exige que toda genitália seja pixelada na pornografia, e um dos efeitos impensados disso tem sido a proliferação de formas pesadas e agressivas de pornografia; pornografia representando estupro e animações de pornografia infantil são legalizados.

94. Alexandra Hambleton, "When Women Watch: The Subversive Potential of Female-Friendly Pornography in Japan". *Porn Studies*, v. 3, n. 4, pp. 427-42, 2016.

95. Andrea Dworkin, *Intercourse*. Nova York: Basic Books, 2007 [1987], pp. 60-1.

O direito ao sexo [pp. 103-24]

1. Catharine A. MacKinnon, "Sexuality, Pornography, and Method: 'Pleasure under Patriarchy'". *Ethics*, v. 99, n. 2, pp. 319-20, 1989.

2. Ibid., p. 324.

3. Citado em Alice Echols, *Daring to Be Bad: Radical Feminism in America 1967-1975*. Minneapolis: University of Minnesota Press, 2011 [1989], p. 171. Grifo meu.

4. Valerie Solanas, scum *Manifesto*. Londres, Nova York: Verso, 2015 [1967], p. 61.

5. Citado em Echols, *Daring to Be Bad*, op. cit., p. 164

6. Ibid., cap. 4.

7. "Redstockings Manifesto" [1969]. In: Robin Morgan (Org.), *Sisterhood is Powerful: An Anthology of Writings from the Women's Liberation Movement*. Nova York: Vintage, 1970, p. 534.

8. Echols, *Daring to Be Bad*, op. cit., p. 146.

9. Ibid.

10. Ibid., p. 213. A mulher em questão era a importante ativista e feminista lésbica Rita Mae Brown.

11. Ibid., p. 232.

12. Sheila Jeffreys, "The Need for Revolutionary Feminism". *Scarlet Woman*, 5. ed. 1977, pp. 10-2.

13. Ibid., p. 11.

14. Jeska Rees, "A Look Back at Anger: The Women's Liberation Movement in 1978". *Women's History Review*, v. 19, n. 3, p. 347, 2010.

15. Para discussões sobre a história do MLM britânico, consulte Beverley Bryan, Stella Dadzie e Suzanne Scafe, *The Heart of the Race: Black Women's Lives in Britain*. Londres: Virago, 1985; Anna Coote e Beatrix Campbell, *Sweet Freedom: The Struggle for Women's Liberation*. Londres: Picador, 1982; Michelene Wandor, *Once a Feminist: Stories of a Generation*. Londres: Virago, 1990; Jeska Rees, op. cit.; Martin Pugh, *Women and the Women's Movement in Britain since 1914*. Londres: Palgrave, 2015 [1992]; Margaretta Jolly, *Sisterhood and after: An Oral History of the UK*

Women's Liberation Movement, 1968-present. Oxford: Oxford University Press, 2019.

16. Ellen Willis, "Lust Horizons: Is the Women's Movement Pro-Sex?" [1981]. In: Id., *No More Nice Girls: Countercultural Essays.* Minneapolis: University of Minnesota Press, 2012 [1992], pp. 6-7.

17. Sobre o racismo sexual entre homens gays e bissexuais, consulte Denton Callander, Martin Holt e Christy E. Newman, "Just a Preference: Racialised Language in the Sex-Seeking Profiles of Gay and Bisexual Men". *Culture, Health & Sexuality*, v. 14, n. 9, pp. 1049-63, 2012; Id., "Is Sexual Racism Really Racism? Distinguishing Attitudes Towards Sexual Racism and Generic Racism Among Gay and Bisexual Men". *Archives of Sexual Behavior*, v. 14, n. 7, pp. 1991-2000, 2015. Sobre o racismo sexual entre homens gays e como ele se compara com o fenômeno (muito mais raro) do racismo sexual entre mulheres gays, consulte Russell K. Robinson e David M. Frost, "LGBT Equality and Sexual Racism". *Fordham Law Review*, v. 86, ed. 6, pp, 2739-54, 2018. Robinson e Frost apontam as maneiras pelas quais o racismo sexual vai além da mera preferência do parceiro: "Um homem negro só pode ser considerado desejável à medida que adere a estereótipos raciais sexualizados [...] homens gays de várias raças usam raça como uma procuração para rotular um homem como 'ativo' ou 'passivo'. Espera-se que os homens negros incorporem o papel insertivo ou 'ativo' (associado à masculinidade), enquanto os homens asiáticos assumam seu papel receptivo ou passivo (considerados relativamente femininos). Os homens brancos, por outro lado, têm permissão para assumir o papel que quiserem — ativo, passivo ou versátil —, sem ficar limitados pelos estereótipos raciais" ("LGBT Equality and Sexual Racism", p. 2745).

18. Um filósofo trans que conheço se opôs a mim dizendo que, para eles, usar o Grindr e outros aplicativos de namoro tem sido uma experiência sexual e romanticamente libertadora, que abre possibilidades para novas atrações e relações.

19. Judith N. Shklar, "The Liberalism of Fear". In: Nancy L. Rosenblum (Org.), *Liberalism and the Moral Life.* Cambridge: Harvard University Press, 1989, pp. 21-38.

20. Rebecca Solnit, "Men Explain *Lolita* to Me". *Literary Hub*, 17 dez. 2015. Disponível em: <https://lithub.com/men-explain-lolita-to-me/>. Acesso em: 27 ago. 2021. [Ed. bras.: "Homens me explicam *Lolita*". In: Id., *A mãe de todas as perguntas: Reflexões sobre os novos feminismos.* Trad. de Denise Bottmann. São Paulo: Companhia das Letras, 2017, p. 129.]

21. Citado em Jonathan Beecher, "Parody and Liberation in *The New Amorous World* of Charles Fourier". *History Workshop Journal*, v. 20, n. 1, p. 127, 1985. Consulte também Jonathan Beecher, *Charles Fourier: The Visionary and His World.* Berkeley: University of California Press, 1986, cap. 15.

22. Andrea Long Chu, "On Liking Women". *n+1*, inverno 2018. Disponível em: <https://nplusonemag.com/issue-30/essays/on-liking-women/>. Acesso em: 27 ago. 2021.

23. Ibid.

24. Lindy West, *Shrill: Notes From a Loud Woman*. Londres: Quercus, 2016, pp. 76-7.

25. Para discutir mais sobre este tema, consulte Ann J. Cahill, "Sexual Desire, Inequality, and the Possibility of Transformation". In: Sherri Irvin (Org.), *Body Aesthetics*. Oxford: Oxford University Press, 2016, pp. 281-91; Sonu Bedi, "Sexual Racism: Intimacy as a Matter of Justice". *The Journal of Politics*, v. 77, n. 4, pp. 998-1011, 2015; Robin Zheng, "Why Yellow Fever Isn't Flattering: A Case Against Racial Fetishes". *Journal of the American Philosophical Association*, v. 2, n. 3, pp. 400-19, 2016; e Uku Tooming, "Active Desire". *Philosophical Psychology*, v. 32, n. 6, pp. 945-68, 2019.

26. Uma versão deste ensaio foi originalmente publicada na *London Review of Books*, v. 40, n. 6, 22 mar. 2018. Agradeço aos editores do *LRB* por terem autorizado a reimpressão do texto revisado neste volume.

Coda: A política do desejo [pp. 125-58]

1. Kate Manne (@kate_manne), Twitter, 25 ago. 2018. Disponível em: <https://twitter.com/kate_manne/status/1033420304830349314>. Acesso em: 27 ago. 2021.

2. Adrienne Rich, "Compulsory Heterosexuality and Lesbian Existence" [1980]. *Journal of Women's History*, v. 15, n. 3, pp. 11-48, 2003.

3. Ibid., pp. 26-7.

4. William S. Wilkerson, *Ambiguity and Sexuality: A Theory of Sexual Identity*. Londres: Palgrave Macmillan, 2007, p. 49.

5. Silvia Federici, "Wages Against Housework" [1975]. In: Id., *Revolution at Point Zero: Housework, Reproduction, and Feminist Struggle*. Oakland: PM Press, 2012, p. 22. [Ed. bras.: "Salários contra o trabalho doméstico". In: *O ponto zero da revolução: Trabalho doméstico, reprodução e luta feminista*. Trad. De Coletivo Sycorax. São Paulo: Elefante, 2019, p. 54.]

6. Andrea Long Chu e Anastasia Berg, "Wanting Bad Things: Andrea Long Chu Responds to Amia Srinivasan". *The Point*, 18 jul. 2018. Disponível em: <https://thepointmag.com/2018/dialogue/wanting-bad-things-andrea-long-chu-responds-amia-srinivasan>. Acesso em: 27 ago. 2021.

7. Audre Lorde, "Uses of the Erotic: The Erotic as Power" [1978]. In: Id., *Sister Outsider*. Berkeley: Crossing Press, 1984, pp. 57-58. [Ed. bras.: "Usos do erótico: O erótico como poder". In: *Irmã outsider: Ensaios e conferências*. Trad. de Stephanie Borges. Belo Horizonte: Autêntica, 2019, pp. 67-74.]

8. Sandra Lee Bartky, *Femininity and Domination: Studies in the Phenomenology of Oppression*. Abington: Routledge, 1990, p. 50. Consulte também

Ann J. Cahill, "Sexual Desire, Inequality, and the Possibility of Transformation". In: Sherri Irvin (Org.), *Body Aesthetics*. Oxford: Oxford University Press, 2016, p. 286.

9. Para conhecer um texto feminista contemporâneo que nos convida a repensar, mais uma vez, essas e outras questões relacionadas, leia Sophie Lewis, *Full Surrogacy Now: Feminism Against Family*. Londres, Nova York: Verso, 2019. Sobre a importância dos desafios feministas e queer para a família nuclear como estratégia para derrubar o neoliberalismo, consulte Melinda Cooper, *Family Values: Between Neoliberalism and The New Social Conservatism*. Princeton: Zone Books, 2017.

10. Para saber mais sobre a noção de "experiências de vida", consulte John Stuart Mill, "On Liberty". In: Mark Philp e Frederick Rosen (Orgs.), *On Liberty, Utilitarianism, and Other Essays*. Oxford: Oxford World Classics, 2015 [1859], pp. 56 ss. [Ed. bras.: "Sobre a liberdade". In: *Sobre a liberdade & A sujeição das mulheres*. Trad. de Paulo Geiger. São Paulo: Penguin Companhia das Letras, 2017 [1859], pp. 57-197.] Consulte também Sara Ahmed, *Living a Feminist Life*. Durham: Duke University Press, 2017.

11. Sekai Farai (@SekaiFarai), Twitter, 17 mar. 2018. Disponível em: <https://twitter.com/SekaiFarai/status/975026817550770177>. Acesso em: 27 ago. 2021.

12. Katherine Cross (@Quinnae_Moon), Twitter, 3 maio 2018. Disponível em: <https://twitter.com/Quinnae_Moon/status/992216016708165632>. Acesso em: 27 ago. 2021.

13. Yowei Shaw (u/believetheunit), "NPR Reporter Looking to Speak with Asian Women about Internalized Racism in Dating". Reddit, 6 jun. 2018. Disponível em: <www.reddit.com/r/asiantwoX/comments/8p3p7t/npr_reporter_looking_to_speak_with_asian_women/>. Acesso em: 27 ago. 2021.

14. Heather J. Chin (@HeatherJChin), Twitter, 8 jun. 2018. Disponível em: <https://twitter.com/HeatherJChin/status/1005103359114784769>. Acesso em: 27 ago. 2021. Chin depois suavizou sua posição, escrevendo: "Não estou mais desconfiada da reportagem [de Yowei Shaw] [...]. Sua abordagem das fontes demonstra vontade de ter cuidado, nuance + depois [falando com mulheres] Hapa eu não esperava ser afetada por isso, eu percebo que o 1º passo é necessário & quem melhor para enfrentar do que o povo [com] Yowei & a NPR gravando?". Heather J. Chin (@HeatherJChin), Twitter, 9 jun. 2018. Disponível em: <https://twitter.com/HeatherJChin/status/1005403920037015552)>. Acesso em: 27 ago. 2021.

15. Celeste Ng, "When Asian Women Are Harassed for Marrying Non-Asian Men". *The Cut*, 12 out. 2018. Disponível em: <www.thecut.com/2018/10/when-asian-women-are-harassed-for-marrying-non-asian-men.html>. Acesso em: 27 ago. 2021.

16. "Sub's Take on AF". Reddit (u/aznidentity), 15 abr. 2016. Disponível em: <https://www.reddit.com/r/aznidentity/comments/4eu8of/the_subs_take_on_af/>. Acesso em: 27 ago. 2021.

17. Wesley Yang, "The Face of Seung-Hui Cho". *n+1*, inverno 2008. Disponível em: <https://nplusonemag.com/issue-6/essays/face-seung-hui--cho/>. Acesso em: 27 ago. 2021.

18. Id., "The Passion of Jordan Peterson". *Esquire*, 1 maio 2018. Disponível em: <www.esquire.com/news-politics/a19834137/jordan-peterson-interview/>. Acesso em: 27 ago. 2021.

19. Yowei Shaw e Kia Miakka Natisse, "A Very Offensive Rom-Com". *Invisibilia*, NPR, 2019. Disponível em: <www.npr.org/programs/invisibilia/710046991/a-very-offensive-rom-com>. Acesso em: 27 ago. 2021.

20. Celeste Ng (@pronounced_ing), Twitter, 2 jun. 2015. Disponível em: <https://twitter.com/pronounced_ing/status/605922260298264576>. Acesso em: 27 ago. 2021.

21. Celeste Ng (@pronounced_ing), Twitter, 17 mar. 2018. Disponível em: <https://twitter.com/pronounced_ing/status/975043293242421254>. Acesso em: 27 ago. 2021.

22. Audrea Lim, "The Alt-Right's Asian Fetish". *The New York Times*, 6 jan. 2018. Disponível em: <www.nytimes.com/2018/01/06/opinion/sunday/alt-right-asian-fetish.html>. Acesso em: 27 ago. 2021.

23. Cristan Williams e Catharine A. MacKinnon, "Sex, Gender, and Sexuality: The TransAdvocate Interviews Catharine A. MacKinnon". *TransAdvocate*, 7 abr. 2015. Disponível em: <www.transadvocate.com/sex-gender-and-sexuality-the-transadvocate-interviews-catharine-a--mackinnon_n_15037.htm>. Acesso em: 27 ago. 2021.

24. Jordan Peterson, "Biblical Series IV: Adam and Eve: Self-Consciousness, Evil, and Death". *The Jordan B. Peterson.* Podcast, 2017. Disponível em: <www.jordanbpeterson.com/transcripts/biblical-series-iv/>. Acesso em: 27 ago. 2021.

25. "Technology And Female Hypergamy, And The Inegalitarian Consequences". *Château Heartiste*, 4 jan. 2018. Disponível em: <https://heartiste.org/2018/01/04/technology-and-female-hypergamy-and-the-inegalitarian-consequences/>. Acesso em: 27 ago. 2021.

26. Para uma discussão astuciosa sobre esses temas, consulte Mike Davis, "Trench Warfare: Notes on the 2020 Election". *New Left Review*, n. 126, nov.-dez. 2020. Disponível em: <https://newleftreview.org/issues/ii126/articles/mike-davis-trench-warfare>. Acesso em: 27 ago. 2021.

27. Katherine Cross (@Quinnae_Moon), Twitter, 3 maio 2018. Disponível em: <https://twitter.com/Quinnae_Moon/status/992216016708165632?s=20>. Acesso em: 27 ago. 2021.

28. Kate Julian, "Why Are Young People Having So Little Sex?". *The Atlantic*, dez. 2018. Disponível em: <www.theatlantic.com/magazine/archive/2018/12/the-sex-recession/573949/>. Acesso em: 27 ago. 2021.

29. Simon Dedeo, "Hypergamy, Incels, and Reality". *Axiom of Chance*, 15 nov. 2018. Disponível em: <http://simondedeo.com/?p=221>. Acesso em: 27 ago. 2021.

30. Sobre a relação entre misoginia e a extrema direita, consulte Michael Kimmel, *Angry White Men: American Masculinity at the End of an Era*. Nova York: Nation Books, 2013; Kyle Wagner, "The Future Of The Culture Wars Is Here, And It's Gamergate". *Deadspin*, 14 out. 2014. Disponível em: <https://deadspin.com/the-future-of-the-culture-wars-is-here-and-its-gamerga-1646145844>. Acesso em: 27 ago. 2021; Cara Daggett, "Petro-Masculinity: Fossil Fuels and Authoritarian Desire". *Millennium*, v. 47, n. 1, pp. 25-44, 2018; Bonnie Honig, "The Trump Doctrine and the Gender Politics of Power". *Boston Review*, 17 jul. 2018. Disponível em: <http://bostonreview.net/politics/bonnie-honig-trump-doctrine-and-gender-politics-power>. Acesso em: 27 ago. 2021; Matthew N. Lyons, *Insurgent Supremacists: The U.S. Far Right's Challenge to State and Empire*. Oakland; Montreal: PM Press; Kersplebedeb, 2018; Aja Romano, "How the Alt-Right's Sexism Lures Men into White Supremacy". *Vox*, 26 abr. 2018. Disponível em: <www.vox.com/culture/2016/12/14/13576192/alt-right-sexism-recruitment>; Ashley Mattheis, "Understanding Digital Hate Culture". CARR: Centre for the Analysis of the Radical Right, 19 ago. 2019. Disponível em: <www.radicalrightanalysis.com/2019/08/19/understanding-digital-hate-culture/>. Acesso em: 27 ago. 2021; Alexandra Minna Stern, *Proud Boys and the White Ethnostate: How the Alt-Right is Warping the American Imagination*. Boston: Beacon Press, 2019; os artigos de Agniezska Graff, Ratna Kapur e Suzanna Danuta Walters (Org.), *Signs*, v. 44, n. 3, "Gender and the Rise of the Global Right" (2019); Kristin Kobes Du Mez, *Jesus and John Wayne: How White Evangelicals Corrupted a Faith and Fractured a Nation*. Nova York: Liveright, 2020; e Talia Lavin, *Culture Warlords: My Journey into the Dark Web of White Supremacy*. Paris: Hachette, 2020.

31. Patrick Stedman (@Pat_Stedman), Twitter, 30 out. 2020. Disponível em: <https://twitter.com/Pat_Stedman/status/1322359911871819778>. Acesso em: 27 ago. 2021.

32. Ross Douthat, "The Redistribution of Sex". *The New York Times*, 2 maio 2018. Disponível em: <www.nytimes.com/2018/05/02/opinion/incels-sex-robots-redistribution.html>. Acesso em: 27 ago. 2021.

33. Meghan Murphy, "Ross Douthat Revealed the Hypocrisy in Liberal Feminist Ideology, and They're Pissed". *Feminist Currents*, 4 maio 2018. Disponível em: <www.feministcurrent.com/2018/05/04/ross-douthat-revealed-hypocrisy-liberal-feminist-ideology-theyre-pissed/>. Acesso em: 27 ago. 2021.

34. Rebecca Solnit, "A Broken Idea of Sex is Flourishing. Blame Capitalism". *The Guardian*, 12 maio 2018. Disponível em: <www.theguardian.com/commentisfree/2018/may/12/sex-capitalism-incel-movement-misogyny-feminism>. Acesso em: 27 ago. 2021. Em 1911, Alexandra Kollontai advertiu que "em uma sociedade baseada na competição, em uma sociedade onde a luta pela sobrevivência é violenta e todos estão envolvidos em uma corrida pelo lucro, por uma carreira, ou apenas por um pedaço de pão, não sobra espaço para o culto do exigente e frágil Eros" (Alexandra Kollontai, "Love and the New Morality". In: *Sexual Relations and the Class Struggle/ Love and the New Morality*. Trad. de Alix Holt. Bristol: Falling Wall Press, 1972, p. 20).

35. Mariarosa Dalla Costa e Selma James, "Women and the Subversion of the Community" [1971]. In: Id., *The Power of Women and the Subversion of the Community*. Bristol: Falling Wall Press, 1975 [1972], pp. 21-56; Mariarosa Dalla Costa, "A General Strike" [1974]. In: Wendy Edmond e Suzie Fleming (Orgs.), *All Work and No Pay: Women, Housework, and the Wages Due*. Londres, Bristol: Power of Women Collective; Falling Wall Press, 1975, pp. 125-7; Silvia Federici, "Wages Against Housework", op. cit.; Nancy Fraser, "Behind Marx's Hidden Abode". *New Left Review*, n. 86, mar.-abr. 2014, pp. 55-72; Id., "Contradictions of Capital and Care". *New Left Review*, n. 100, pp. 99-117, jul.-ago. 2016. Com relação às conexões entre o capitalismo neoliberal e a família nuclear, consulte Melinda Cooper, op. cit.

Sobre não dormir com seus alunos [pp. 159-88]

1. Jane Gallop, *Feminist Accused of Sexual Harassment*. Durham: Duke University Press, 1997, p. 57.
2. *Lanigan vs. Bartlett & Co. Grain*, 466 F. Supp. 1388 (W. D. Mo. 1979), p. 1391.
3. Um dos três juízes do caso foi George MacKinnon, um republicano conservador e pai de Catharine MacKinnon. Em seu parecer, ele escreveu que "progressos sexuais podem não ser intrinsecamente ofensivos, e nenhuma política pode derivar das leis de oportunidades iguais de emprego para desencorajá-las. Não estamos aqui preocupados com epítetos raciais ou com carteiras de autorização confusas de sindicatos, que não servem ao interesse de ninguém, mas com padrões sociais que até certo ponto são normais e esperados. É o abuso dessa prática, mais do que a prática em si, que faz soar o alarme". Só é possível convencer o próprio pai até certo ponto.
4. Consulte, por exemplo, *Miller vs. Bank of America*, 418 F. Supp. 233 (N. D. Cal. 1976), em que uma funcionária negra processou seu supervisor branco, e *Munford vs. James T. Barnes & Co.*, 441 F. Supp. 459 (E. D. Mich. 1977), em que uma gerente adjunta negra processou seu empregador branco. A principal autora do processo *Alexander vs. Yale*, 459 F.

Supp. 1 (D. Conn. 1979), 631 F.2d 178 (2nd Cir. 1980), Pamela Price, também era negra.

5. Eileen Sullivan, "Perceptions of Consensual Amorous Relationship Polices (CARPs)". *Journal of College and Character*, 2004, v. 5, n. 8.

6. Tara N. Richards, Courtney Crittenden, Tammy S. Garland e Karen McGuffee, "An Exploration of Policies Governing Faculty-to-Student Consensual Sexual Relationships on University Campuses: Current Strategies and Future Directions". *Journal of College Student Development*, v. 55, n. 4, p. 342, 2014.

7. Margaret H. Mack, "Regulating Sexual Relationships Between Faculty and Students". *Michigan Journal of Gender & Law*, v. 6, n. 1, p. 91, 1999.

8. Jeffrey Toobin, "The Trouble with Sex". *The New Yorker*, p. 54, 9 fev. 1998. Toobin lamenta que o professor de matemática Jay Jorgenson e outros como ele "possam esperar [...] ter suas carreiras destruídas". Jorgenson atualmente é professor titular do City College de Nova York.

9. David Batty e Rachel Hall, "UCL to Ban Intimate Relationships between Staff and Their Students". *The Guardian* (20 fev. 2020). Disponível em: <www.theguardian.com/education/2020/feb/20/ucl-to-ban-intimate--relationships-between-staff-and-students-univesities>. Acesso em: 27 ago. 2021. Eu havia levado uma versão deste meu ensaio ao evento anual Harriet and Helen Memorial Lecture, do departamento de filosofia da UCL, algumas semanas antes da mudança na política da universidade.

10. Para apelações a este raciocínio em defesa de regulamentar as relações professor-aluno, consultar Phyllis Coleman, "Sex in Power Dependency Relationships: Taking Unfair Advantage of the 'Fair' Sex". *Albany Law Review*, v. 53, n. 1, pp. 95-6, 1988; Peter DeChiara, "The Need for Universities to Have Rules on Consensual Sexual Relationships between Faculty Members and Students". *Columbia Journal of Law and Social Problems*, v. 21, n. 2, p. 142, 1988; e Billie Wright Dziech e Linda Weiner, *The Lecherous Professor: Sexual Harassment On Campus*. Champaign: University of Illinois Press, 1990 [1984].

11. Adrienne Rich, "Compulsory Heterosexuality and Lesbian Existence", op. cit., p. 38.

12. Jack Hitt, Joan Blythe, John Boswell, Leon Botstein e William Kerrigan, "New Rules About Sex on Campus". *Harper's Magazine*, pp. 35-6, set. 1993.

13. Uma notável exceção é Laura Kipnis, *Unwanted Advances: Sexual Paranoia Comes to Campus*. Nova York: HarperCollins, 2017.

14. Jane Gallop, op. cit., p. 56.

15. Como aponta Corey Robin em um ensaio visceral, aqueles que se entusiasmam para falar sobre a erótica da pedagogia são, como eu, professores de humanidades em universidades de elite — isto é, o tipo de pessoa (professores de humanidades) que é afetivamente dedicada a uma

autoconcepção romantizada, que trabalha no tipo de instituição (universidades de elite) que permite a sustentação dessa concepção: oferecendo tempo e espaço para relacionamentos pedagógicos intensos, com o tipo de aluno que sabe compartilhar "a boa relação fácil das pessoas com dinheiro". Assim, diz Robin, "o verdadeiro papo sombrio do professor erótico não é sexo, mas classe" (Corey Robin, "The Erotic Professor". *The Chronicle of Higher Education*, 13 maio 2018. Disponível em: <www.chronicle.com/article/the-erotic-professor/>). Sinto a cutucada da crítica de Robin. O retrato da pedagogia que pressuponho aqui *é* elitista: é uma imagem que assume que os professores não estão completamente consumidos por uma série de burocracias irritantes ou cargas horárias pesadas, e que os alunos não estão completamente consumidos por questões financeiras ou de imigração. Como Robin, meus compromissos políticos significam que penso que essa educação não precisa ser elitista, que o "objetivo não deve ser derrubar Harvard, mas levantar o Brooklyn College". Mas ele está certo em apontar que é fácil dizer isso, e que "as condições materiais e as relações professor-aluno necessárias para a intensidade democrática" requereriam uma redistribuição drástica dos recursos econômicos e sociais, em todos os níveis da educação.

16. Sigmund Freud, "Further Recommendations in the Technique of Psycho-Analysis: Observations on Transference-Love" [1915]. In: Stephen Ellman (Org.), *Freud's Technique Papers*. Trad. de Joan Riviere. Nova York: Other Press, 2002, p. 79. [Ed. bras. "Observações sobre o amor de transferência". In: *Observações psicanalíticas sobre um caso de paranoia relatado em autobiografia ("O caso Schreber"), artigos sobre técnica e outros textos. Obras completas*, v. 10. Trad. de Paulo César de Souza. São Paulo: Companhia das Letras, 2010, pp. 210-28.]

17. Chris Higgins, "Transference Love from the Couch to the Classroom: A Psychoanalytic Perspective on the Ethics of Teacher-Student Romance". In: Id., *Philosophy of Education*. Philosophy of Education Society, 1998, p. 363.

18. Sigmund Freud, "Further Recommendations in the Technique of Psycho-Analysis: Observations on Transference-Love", op. cit., p. 67.

19. Sigmund Freud, *An Autobiographical Study*. Trad. de James Strachey. Londres: Hogarth Press, The Institute of Psycho-Analysis, 1950 [1925], p. 77. [Ed. bras.: "Autobiografia". In: *O eu e o id, "autobiografia" e outros textos. Obras completas*, v. 16. Trad. de Paulo César de Souza. São Paulo: Companhia das Letras, 2011, pp. 75-167.]

20. Platão, *Republic*. C. D. C. Reeve (Org.). Trad. de G. M. A. Grube. Londres: Hackett, 1991, 403b.

21. Sigmund Freud, "Further Recommendations in the Technique of Psycho-Analysis: Observations on Transference-Love", p. 79.

22. Ibid., p. 76.

23. Ibid., pp. 76-7.

24. bell hooks, "Embracing Freedom: Spirituality and Liberation". In: Steven Glazer (Org.), *The Heart of Learning: Spirituality in Education*. Nova York: Tarcher; Putnam, 1999, p. 125.
25. Leslie Irvine, "A 'Consensual' Relationship" [1997]. Citado em Carol Sanger, "The Erotics of Torts". *Michigan Law Review*, v. 96, n. 6, p. 1875, 1998.
26. James R. Kincaid, "*Pouvoir, Félicité, Jane, et Moi* (Power, Bliss, Jane, and Me)". *Critical Inquiry*, v. 25, n. 3, p. 613, 1999.
27. Adrienne Rich, "Compulsory Heterosexuality and Lesbian Existence", op. cit.
28. Regina Barreca, "Contraband Appetites: Wit, Rage, and Romance in the Classroom". In: Regina Barreca e Deborah Denenholz Morse (Orgs.), *The Erotics of Instruction*. Lebanon: University Press of New England, 1997, p. 2. Citado em Sanger, "The Erotics of Torts", op. cit., p. 1874.
29. Com relação aos desafios particulares de gerenciar a transferência entre professores gays e seus alunos, consulte Michèle Aina Barale, "The Romance of Class and Queers: Academic Erotic Zones". In: Linda Garber (Org.), *Tilting the Tower*. Abington: Routledge, 1994, pp. 16-24. Consulte também bell hooks, "Eros, Eroticism and the Pedagogical Process". *Cultural Studies*, v. 7, n. 1, pp. 58-64, 1993. [Ed. bras.: "Eros, erotismo e o processo pedagógico". In: Id., *Ensinando a transgredir: A educação como prática da liberdade*. Trad. de Marcelo Brandão Cipolla. São Paulo: Martins Fontes, 2013, pp. 253-64.]
30. Adrienne Rich, "Taking Women Students Seriously" [1978]. In: *On Lies, Secrets, and Silence: Selected Prose, 1966-1978*. Londres: Virago, 1984 [1980], p. 241.
31. Ibid, p. 242.
32. Lin Farley, *Sexual Shakedown: The Sexual Harassment Of Women On The Job*. Nova York: McGraw-Hill, 1978; e Reva B. Siegel, "Introduction: A Short History of Sexual Harassment". In: Catharine A. MacKinnon e Reva B. Siegel (Orgs.), *Directions in Sexual Harassment Law*. New Haven: Yale University Press, 2004, pp. 1-39.
33. bell hooks, "Eros, Eroticism and the Pedagogical Process", op. cit., p. 58. [Ed. bras., op. cit., p. 253.]
34. Ao falar isso, meu amigo não quis dizer — como eu tampouco — que devemos ignorar o fato de que os alunos têm corpos que são aptos e racializados de formas diferentes, que têm papéis distintos no ciclo reprodutivo e assim por diante. O ponto dele (e o meu) diz respeito a tratar nossos alunos como se tivessem corpos que podem estar sexualmente disponíveis para nós.
35. Para discussões sobre esse tipo de dano, consulte Caroline Forell, "What's Wrong with Faculty-Student Sex? The Law School Context". *Journal of Legal Education*, v. 47, n. 1, pp. 47-72, 1997; Sanger, "The Erotics of Torts", op. cit.; e Mack, "Regulating Sexual Relationships Between Faculty and Students", op. cit., seção II.

36. Catharine A. MacKinnon, *Sexual Harassment of Working Women: A Case of Sex Discrimination*. New Haven: Yale University Press, 1979, p. 174. Consulte também Lin Farley, op. cit.

37. Para uma pesquisa sobre as recentes representações culturais das relações professor-aluno, consulte William Deresiewicz, "Love on Campus". *The American Scholar*, 1 jun. 2007. Disponível em: <https://theamericanscholar.org/love-on-campus/>. Acesso em: 27 ago. 2021.

38. *Naragon vs. Wharton*, 737 F.2d 1403 (5th Cir. 1984).

39. Lara Bazelon, "I'm a Democrat and a Feminist. And I Support Betsy DeVos's Title IX Reforms". *The New York Times*, 4 dez. 2018. Disponível em: <www.nytimes.com/2018/12/04/opinion/-title-ix-devos-democrat--feminist.html>. Acesso em: 27 ago. 2021.

40. Ibid. Consulte também Janet Halley, "Trading the Megaphone for the Gavel in Title IX Enforcement". *Harvard Law Review Forum*, v. 128, pp. 103-17, 2015.

41. Michèle Le Dœuff, *Hipparchia's Choice: An Essay Concerning Women, Philosophy, etc.* Trad. de Trista Selous. Nova York: Columbia University Press, 2007 [1989], p. 28.

42. Jane Tompkins, *A Life in School: What the Teacher Learned*. Boston: Addison-Wesley, 1996, p. 143.

43. Este ensaio se baseia no artigo de Amia Srinivasan, "Sex as a Pedagogical Failure" (*The Yale Law Journal*, v. 129, n. 4, pp. 1100-46, 2020). Agradeço aos editores do *Yale Law Journal*. Para discutir mais o tema, consulte Sanger, "The Erotics of Torts", op. cit.; Mack, "Regulating Sexual Relationships Between Faculty and Students", op. cit.; Higgins, "Transference Love from the Couch to the Classroom", op. cit.; e Forell, "What's Wrong with Faculty-Student Sex?", op. cit.

Sexo, carceralismo, capitalismo [pp. 189-226]

1. Nate Berg, "Drive-Thru Brothels: Why Cities Are Building 'Sexual Infrastructure'". *The Guardian*, 2 set. 2019. Disponível em: <www.theguardian.com/cities/2019/sep/02/drive-thru-brothels-why-cities-are-building-sexual-infrastructure>. Acesso em: 27 ago. 2021.

2. Karen Ingala Smith (@K_IngalaSmith), Twitter, 2 set. 2019. Disponível em: <https://twitter.com/K_IngalaSmith/status/1168471738604228608>. Acesso em: 27 ago. 2021.

3. Making Herstory (@MakeHerstory1), Twitter, 2 set. 2019. Disponível em: <https://twitter.com/MakeHerstory1/status/1168527528186785794>. Acesso em: 27 ago. 2021.

4. Consulte, por exemplo, Claude Jaget (Org.), *Prostitutes: Our Life*. Bristol: Falling Wall Press, 1980; Comitê Internacional pelos Direitos das

Prostitutas (ICPR, na sigla em inglês), "World Charter for Prostitutes Rights: February 1985, Amsterdam". *Social Text*, n. 37, pp. 183-5, 1993; Gail Pheterson (Org.), *A Vindication of The Rights of Whores*. Nova York: Seal Press, 1989; Comitê Durbar Mahila Samanwaya, "Sex Workers' Manifesto: First National Conference of Sex Workers in India" [1997]. *Global Network of Sex Work Projects*, 2011. Disponível em: <www.nswp. org/sites/nswp.org/files/Sex%20Workers%20Manifesto%20-%20Meeting%20in%20India.pdf>. Acesso em: 27 ago. 2021; Conferência Europeia sobre Trabalho Sexual, Direitos Humanos, Trabalho e Migração, "Sex Workers in Europe Manifesto". *International Committee on the Rights of Sex Workers in Europe*, 2005. Disponível em: <www.sexworkeurope. org/resources/sex-workers-europe-manifesto>. Acesso em: 27 ago. 2021; Melinda Chateauvert, *Sex Workers Unite: A History of the Movement from Stonewall to SlutWalk*. Boston: Beacon Press, 2014; Melissa Gira Grant, *Playing the Whore: The Work of Sex Work*. Londres, Nova York: Verso, 2014; Chi Adanna Mgbako, *To Live Freely in This World: Sex Worker Activism in Africa*. Nova York: NYU Press, 2016; Juno Mac e Molly Smith, *Revolting Prostitutes*. Londres, Nova York: Verso, 2018; Kay Kassirer (Org.), *A Whore's Manifesto: An Anthology of Writing and Artwork by Sex Workers*. Portland: Thorntree Press, 2019; e Cassandra Troyan, *Freedom & Prostitution*. The Elephants, 2020. Veja também Lucy Platt, Pippa Grenfell, Rebecca Meiksin, Jocelyn Elmes, Susan G. Sherman, Teela Sanders, Peninah Mwangi e Anna-Louise Crago, "Associations Between Sex Work Laws and Sex Workers' Health: A Systematic Review and Meta-Analysis of Quantitative and Qualitative Studies". *PLoS Medicine*, v. 15, n. 12, pp. 1-54, 2018.

5. Para uma discussão mais detalhada sobre como esses regimes jurídicos afetam as profissionais do sexo, consulte Juno Mac e Molly Smith, op. cit.

6. Julie Burchill, *Damaged Gods: Cults and Heroes Reappraised*. Londres: Century, 1986, p. 9. Burchill continua: "Não admira que as lésbicas sejam tão copiosas e ferozes no lobby da prostituição dos anos 1980; lésbicas odeiam a heterossexualidade, e se alguma coisa é condutora de maus relacionamentos heterossexuais é a prostituição".

7. Juno Mac e Molly Smith, op. cit., p. 141.

8. Max Weber, "Politics as a Vocation" [1919]. In: David Owen e Tracy B. Strong (Orgs.), *Max Weber: The Vocation Lectures*. Trad. de Rodney Livingstone. Londres: Hackett, 2004, p. 90. [Ed. bras.: A política como *vocação*. Trad. de Maurício Tragtenberg. Brasília: Editora UnB, 2003, p. 104.]

9. Valeria Costa-Kostritsky, "The Dominique Strauss-Kahn Courtroom Drama Has Put Prostitution on Trial". *New Statesman*, 20 fev. 2015. Disponível em: <www.newstatesman.com/world-affairs/2015/02/dominique-strauss-kahn-courtroom-drama-has-put-prostitution-trial>. Acesso em: 27 ago. 2021.

10. Gilda Sedgh, Jonathan Bearak, Susheela Singh, Akinrinola Bankole, Anna Popinchalk, Bela Ganatra, Clémentine Rossier, Caitlin Gerdts, Özge Tunçalp, Brooke Ronald Johnson Jr., Heidi Bart Johnston e Leontine Alkema, "Abortion Incidence Between 1990 and 2014: Global, Regional, and Subregional Levels and Trends". *The Lancet*, v. 388, n. 10041, p. 265, 2016.

11. Anna North, "Plenty of Conservatives Really Do Believe Women Should Be Executed for Having Abortions". *Vox*, 5 abr. 2018. Disponível em: <www.vox.com/2018/4/5/17202182/the-atlantic-kevin-williamson-twitter-abortion-death-penalty>. Acesso em: 27 ago. 2021.

12. Exemplos de jurisdições que chegaram mais perto de descriminalizar totalmente o trabalho sexual incluem Nova Gales do Sul, na Austrália (1995), e Nova Zelândia (2003). Em 2008, uma revisão formal da legislação da Nova Zelândia concluiu que não houve aumento (mas alguns sinais de diminuição) da indústria do trabalho sexual, que ocorreu uma virada do trabalho sexual "gerenciado" para o realizado por mulheres de formal individual ou em coletivos, que as profissionais do sexo estavam mais dispostas a denunciar crimes que sofriam, que não teve aumento no tráfico sexual e que quase todas as profissionais do sexo sentiram que seus direitos trabalhistas e legais foram fortalecidos. (Relatório do Comitê de Revisão da Lei da Prostituição, sobre a operação da reforma de 2003, ministro da Justiça da Nova Zelândia [2008]. Disponível em: <https://prostitutescollective.net/wp-content/uploads/2016/10/report-of-the-nz-prostitution-law-Committee-2008.pdf>. Acesso em: 27 ago. 2021.). Em países como a Alemanha e a Holanda, onde o trabalho sexual foi legalizado, mas não totalmente descriminalizado — isto é, onde parte da indústria do trabalho sexual foi colocada sob o controle burocrático do Estado, com o restante operando como uma indústria criminalizada —, os benefícios da legalização vão sobretudo para quem administra e para os clientes de bordéis, do sexo masculino, enquanto muitas profissionais do sexo (principalmente "ilegais") acabam em pior situação. As taxas de tráfico também aumentam. Para discutir mais o tema, consulte Mac e Smith, op. cit., cap. 7.

13. Desde que o trabalho sexual foi descriminalizado na Nova Zelândia, as profissionais do sexo de lá relatam que se sentem mais aptas a negar clientes. Ver ibid., p. 195.

14. Silvia Federici, "Wages Against Housework", op. cit., p. 19. Sobre a história da campanha Wages For Housework, veja Wendy Edmond e Suzie Fleming (Orgs.), op. cit.; Silvia Federici e Arlen Austin (Orgs.), *The New York Wages for Housework Committee, 1972-1977: History, Theory, and Documents*. Nova York: Autonomedia, 2017; Beth Capper e Arlen Austin, "'Wages for Housework Means Wages Against Heterosexuality': On the Archives of Black Women for Wages for Housework, and

the Wages Due Lesbians". *GLQ: A Journal of Lesbian and Gay Studies*, v. 24, n. 4, pp. 445-66, 2018; Louise Toupin, *Wages for Housework: A History of an International Feminist Movement, 1972-77*. Londres: Pluto Press, 2018; e Kirsten Swinth, *Feminism's Forgotten Fight*. Cambridge (EUA): Harvard University Press, 2018, cap. 4.

15. Silvia Federici, "Wages Against Housework", op. cit., p. 18. [Ed. bras.: p. 47.]

16. Ibid., p. 19. [Ed. bras.: p. 47]. Sobre as "demandas" da campanha Wages for Housework, consulte Kathi Weeks, *The Problem with Work: Feminism, Marxism, Antiwork Politics, and Postwork Imaginaries*. Durham: Duke University Press, 2011, cap. 3.

17. Angela Davis, *Women, Race & Class*, op. cit., cap. 13.

18. Ibid., p. 213. [Ed. bras.: p. 224.]

19. Ibid., p. 218. [Ed. bras.: p. 228.]

20. Ibid., p. 213. [Ed. bras.: p. 224.]

21. Ibid., p. 216. [Ed. bras.: p. 226.]

22. André Gorz, "Reform and Revolution" [1967]. Trad. de Ben Brewster. *Socialist Register*, v. 5, 111-43, p. 124, 1968. Consulte também André Gorz, *A Strategy for Labor: A Radical Proposal*. Trad. de Martin Nicolaus e Victoria Ortiz. Boston: Beacon Press, 1967.

23. Angela Davis, *Women, Race & Class*, op. cit., p. 219, grifo meu. [Ed. bras.: p. 229.]

24. André Gorz, "Reform and Revolution", op. cit., p. 125.

25. Uma expressão poderosa dessa preocupação vem de Sonya Aragon, uma profissional do sexo anarquista: "O foco na descriminalização dentro do movimento dominante pelos direitos das profissionais do sexo requer posicionar esse trabalho como um emprego como qualquer outro — requer uma luta pelos direitos dos trabalhadores, como legado de um órgão legislativo. Os trabalhadores neste país são tratados como merda, uma realidade que fica mais nítida a cada dia que o desemprego aumenta e não se perdoa o aluguel. Não é que eu não apoie a classe trabalhadora — é claro que apoio —, mas não vejo a assimilação ao profissionalismo sancionado pelo Estado como nosso objetivo final. M. E. O'Brien escreve: 'Ao recusar a imposição de sua descartabilidade e seu isolamento, por meio da atividade revolucionária, os drogados e seus amigos vão na direção de um comunismo, que não é baseado na dignidade do trabalho, mas no valor incondicional de nossa vida'. Quero que o mesmo se aplique às prostitutas e aos nossos amigos. Como seria deixar para trás o projeto que exige que o trabalho sexual seja trabalho? Seria ir na direção da política do crime? Não quero abrir mão do nosso potencial criminoso. Quero que os títulos do submundo, os coconspiradores e o dinheiro escondido em caixas de sapatos sejam redistribuídos aos inimigos do Estado — aqueles que nunca receberão um cheque do governo, porque, para começar, não consta nada deles nos registros"

(Sonya Aragon, "Whores at the End of the World". *n + 1*, 30 abr. 2020. Disponível em: <https://nplusonemag.com/online-only/online-only/whores-at-the-end-of-the-world />. Acesso em: 27 ago. 2021.).

26. The Combahee River Collective, op. cit., p. 281.

27. Elizabeth Bernstein, "The Sexual Politics of the 'New Abolitionism'". *differences*, v. 18, n. 3, pp. 128-51, 2007.

28. Silvia de Aquino, "Organizing to Monitor Implementation of the Maria da Penha Law in Brazil". In: Mulki Al Sharmani (Org.), *Feminist Activism, Women's Rights, and Legal Reform*. Londres: Zed, 2013, pp. 177-203. Consulte também Susan Watkins, "Which Feminisms?". *New Left Review*, n. 109, p. 51, jan.-fev. 2018.

29. Michelle S. Jacobs, "The Violent State: Black Women's Invisible Struggle Against Police Violence". *William & Mary Journal of Race, Gender, and Social Justice*, v. 24, n. 1, pp. 84-7, 2017.

30. Ibid., p. 87.

31. Aya Gruber, *The Feminist War on Crime: The Unexpected Role of Women's Liberation in Mass Incarceration*. Berkeley: University of California Press, 2020, p. 58.

32. Sonia Bhalotra, Uma Kambhampati, Samantha Rawlings e Zahra Siddique, "Intimate Partner Violence: The Influence of Job Opportunities for Men and Women". *The World Bank Economic Review*, pp. 1-19, 2019.

33. Michelle S. Jacobs, op. cit., pp. 88-90.

34. bell hooks, *Feminist Theory: From Margin to Center*. Abington: Routledge, 1984, p. 6. [Ed. bras.: *Teoria feminista: Da margem ao centro*. Trad. de Rainer Patriota. São Paulo: Perspectiva, 2019.]

35. Roy Walmsley, "World Female Imprisonment". 3. ed. *World Prison Brief*, disponível em: <www.prisonstudies.org/sites/default/files/resources/downloads/world_female_imprisonment_list_third_edition_0.pdf>. Acesso em: 27 ago. 2021; e Wendy Sawyer, "The Gender Divide: Tracking Women's State Prison Growth". *Prison Policy Initiative*, 2018. Disponível em: <www.prisonpolicy.org/reports/women_overtime.html>. Acesso em: 27 ago. 2021.

36. Aleks Kajstura, "Women's Mass Incarceration: The Whole Pie 2019". *Prison Policy Initiative*, 29 out. 2019. Disponível em: <www.prisonpolicy.org/reports/pie2019women.html>. Acesso em: 27 ago. 2021.

37. Carla Boonkong e Pranee O'Connor, "Thailand Jails More Women than Any Other Country in the World over Pink Yaba Pills and Ongoing Drug Arrests". *Thai Examiner*, 4 jan. 2019. Disponível em: <www.thaiexaminer.com/thai-news-foreigners/2019/01/04/thai-women-prison-in-thailand-world-no1-country-drug-users-war-on-drugs/>. Acesso em: 27 ago. 2021.

38. "Yarl's Wood Centre: Home Office Letter to Protesters Attacked". BBC News, 6 mar. 2018. Disponível em: <www.bbc.co.uk/news/uk-england--beds-bucks-herts-43306966>. Acesso em: 27 ago. 2021.

39. Sobre a relação entre pobreza e crime, consulte John Clegg e Adaner Usmani, "The Economic Origins of Mass Incarceration". *Catalyst*, v. 3, n. 3, 2019. Disponível em: <https://catalyst-journal.com/vol3/no3/the-economic-origins-of-mass-incarceration>. Acesso em: 27 ago. 2021. Sobre o carceralismo como estratégia do neoliberalismo, consulte Loïc Wacquant, *Punishing the Poor: The Neoliberal Government of Social Insecurity*. Durham: Duke University Press, 2009. Sobre as relações entre as políticas de austeridade e a violência contra a mulher na Europa, veja Anna Elomäki, "The Price of Austerity: The Impact on Women's Rights and Gender Equality in Europe". *European Women's Lobby*, 2012. Disponível em: <www.womenlobby.org/IMG/pdf/the_price_of_austerity_-_web_edition.pdf>, p. 10. Acesso em: 27 ago. 2021.

40. Susan Watkins, op. cit. Para um relato clássico sobre as origens e o desenvolvimento dos feminismos do Terceiro Mundo, consulte Kumari Jayawardena, *Feminism and Nationalism in the Third World*. Londres, Nova York: Verso, 2016 [1986].

41. New York Radical Feminists, *Rape: The First Sourcebook for Women*. Noreen Connell e Cassandra Wilson (Orgs.). Nova York: New American Library, 1974, p. 125.

42. Ibid., p. 250.

43. Susan Watkins, op. cit., p. 12.

44. Ibid., pp. 16 ss.

45. Para um estudo de caso canônico e poderoso do desenvolvimento do encarceramento em massa na Califórnia, onde a população carcerária cresceu 500% entre 1982 e 2000, consulte Ruth Wilson Gilmore, op. cit. É importante notar — como o trabalho de Gilmore deixa claro — que grande parte do aumento da ocupação das prisões e das taxas de encarceramento não foi liderado pelo governo central nem motivado apenas por um projeto disciplinar racista. Também é importante notar que, embora seja desproporcional a representação de pessoas negras no sistema prisional dos Estados Unidos, não se pode dizer que a maior parte dos encarcerados é negra: 40% da população encarcerada é negra (para comparação, na população geral essa taxa é de 13%), 39% são brancos (64% da população geral) e 19% são latino-americanos (16% da população geral). Consultar Wendy Sawyer e Peter Wagner, "Mass Incarceration: The Whole Pie 2020". *Prison Policy Initiative*, 24 mar. 2020. Disponível em: <www.prisonpolicy.org/reports/pie2020.html>. Acesso em: 27 ago. 2021. O período de encarceramento em massa nos Estados Unidos não acompanhou uma virada na (alta) proporção de negros em relação a brancos encarcerados, mas nesse período houve um enorme aumento

na proporção de encarceramento de pessoas pobres em relação ao de pessoas da classe média.

46. Com relação à batalha pelos direitos políticos e econômicos das trabalhadoras domésticas nos Estados Unidos, consulte *National Domestic Workers Alliance*, 2020. Disponível em: <www.domesticworkers.org/>. Acesso em: 27 ago. 2021.

47. Aqui, por exemplo, Silvia Federici fala a partir da tradição do marxismo autonomista italiano: "Uma coisa é construir uma creche da forma que queremos e então exigir que o Estado pague por ela. Outra bem distinta é entregar nossas crianças ao Estado e pedir para que ele cuide delas, não por cinco, mas por quinze horas diárias. Uma coisa é organizar em conjunto a forma como queremos comer (sozinhos, em grupos) e então reivindicar que esse gasto seja assumido pelo Estado; outra diametralmente oposta é pedir que o Estado organize nossas refeições. No primeiro caso, nós recuperamos algum controle sobre nossa vida; no segundo, ampliamos o controle do Estado sobre nós" ("Salários contra o trabalho doméstico". In: Id., *O ponto zero da revolução*, p. 51). Consulte também Selma James a respeito do "controle comunitário" nas creches em *Women, the Unions and Work: Or What Is Not To Be Done* (Workshop pela Libertação das Mulheres de Notting Hill, 1972). Compare-o com o endosso de Angela Davis às creches subsidiadas pelo poder público, em *Mulheres, raça e classe*, cap. 13.

48. Refletindo, em parte, um aumento dos crimes violentos gerados por mudanças econômicas grandes (e racializadas) na década de 1960. Consultar Ruth Wilson Gilmore, op. cit., e Clegg e Usmani, op. cit.

49. Aya Gruber, op. cit., p. 65.

50. Sobre a virada carcerária dentro do feminismo, em contextos nacionalistas fora dos Estados Unidos, consulte, por exemplo, Don Kulick, "Sex in the New Europe: The Criminalization of Clients and Swedish Fear of Penetration". *Anthropological Theory*, v. 3, n. 2, pp. 199-218, 2003; Kamala Kempadoo, "Victims and Agents of Crime: The New Crusade against Trafficking". In: Julia Sudbury (Org.), *Global Lockdown: Race, Gender and the Prison-Industrial Complex*. Abington: Routledge, 2005, pp. 35-55; Christine Delphy, *Separate and Dominate: Feminism and Racism after the War on Terror*. Trad. de David Broder. Londres, Nova York: Verso, 2015 [2008]; e Miriam Ticktin, "Sexual Violence as the Language of Border Control: Where French Feminist and Anti-Immigrant Rhetoric Meet". *Signs*, v. 33, n. 4, pp. 863-89, 2008.

51. Esse é um tema central para Aya Gruber, op. cit. Consulte também Kristin Bumiller, *In an Abusive State: How Neoliberalism Appropriated the Feminist Movement Against Sexual Violence*. Durham: Duke University Press, 2008.

52. Beth E. Richie, *Arrested Justice: Black Women, Violence, and America's Prison Nation*. Nova York: NYU Press, 2012, cap. 3. Veja também Bumiller, op. cit., cap. 4.

53. Conforme mapeado em Aya Gruber, op. cit., cap. 2.

54. Leia "Conversando com meus alunos sobre pornografia", neste livro, pp. 55-102.

55. Para uma discussão sobre essa história, consulte Richard Beck, *We Believe the Children: A Moral Panic in the 1980s*. Nova York: PublicAffairs, 2015.

56. Aya Gruber, op. cit., cap. 4.

57. Consulte Elizabeth Bernstein, op. cit., e Juno Mac e Molly Smith, op. cit., cap. 3.

58. Susan Watkins, op. cit., pp. 35 ss.

59. "Declaração e plataforma de ação da IV Conferência Mundial sobre a Mulher". Organização das Nações Unidas, Pequim, 1995. Texto em português disponível em: <www.onumulheres.org.br/wp-content/uploads/2015/03/declaracaopequim1.pdf>, pp. 191-2. Acesso em: 27 ago. 2021.

60. Consulte, por exemplo, Bumiller, op. cit., cap. 6; e Aparna Polavarapu, "Global Carceral Feminism and Domestic Violence: What the West Can Learn from Reconciliation in Uganda". *Harvard Journal of Law & Gender*, v. 42, n. 1, pp. 123-75, 2018. Sobre a resposta carcerária das feministas indianas ao estupro, em especial após o estupro coletivo de Jyoti Singh em 2012, consulte Prabha Kotiswaran, "Governance Feminism in the Postcolony: Reforming India's Rape Laws". In: Janet Halley, Prabha Kotiswaran, Rachel Rebouché e Hila Shamir, *Governance Feminism: An Introduction*. Minneapolis: University of Minnesota Press, 2018, pp. 75-148. Sobre a abordagem carcerária (e anti-imigrantes) de Israel ao tráfico, sob a influência dos Estados Unidos, ver Hila Shamir, "Anti-Trafficking in Israel: Neo-Abolitionist Feminists, Markets, Borders, and the State". In: Halley et al., *Governance Feminism*, op. cit., pp. 149-200.

61. Para discutir o tema, consulte Krista Hunt, "'Embedded Feminism' and the War on Terror". In: Krista Hunt e Kim Rygiel (Orgs.), *(En)Gendering the War on Terror: War Stories and Camouflaged Politics*. Farnham: Ashgate, 2006, pp. 51-71. Para uma crítica clássica da representação das mulheres do "Terceiro Mundo" na escrita feminista ocidental, consulte Chandra Mohanty, "Under Western Eyes: Feminist Scholarship and Colonial Discourses". *boundary 2*, v. 12, n. 3, pp. 333-58, 1984.

62. Kim Berry, "The Symbolic Use of Afghan Women in the War on Terror". *Humboldt Journal of Social Relations*, v. 27, n. 2, p. 137, 2003.

63. Sobre a história da intervenção militar dos Estados Unidos no Iraque durante a Guerra Fria, ver ibid.

64. Lauren Bohn, "'We're All Handcuffed in This Country.' Why Afghanistan Is Still the Worst Place in the World to Be a Woman". *Time*, 8 dez. 2018. Disponível em: <https://time.com/5472411/afghanistan-women--justice-war/>. Acesso em: 27 ago. 2021.

65. Steve Crabtree, "Afghans' Misery Reflected in Record-Low Well-Being Measures". Gallup, 26 out. 2018. Disponível em: <https://news.gallup.

com/poll/244118/afghans-misery-reflected-record-low-measures.aspx>. Acesso em: 27 ago. 2021.

66. Lauren Bohn, op. cit.

67. Juliet Mitchell, *Women's Estate*. Londres, Nova York: Verso, 2015 [1971], p. 61.

68. Aja Romano, "#WomenBoycottTwitter: An All-Day Protest Inspires Backlash from Women of Color". *Vox*, 13 out. 2017. Disponível em: <www.vox.com/culture/2017/10/13/16468708/womenboycotttwitter--protest-backlash-women-of-color>. Acesso em: 27 ago. 2021.

69. Sandra E. Garcia, "The Woman Who Created #MeToo Long Before Hashtags". *The New York Times*, 20 out. 2017. Disponível em: <www.nytimes.com/2017/10/20/us/me-too-movement-tarana-burke.html>. Acesso em: 27 ago. 2021.

70. Sobre uma crítica do Me Too, consulte Heather Berg, "Left of #MeToo". *Feminist Studies*, 2020, v. 46, n. 2, pp. 259-86.

71. A maior parte das jurisdições legais que reconhecem o assédio sexual trata-o como ofensa civil, e não criminal. Isso marca uma distinção importante entre o tratamento legal do assédio sexual e, por exemplo, da agressão sexual. O uso da lei civil em vez da criminal evita alguns problemas, mas não todos, associados ao carceralismo. Na prática pode ser difícil mantê-los separados: veja por exemplo a minha discussão sobre a reformulação da abordagem (civil) de Dworkin-MacKinnon da pornografia como uma questão de obscenidade criminal, em "Conversando com meus alunos sobre pornografia" (neste volume, pp. 55-102). Agradeço a Susan Brison por levantar essa questão comigo.

72. Sobre o carceralismo como técnica de capitalismo racial, consulte Jackie Wang, *Carceral Capitalism*. Cambridge (EUA): MIT Press, 2018.

73. O anticarceralismo não implica necessariamente uma oposição à punição. Afinal, existem formas não carcerárias de punição — sem dúvida, a humilhação nas redes sociais é um bom exemplo.

74. Ruth Wilson Gilmore, op. cit., p. 2. Consulte também Thomas Mathieson, *The Politics of Abolition Revisited*. Abington: Routledge, 2015 [1974]; Fay Honey Knopp, *Instead of Prisons: A Handbook for Abolitionists*. Nova York: Prison Research Education Action Project, 1976; Julia Sudbury, "Transatlantic Visions: Resisting the Globalization of Mass Incarceration". *Social Justice*, v. 27, n. 3, pp. 133-49, 2000; Angela Y. Davis, *Are Prisons Obsolete*. Nova York: Seven Stories Press, 2003 [Ed. bras.: *Estarão as prisões obsoletas?*. Trad. de Marina Vargas. Rio de Janeiro: Difel, 2018]; The CR10 Publications Collective, *Abolition Now! Ten Years of Strategy and Struggle Against the Prison Industrial Complex*. Nova York: AK Press, 2008; Eric A. Stanley e Nat Smith (Orgs.), *Captive Genders: Trans Embodiment and the Prison Industrial Complex*. Nova York: AK Press, 2015); INCITE! Women of Color Against Violence (Org.), *Color of Violence: The*

INCITE! Anthology. Durham: Duke University Press, 2016; Alex S. Vitale, *The End of Policing*. Londres, Nova York: Verso, 2017; Dan Berger, Mariame Kaba e David Stein, "What Abolitionists do". *Jacobin*, 24 ago. 2017. Disponível em: <www.jacobinmag.com/2017/08/prison-abolition--reform-mass-incarceration>. Acesso em: 27 ago. 2021; Clément Petitjean e Ruth Wilson Gilmore, "Prisons and Class Warfare: An Interview with Ruth Wilson Gilmore". *Verso*, 2 ago. 2018. Disponível em: <www.versobooks.com/blogs/3954-prisons-and-class-warfare-an-interview--with-ruth-wilson-gilmore>. Acesso em: 27 ago. 2021; Liat Ben-Moshe, *Decarcerating Disability: Deinstitutionalization and Prison Abolition*. Minneapolis: University of Minnesota Press, 2020; e Angela Y. Davis, Gina Dent, Erica Meiners e Beth Richie, *Abolition. Feminism. Now*. Chicago: Haymarket Books, 2021.

75. Angela Y. Davis (Org.), *If They Come in the Morning... Voices of Resistance*. Londres, Nova York: Verso, 2016 [1971], p. xiii.

76. Rachel Kushner, "Is Prison Necessary? Ruth Wilson Gilmore Might Change Your Mind". *The New York Times Magazine*, 17 abr. 2019. Disponível em: <www.nytimes.com/2019/04/17/magazine/prison-abolition--ruth-wilson-gilmore.html>. Acesso em: 27 ago. 2021. James Forman Jr. é autor de *Locking Up Our Own: Crime and Punishment in Black America*. Nova York: Farrar, Straus and Giroux, 2017.

77. É importante notar que crimes violentos, de posse ilegal de armas até estupro forçado e assassinato, são a causa do encarceramento de grande parte da população dos Estados Unidos: 55% de todos os presos em presídios estaduais e 42% em presídios estaduais, presídios e cadeias federais, assim como prisões locais (Wendy Sawyer e Peter Wagner, op. cit.). Dessa forma, acabar com o encarceramento por delitos relacionados com drogas e outros crimes não violentos não irá, como alguns proponentes da reforma carcerária sugerem, acabar com o encarceramento em massa.

78. Petitjean e Gilmore, op. cit. Para uma discussão sobre as recentes tentativas de se abolir a polícia de Minneapolis após o assassinato de George Floyd, consulte Charmaine Chua, "Abolition Is A Constant Struggle: Five Lessons from Minneapolis". *Theory & Event*, v. 23, n. 4 supp., pp. 127-47, 2020.

79. "Fred Hampton on Racism and Capitalism 1". Youtube, 28 maio 2019. Disponível em: <www.youtube.com/watch?v=jnlYA0oFfwo>. Acesso em: 27 ago. 2021.

80. Para os comentários de Reed sobre o Movimento para Vidas Negras, consulte Adolph Reed Jr., "Antiracism: A Neoliberal Alternative to a Left". *Dialectical Anthropology*, 2018, v. 42, pp. 105-15; Id., "The Trouble with Uplift". *The Baffler*, n. 41, set. 2018. Disponível em: <https://thebaffler.com/salvos/the-trouble-with-uplift-reed>. Acesso em: 27 ago. 2021; e Adolph Reed Jr. e Walter Benn Michaels, "The Trouble with

Disparity". *Common Dreams*, 15 ago. 2020. Disponível em: <www.com-mondreams.org/views/2020/08/15/trouble-disparity>. Acesso em: 27 ago. 2021. Consulte também Cedric Johnson, "The Triumph of Black Lives Matter and Neoliberal Redemption". *nonsite.org*, 9 jun. 2020. Disponível em: <https://nonsite.org/the-triumph-of-black-lives-matter--and-neoliberal-redemption/>. Acesso em: 27 ago. 2021.

81. Adolph Reed Jr. e Walter Benn Michaels, op. cit.

82. Consulte, por exemplo, Adolph Reed Jr., "The Limits of Anti-Racism". *Left Business Observer*, set. 2009. Disponível em: <www.leftbusinessob-server.com/Antiracism.html>. Acesso em: 27 ago. 2021; Reed, "Antira-cism: A Neoliberal Alternative to a Left", op. cit.; Reed, "The Trouble with Uplift", op. cit.; Daniel Denvir, Barbara J. Fields e Karen E. Fields, "Beyond 'Race Relations': An Interview with Barbara J. Fields and Ka-ren E. Fields". *Jacobin*, 17 jan. 2018. Disponível em: <www.jacobinmag. com/2018/01/racecraft-racism-barbara-karen-fields>. Acesso em: 27 ago. 2021; Cedric Johnson, "The Wages of Roediger: Why Three Decades of Whiteness Studies Has Not Produced the Left We Need". *nonsite.org*, 9 set. 2019. Disponível em: <https://nonsite.org/the-wages-of-roediger--why-three-decades-of-whiteness-studies-has-not-produced-the-left--we-need/>. Acesso em: 27 ago. 2021; e Adolph Reed Jr. e Walter Benn Michaels, op. cit.

83. Sobre o papel histórico e contínuo que o racismo desempenhou para impedir o surgimento de movimentos da classe trabalhadora de massa, consulte Mike Davis, *Prisoners of the American Dream: Politics and Econ-omy in the History of the US Working Class*. Londres, Nova York: Verso, 2018 [1986]; David R. Roediger, *The Wages of Whiteness: Race and the Making of the American Working Class*. Londres, Nova York: Verso, 2007 [1991]; Satnam Virdee, *Racism, Class and the Racialised Outsider*. Lon-dres: Red Globe Press, 2014; Katherine J. Cramer, *The Politics of Re-sentment: Rural Consciousness in Wisconsin And The Rise Of Scott Wal-ker*. Chicago: University of Chicago Press, 2016; e Michael C. Dawson, "Hidden in Plain Sight: A Note on Legitimation Crises and the Racial Order". *Critical Historical Studies*, v. 3, n. 1, pp. 143-61, 2016. Sobre as ori-gens de classe da raça e do racismo, consulte Cedric J. Robinson, *Black Marxism: The Making of the Black Radical Tradition*. Lincoln: The Uni-versity of North Carolina Press, 2000 [1983]; e Theodore Allen, *The In-vention of the White Race*. v. 2, *The Origins of Racial Oppression in Anglo--America*. Londres, Nova York: Verso, 2012 [1997]. Dizer que o racismo surgiu de uma série de mudanças nas condições materiais não significa que agora dependa por completo delas, de modo que "acabar com o ca-pitalismo" fosse necessariamente pôr fim à raça ou ao racismo, ou que qualquer mudança nas práticas ou atitudes racistas sejam redutíveis de modo explícito a mudanças em uma estrutura de classe "subjacente". Na

verdade, um ponto de colisão fundamental entre teóricos como Adolph Reed Jr. e teóricos do capitalismo racial é se pode-se considerar que a raça, uma vez emergente, "tem vida própria". Sobre esse tema, consulte Adolph Reed Jr., "Response to Eric Arnesen". *International Labor and Working-Class History*, n. 60, pp. 69-80, 2001; e Reed, "Unraveling The Relation Of Race And Class In American Politics". *Advance the Struggle*, 11 jun. 2009. Disponível em: <https://advancethestruggle. wordpress.com/2009/06/11/how-does-race-relate-to-class-a-debate/>. Acesso em: 27 ago. 2021. Veja também Barbara Jeanne Fields, "Slavery, Race and Ideology in the United States of America". *New Left Review*, v. 1, n. 181, 95-118, p. 101, maio-jun. 1990.

84. W. E. B. Du Bois, *Black Reconstruction in America: 1860-1880*. Nova York: The Free Press, 1992 [1935]. É relevante notar que Adolph Reed Jr., que escreveu um livro sobre o pensamento político de Du Bois, apesar disso se opõe fortemente à invocação dele — e às suas analogias históricas — em discussões sobre política contemporânea. Consulte Adolph Reed Jr., "Rejoinder". *Advance the Struggle*, 11 jun. 2009. Disponível em: <https:// advancethestruggle.wordpress.com/2009/06/11/how-does-race-relate- -to-class-a-debate/>. Acesso em: 27 ago. 2021; e "Socialism and the Argument against Race Reductionism". *New Labor Forum*, v. 29, n. 2, pp. 36-43, 2020.

85. Sobre a crescente proporção de pessoas de minorias étnicas e mulheres em empregos mal qualificados e mal remunerados nos Estados Unidos, consulte Rachel E. Dwyer e Erik Olin Wright, "Low-Wage Job Growth, Polarization, and the Limits and Opportunities of the Service Economy". *RSF: The Russell Sage Foundation Journal of the Social Sciences*, v. 5, n. 4, pp. 56-76, 2019.

86. Como dizem as célebres palavras de Stuart Hall: "A raça e o racismo [têm] uma centralidade tanto prática quanto teórica em todas as relações que afetam a mão de obra de pessoas negras. A constituição dessa fração como uma classe e as relações de classe a ela atribuídas funcionam como relações de raça. A raça é também, portanto, o modo como a classe é 'vivida', o meio pelo qual as relações de classe são experimentadas, a forma como são apropriadas e 'travadas'. Isso tem consequências para todas as classes, não apenas para seu segmento 'racialmente definido'. Isso tem consequências no que diz respeito ao fracionamento interno e à divisão dentro da classe trabalhadora que, entre outros modos, são articulados em parte por meio da raça. Essa não é uma mera conspiração racista vista 'de cima'. Pois o racismo é também um dos meios dominantes de representação ideológica pelos quais as frações brancas da classe passam a 'viver' as suas relações com as outras frações e, através delas, com o próprio capital". Stuart Hall, "Race, Articulation and

Societies Structured in Dominance". In: Id., *Sociological Theories: Race and Colonialism*. Unesco, 1980, p. 341.

87. Sobre a importância dos chamados movimentos "identitários" para um socialismo popular e bem-sucedido, consulte Stuart Hall, op. cit.; Judith Butler, "Merely Cultural". *New Left Review*, v. 1, n. 227, pp. 33-44, 1998; Michael Dawson, "Hidden in Plain Sight", op. cit.; Charles W. Mills, "European Spectres". *The Journal of Ethics*, v. 3, n. 2, pp. 133-55, 1999; Ellen Meiksins Wood, "Class, Race, and Capitalism". *Advance the Struggle*, 11 jun. 2009. Disponível em: <https://advancethestruggle. wordpress.com/2009/06/11/how-does-race-relate-to-class-a-debate/>. Acesso em: 27 ago. 2021; Richard Seymour, "Cultural Materialism and Identity Politics". *Lenin's Tomb*, 30 nov. 2011. Disponível em: <www.leninology.co.uk/2011/11/cultural-materialism-and-identity.html>. Acesso em: 27 ago. 2021; Nikhil Pal Singh, "A Note on Race and the Left". *Social Text Online*, 31 jul. 2015. Disponível em: <https://socialtextjournal. org/a-note-on-race-and-the-left/>. Acesso em: 27 ago. 2021; Mike Davis, *Prisoners of the American Dream*, "Epílogo"; Keeanga-Yamahtta Taylor, *From #BlackLivesMatter to Black Liberation*. Chicago: Haymarket Books, 2016; Melinda Cooper, op. cit.; Paul Heideman, *Class Struggle and the Color Line: American Socialism and the Race Question, 1900-1930*. Chicago: Haymarket Books, 2018; Rosa Burc, George Souvlis e Nikhil Pal Singh, "Race and America's Long War: An Interview with Nikhil Pal Singh". *Salvage*, 11 mar. 2020. Disponível em: <https://salvage.zone/articles/race-and-americas-long-war-an-interview-with-nikhil-pal-singh/>; Ted Fertik e Maurice Mitchell, "Reclaiming Populism". *The Boston Review*, 29 abr. 2020. Disponível em: <http://bostonreview.net/forum/reclaiming-populism/ted-fertik-maurice-mitchell-we-need-multiracial-working-class-alignment>. Acesso em: 27 ago. 2021; Aziz Rana e Jedediah Britton-Purdy, "We Need an Insurgent Mass Movement". *Dissent*, inverno de 2020. Disponível em: <www.dissentmagazine.org/article/we-need-an-insurgent-mass-movement>. Acesso em: 27 ago. 2021.; e Gabriel Winant, "We Live in a Society: Organization Is the Entire Question". *n+1*, 12 dez. 2020. Disponível em: <https://nplusonemag.com/online-only/online-only/we-live-in-a-society/>. Acesso em: 27 ago. 2021.

88. James Baldwin, "An Open Letter to My Sister, Angela Y. Davis" [1970]. In: Angela Davis (Org.), *If They Come in the Morning*, p. 22. [Ed. online em português disponível em: <www.geledes.org.br/carta-para-minha-irma-angela-davis-por-james-baldwin/>. Acesso em: 27 ago. 2021].

89. Mariarosa Dalla Costa e Selma James, "Women and the Subversion of the Community" [1971]. In: Id., *The Power of Women and the Subversion of the Community*. Bristol: Falling Wall Press, 1975 [1972], pp. 21-56; Mariarosa Dalla Costa, "A General Strike" [1974]. In: Wendy Edmond e Suzie Fleming (Orgs.), *All Work and No Pay: Women, Housework, and the Wages*

Due. Londres, Bristol: Power of Women Collective; Falling Wall Press, 1975, pp. 125-7; Silvia Federici, "Wages Against Housework", op. cit.

90. Sobre esse tema, consulte Nancy Fraser, "Contradictions of Capital and Care". *New Left Review*, n. 100, pp. 99-117, jul.-ago. 2016. Sobre como esse processo está ocorrendo nos Estados Unidos, consulte Rachel E. Dwyer e Erik Olin Wright, op. cit.; e Gabriel Winant, *The Next Shift: The Fall of Industry and the Rise of Health Care in Rust Belt America*. Cambridge (EUA): Harvard University Press, 2021.

91. Sobre a relação histórica (e contínua) entre a ideologia da família nuclear heterossexual e o capitalismo neoliberal, consulte Melinda Cooper, op. cit.

92. Sobre o desenvolvimento tecnológico e o fenômeno da polarização econômica, consulte David H. Autor, Frank Levy e Richard J. Murnane, "The Skill Content of Recent Technological Change: An Empirical Exploration". *Quarterly Journal of Economics*, v. 118, n. 4, pp. 1279-333, 2003; Daron Acemoglu e David H. Autor, "Skills, Tasks and Technologies: Implications for Employment and Earnings". In: David Card e Orley Ashenfelter (Orgs.), *Handbook of Labor Economics*. v. 4b. Amsterdam: Elsevier, 2011, pp 1043-171; e David H. Autor e David Dorn, "The Growth of Low-Skill Service Jobs and the Polarization of the US Labor Market". *American Economic Review*, v. 103, n. 5, pp. 1553-97, 2013.

93. Selma James, *Women, the Unions and Work*, op. cit., pp. 51-2.

94. Ruth D. Peterson e William C. Bailey, "Forcible Rape, Poverty, and Economic Inequality in U.S. Metropolitan Communities". *Journal of Quantitative Criminology*, v. 4, n. 2, pp. 99-119, 1988; Etienne G. Krug, Linda L. Dahlberg, James A. Mercy, Anthony B. Zwi e Rafael Lozano (Orgs.), "World Report on Violence and Health". Organização Mundial da Saúde, 2002, p. 159. Disponível em: <https://apps.who.int/iris/bitstream/handle/10665/42495/9241545615_eng.pdf>. Acesso em: 27 ago. 2021; e Ming--Jen Lin, "Does Democracy Increase Crime? The Evidence from International Data". *Journal of Comparative Economics*, v. 35, n. 3, pp. 467-83, 2007.

95. Sobre a importância de pensar no capitalismo como um sistema que vai além das relações econômicas, consulte Adolph Reed Jr., "Rejoinder", op. cit.; e Nancy Fraser, "Behind Marx's Hidden Abode". *New Left Review*, n. 86, pp. 55-72, mar.-abr. 2014.

96. Catharine A. MacKinnon, "Feminism, Marxism, Method, and the State: Toward Feminist Jurisprudence". *Signs*, v. 8, n. 4, p. 643, 1983.

97. Eliott C. McLaughlin, "Police officers in the US Were Charged with More than 400 Rapes Over a 9-Year Period". CNN, 19 out. 2018. Disponível em: <https://edition.cnn.com/2018/10/19/us/police-sexual-assaults--maryland-scope/index.html>. Acesso em: 27 ago. 2021.

98. Chaminda Jayanetti, "Scale of Police Sexual Abuse Claims Revealed". *The Observer*, 18 maio 2019. Disponível em: <www.theguardian.com/

uk-news/2019/may/18/figures-reveal-true-extent-of-police-misconduct--foi>. Acesso em: 27 ago. 2021.

99. "Indian Police 'Gang-Rape Woman after She Fails to Pay Bribe'". *The Guardian*, 12 jun. 2014. Disponível em: <www.theguardian.com/world/2014/jun/12/indian-police-gang-rape-uttar-pradesh>. Acesso em: 27 ago. 2021.

100. Um exemplo proeminente nos Estados Unidos é a INCITE!, uma rede de feministas radicais de minorias étnicas comprometidas com os objetivos de acabar com a violência do Estado e com a violência interpessoal; por todo o país, seus afiliados criam grupos de apoio comunitário para vítimas de violência, seguem a conduta da masculinidade saudável e do treinamento do observador, criam áreas "sem violência" e providenciam sessões de justiça restaurativa entre agressores e vítimas de violência. Em 2001, a INCITE! foi coautora com o Critical Resistance, um movimento abolicionista internacional sediado nos Estados Unidos, de uma declaração intitulada "Statement on Gender Violence and the Prison Industrial Complex" (reeditada na *Social Justice*, v. 30, n. 3, pp. 141-50, 2003). Para exemplos e discussões sobre abordagens não carcerárias para a violência sexual e de gênero na América do Norte, que por vezes recorrem às práticas de resolução de conflitos de indígenas americanos, consulte Natalie J. Sokoloff e Ida Dupont, "Domestic Violence at the Intersections of Race, Class, and Gender: Challenges and Contributions to Understanding Violence Against Marginalized Women in Diverse Communities". *Violence Against Women*, v. 11, n. 1, pp. 38-64, 2005; Donna Coker, "Restorative Justice, Navajo Peacemaking and Domestic Violence". *Theoretical Criminology*, v. 10, n. 1, pp. 67-85, 2006; Ching-In Chen, Jai Dulani e Leah Lakshmi Piepzna-Samarasinha, *The Revolution Starts at Home: Confronting Intimate Violence Within Activist Communities*. Londres: South End Press, 2011; Creative Interventions, *Creative Interventions Toolkit: A Practical Guide to Stop Interpersonal Violence*, 2012. Disponível em: <www.creative-interventions.org/tools/toolkit/>. Acesso em: 27 ago. 2021; Kristian Williams, "A Look at Feminist Forms of Justice That Don't Involve the Police". *Bitch*, 20 ago. 2015. Disponível em: <www.bitchmedia.org/article/look-feminist-forms-justice-dont-involve-police>. Acesso em: 27 ago. 2021; Sophia Boutilier e Lana Wells, "The Case for Reparative and Transformative Justice Approaches to Sexual Violence in Canada: A Proposal to Pilot and Test New Approaches". *Shift: The Project to End Domestic Violence*, 2018. Disponível em: <https://prism.ucalgary.ca/handle/1880/109349>. Acesso em: 27 ago. 2021. Para esclarecer as críticas de tais abordagens à violência sexual, consulte Angustia Celeste, Alex Gorrion e anônimo, *The Broken Teapot*, 2014 [2012]. Disponível em: <www.sproutdistro.com/catalog/zines/accountability-consent/the-broken-teapot>. Acesso em: 27 ago.

2021; e Words to Fire (Org.), *Betrayal: A Critical Analysis of Rape Culture in Anarchist Subcultures*. Words to Fire Press, 2013. No contexto global, as tentativas de justiça transicional em áreas pós-conflito muitas vezes adotam modelos de justiça restaurativa, e não retributiva, ao abordar histórias de violência política, incluindo sexual — embora esses projetos, como ocorre com a Comissão da Verdade e Reconciliação da África do Sul, em geral envolvam o Estado ou sejam patrocinados por ele. Outro exemplo de abordagem não carcerária, financiada pelo Estado, para a violência de gênero, vem de Uganda, onde as vítimas têm a opção de usar um auxílio restaurativo, em vez de retributivo (Aparna Polavarapu, "Global Carceral Feminism and Domestic Violence"). Um exemplo de abordagem feminista e não governamental à violência de gênero é o da Gulabi Gang (Gangue Rosa) em Uttar Pradesh, na Índia; com cerca de 100 mil integrantes, a Gangue começou sendo um grupo de mulheres pobres de casta inferior, vestidas com sáris cor-de-rosa e brandindo varas de bambu, que se aproximavam de homens agressores para que se sentissem envergonhados e se defendiam fisicamente quando necessário.

Referências bibliográficas

Fontes legais

Alexander vs. Universidade Yale, 459 F. Supp. 1 (D. Conn. 1979), 631 F.2d 178 (2nd Cir. 1980).

Código de Educação da Califórnia §67386.

Decreto da cidade de St. Paul (Minnesota), de crime motivado por preconceito. Código da legislação § 292.02 (1990).

Lanigan vs. Bartlett & Co. *Grain*, 466 F. Supp. 1388 (W. D. Mo. 1979).

Mass. Gen. Law [Lei Geral de Massachusetts] 265, §22.

Miller vs. Bank of America, 418 F. Supp. 233 (N. D. Cal. 1976).

Munford vs. James T. Barnes & Co., 441 F. Supp. 459 (E. D. Mich. 1977).

Naragon vs. Wharton, 737 F.2d 1403 (5th Cir. 1984).

Okla. Stat. 21 §113.

Denúncia, *Bonsu vs. Universidade de Massachusetts — Amherst*, Ação Civil n. 3:15-cv-30172-MGM (Distrito de Massachusetts, 25 set. 2015).

R. vs. Butler (1992), 1 S. C. R. 452., Suprema Corte do Canadá.

R. vs. Cogan e Leak (1976) QB 217.

R. vs. Scythes (1993) OJ 537.

R. A. V. vs. cidade de St. Paul, Minnesota 505 US 377 (1992).

State vs. Cuni, 733 A.2d 414, 159 N.J. 584 (1999).

Wis. Stat. § 940.225(4).

Livros e artigos

"ABOUT Sexual Violence", *Rape Crisis England and Wales*. Disponível em: <https://rapecrisis.org.uk/get-informed/about-sexual-violence/>. Acesso em: 27 ago. 2021.

"ABSTINENCE Education Programs: Definition, Funding, and Impact on Teen Sexual Behavior". Kaiser Family Foundation, 1 jun. 2018. Disponível em: <www.kff.org/womens-health-policy/fact-sheet/abstinence-education--programs-definition-funding-and-impact-on-teen-sexual-behavior/>. Acesso em: 27 ago. 2021.

ADAMS, Parveen. "Per Os(cillation)", *Camera Obscura*, Durham, Duke University Press, v. 6, n. 2, pp. 7-29, 1988.

AHMED, Sara. *Living a Feminist Life*. Durham: Duke University Press, 2017.

ALCOFF, Linda Martín. *Rape and Resistance*. Cambridge: Polity, 2018.

ALLEN, Theodore. *The Invention of the White Race*. v. 2: *The Origins of Racial Oppression in Anglo-America*. Londres, Nova York: Verso, 2012 [1997].

ANDERSON, David M. "Sexual Threat and Settler Society: 'Black Perils' in Kenya, *c.* 1907-30". *The Journal of Imperial and Commonwealth History*, v. 38, n. 1, pp. 47-74, 2010.

ANGUSTIA, Celeste; GORRION, Alex; anônimo. *The Broken Teapot*, 2014 [2012]. Disponível em: <www.sproutdistro.com/catalog/zines/accoun-tability-consent/the-broken-teapot>. Acesso em: 27 ago. 2021.

ANON. (u/aznidentity). "Sub's Take on AF". *Reddit*, 14 abr. 2016. Disponível em: <https://www.reddit.com/r/aznidentity/comments/4eu8of/the_subs_take_on_af/>. Acesso em: 27 ago. 2021.

AQUINO, Silvia de. "Organizing to Monitor Implementation of the Maria da Penha Law in Brazil". In: AL SHARMANI, Mulki (Org.). *Feminist Activism, Women's Rights, and Legal Reform*. Londres: Zed, 2013, pp. 177-203.

ARAGON, Sonya. "Whores at the End of the World". *n + 1*, 30 abr. 2020. Disponível em: <https://nplusonemag.com/online-only/online-only/who-res-at-the-end-of-the-world />. Acesso em: 27 ago. 2021.

ARMSTRONG, Elizabeth A.; ENGLAND, Paula; FOGARTY, Alison C. K. "Orgasm in College Hookups and Relationships". In: RISMAN, Barbara J.; RUTTER, Virginia E. (Orgs.). *Families as They Really Are*. 2. ed. Nova York: W. W. Norton, 2015, pp. 280-96.

"ATTORNEY General's Commission on Pornography: Final Report". U.S. Department of Justice, 1986.

AUTOR, David H.; DORN, David. "The Growth of Low-Skill Service Jobs and the Polarization of the US Labor Market". *American Economic Review*, v. 103, n. 5, pp. 1553-97, 2013.

AUTOR, David H.; LEVY, Frank; MURNANE, Richard J. "The Skill Content of Recent Technological Change: An Empirical Exploration". *Quarterly Journal of Economics*, v. 118, n. 4, pp. 1279-333, 2003.

BAAH, Nana. "This Adult Site Is Offering Ex-McDonald's Employees Camming Work". *Vice*, 24 mar. 2020. Disponível em: <www.vice.com/en_uk/article/dygjvm/mcdonalds-workers-coronavirus-employment>. Acesso em: 27 ago. 2021.

BAISHYA, Anirban K.; MINI, Darshana S. "Translating Porn Studies: Lessons from the Vernacular". *Porn Studies*, v. 7, n. 1, pp. 2-12, 2020.

BALDWIN, James. "An Open Letter to My Sister, Angela Y. Davis" [1970]. In: DAVIS, Angela (Org.). *If They Come in the Morning*, pp. 19-23. [Ed. online em português disponível em: <www.geledes.org.br/carta-para-mi-nha-irma-angela-davis-por-james-baldwin/> . Acesso em: 27 ago. 2021.].

BARALE, Michèle Aina. "The Romance of Class and Queers: Academic Erotic Zones". In: GARBER, Linda (Org.). *Tilting the Tower*. Abington: Routledge, 1994, pp. 16-24.

BARRECA, Regina. "Contraband Appetites: Wit, Rage, and Romance in the Classroom". In: BARRECA, Regina; MORSE, Deborah Denenholz (Orgs.). *The Erotics of Instruction*. Lebanon: University Press of New England, 1997.

BARTHOLET, Elizabeth; GERTNER, Nancy; HALLEY, Janet; GERSEN, Jeannie Suk. "Fairness for All Students Under Title IX". *Digital Access to Scholarship at Harvard*, 21 ago. 2017. Disponível em: <nrs.harvard.edu/urn--3:HUL.InstRepos:33789434>. Acesso em: 27 ago. 2021.

BARTKY, Sandra Lee. *Femininity and Domination: Studies in the Phenomenology of Oppression*. Abington: Routledge,1990.

BATTY, David; HALL, Rachel. "UCL to Ban Intimate Relationships between Staff and Their Students". *The Guardian*, 20 fev. 2020. Disponível em: <www.theguardian.com/education/2020/feb/20/ucl-to-ban-intimate--relationships-between-staff-and-students-univesities>. Acesso em: 27 ago. 2021.

BAUER, Nancy. "Pornutopia". *n+1*, inverno 2007. Disponível em: <https://nplusonemag.com/issue-5/essays/pornutopia/>. Acesso em: 27 ago. 2021

BAZELON, Lara. "I'm a Democrat and a Feminist. And I Support Betsy DeVos's Title IX Reforms". *The New York Times*, 4 dez. 2018. Disponível em: <www.nytimes.com/2018/12/04/opinion/-title-ix-devos-democrat--feminist.html>. Acesso em: 27 ago. 2021

BEAL, Frances M. "Double Jeopardy: To Be Black and Female" [1969]. *Meridians: Feminism, Race, Transnationalism*, v. 8, n. 2, pp. 166-76, 2008.

BEAUVOIR, Simone de. *The Second Sex*. Trad. de Constance Borde e Sheila Malovany-Chevallier. Nova York: Vintage, [1949], 2011, pp. 765-6. [Ed. bras.: *O segundo sexo*. Trad. de Sérgio Millet. Rio de Janeiro: Nova Fronteira, 2009, pp. 701-2.]

BECK, Richard. *We Believe the Children: A Moral Panic in the 1980s*. Nova York: PublicAffairs, 2015.

BEDI, Sonu. "Sexual Racism: Intimacy as a Matter of Justice". *The Journal of Politics*, v. 77, n. 4, pp. 998-1011, 2015.

BEECHER, Jonathan. "Parody and Liberation in *The New Amorous World* of Charles Fourier". *History Workshop Journal*, v. 20, n. 1, pp. 125-133, 1985.

_____. *Charles Fourier: The Visionary and His World*. Berkeley: University of California Press, 1986, cap. 15.

BEHRENDT, Larissa. "Consent in a (Neo) Colonial Society: Aboriginal Women as Sexual and Legal 'Other'". *Australian Feminist Studies*, v. 15, n. 33, pp. 353-67, 2000.

BEN-MOSHE, Liat. *Decarcerating Disability: Deinstitutionalization and Prison Abolition*. Minneapolis: University of Minnesota Press, 2020.

BERG, Nate. "Drive-Thru Brothels: Why Cities are Building 'Sexual Infrastructure'". *The Guardian*, 2 set. 2019. Disponível em: <www.theguardian.com/cities/2019/sep/02/drive-thru-brothels-why-cities-are-building-sexual-infrastructure>. Acesso em: 27 ago. 2021.

BERGER, Dan; KABA, Mariame; STEIN, David. "What Abolitionists do". *Jacobin*, 24 ago. 2017. Disponível em: <www.jacobinmag.com/2017/08/prison-abolition-reform-mass-incarceration>. Acesso em: 27 ago. 2021.

BERNSTEIN, Elizabeth. "The Sexual Politics of the 'New Abolitionism'". *differences*, v. 18, n. 3, pp. 128-151, 2007.

BERRY, Kim. "The Symbolic Use of Afghan Women in the War on Terror". *Humboldt Journal of Social Relations*, v. 27, n. 2, pp. 137-60, 2003.

BETHEL, Lorraine; SMITH, Barbara (Orgs.). *Conditions: Five: The Black Women's Issue*, 1979.

BHALOTRA, Sonia; KAMBHAMPATI, Uma; RAWLINGS, Samantha; SIDDIQUE, Zahra. "Intimate Partner Violence: The Influence of Job Opportunities for Men and Women". *The World Bank Economic Review*, pp. 1-19, 2019.

BHONSLE, Anubha. "Indian Army, Rape Us". *Outlook*, 10 fev. 2016. Disponível em: <www.outlookindia.com/website/story/indian-army-rape-us/296634>. Acesso em: 27 ago. 2021.

BIRD, Greta; O'MALLEY, Pat. "Kooris, Internal Colonialism, and Social Justice". *Social Justice*, v. 16, n. 3, pp. 35-50, 1989.

BLINDER, Alan. "Was That Ralph Northam in Blackface? An Inquiry Ends without Answers". *The New York Times*, 22 maio 2019. Disponível em: <www.nytimes.com/2019/05/22/us/ralph-northam-blackface-photo.html>. Acesso em: 27 ago. 2021.

BLUNT, Alison. "Embodying War: British Women and Domestic Defilement in the Indian 'Mutiny', 1857-8". *Journal of Historical Geography*. v. 26, n. 3, pp. 403-28, 2000.

BOHN, Lauren. "'We're All Handcuffed in This Country.' Why Afghanistan Is Still the Worst Place in the World to Be a Woman". *Time*, 8 dez. 2018. Disponível em: <https://time.com/5472411/afghanistan-women-justice-war/>. Acesso em: 27 ago. 2021.

BOONKONG, Carla; O'CONNOR, Pranee. "Thailand Jails More Women than Any Other Country in the World Over Pink Yaba Pills and Ongoing Drug Arrests". *Thai Examiner*, 4 jan. 2019. Disponível em: <www.thaiexaminer.com/thai-news-foreigners/2019/01/04/thai-women-prison-in-thailand-world-no1-country-drug-users-war-on-drugs/>. Acesso em: 27 ago. 2021.

BOSE, Adrija. "'Why Should I be Punished?': Punita Devi, Wife of Nirbhaya Convict, Fears Future of 'Shame'". *News 18*, 19 mar. 2020. Disponível em: <www.news18.com/news/buzz/why-should-i-be-punished-punita-devi-wife-of-nirbhaya-convict-fears-future-of-shame-delhi-gangrape-2543091.html>. Acesso em: 27 ago. 2021.

BOURKE, Joanna. *Rape: A History from 1860 to the Present Day*. Londres: Virago, 2007.

BOUTILIER, Sophia; WELLS, Lana. "The Case for Reparative and Transformative Justice Approaches to Sexual Violence in Canada: A Proposal to Pilot and Test New Approaches". *Shift: The Project to End Domestic Violence*, 2018. Disponível em: <https://prism.ucalgary.ca/handle/1880/109349>. Acesso em: 27 ago. 2021.

BRACEWELL, Lorna Norman. "Beyond Barnard: Liberalism, Antipornography Feminism, and the Sex Wars". *Signs*, v. 42, n. 1, pp. 23-48, 2016.

BREIDING, Matthew J.; SMITH, Sharon G.; BASILE, Kathleen C.; WALTERS, Mikel L.; CHEN, Jieru; MERRICK, Melissa T. "Prevalence and Characteristics of Sexual Violence, Stalking, and Intimate Partner Violence Victimization — National Intimate Partner and Sexual Violence Survey, United States, 2011". *Center for Disease Control and Prevention: Morbidity and Mortality Weekly Report*, v. 63, n. 8, 2014. Disponível em: <www.cdc.gov/mmwr/preview/mmwrhtml/ss6308a1.htm>. Acesso em: 27 ago. 2021.

"BRETT KAVANAUGH'S Opening Statement: Full Transcript". *The New York Times*, 26 set. 2018. Disponível em: <www.nytimes.com/2018/09/26/us/politics/read-brett-kavanaughs-complete-opening-statement.html>. Acesso em: 27 ago. 2021.

BROSI, Matthew W.; FOUBERT, John D.; BANNON, R. Sean; YANDELL, Gabriel. "Effects of Sorority Members' Pornography Use on Bystander Intervention in a Sexual Assault Situation and Rape Myth Acceptance". *Oracle: The Research Journal of the Association of Fraternity/Sorority Advisors*, v. 6, n. 2, pp. 26-35, 2011.

BRYAN, Beverley; DADZIE, Stella; SCAFE, Suzanne. *The Heart of the Race: Black Women's Lives in Britain*. Londres: Virago, 1985.

BUMILLER, Kristin. *In an Abusive State: How Neoliberalism Appropriated the Feminist Movement Against Sexual Violence*. Durham: Duke University Press, 2008.

BURC, Rosa; SOUVLIS, George; SINGH, Nikhil Pal. "Race and America's Long War: An Interview with Nikhil Pal Singh". *Salvage*, 11 mar. 2020. Disponível em: <https://salvage.zone/articles/race-and-americas-long-war-an-interview-with-nikhil-pal-singh/>. Acesso em: 27 ago. 2021.

BURCHILL, Julie. *Damaged Gods: Cults and Heroes Reappraised*. Londres: Century, 1986.

BUTLER, Judith. *Gender Trouble: Feminism and the Subversion of Identity* [1990]. Abington: Routledge, 2010. [Ed. bras.: *Problemas de gênero: Feminismo e subversão da identidade*. Trad. de Renato Aguiar. Rio de Janeiro: Civilização Brasileira, 2003.]

_____. "Merely Cultural". *New Left Review*, v. 1, n. 227, pp. 33-44, 1998.

CAHILL, Ann J. "Sexual Desire, Inequality, and the Possibility of Transformation". In: IRVIN, Sherri (Org.). *Body Aesthetics*. Oxford: Oxford University Press, 2016, pp. 281-91.

CALLANDER, Denton; HOLT, Martin; NEWMAN, Christy E. "Just a Preference: Racialised Language in the Sex-Seeking Profiles of Gay and Bisexual Men". *Culture, Health & Sexuality*, v. 14, n. 9, pp. 1049-63, 2012.

_____. "Is Sexual Racism Really Racism? Distinguishing Attitudes Towards Sexual Racism and Generic Racism Among Gay and Bisexual Men". *Archives of Sexual Behavior*, v. 14, n. 7, pp. 1991-2000, 2015.

CANBY, Vincent. "What Are We to Think of 'Deep Throat'?". *The New York Times*, 21 jan. 1973. Disponível em: <www.nytimes.com/1973/01/21/archives/what-are-we-to-think-of-deep-throat-what-to-think-of-deep-throat.html>. Acesso em: 27 ago. 2021.

CAPPER, Beth; AUSTIN, Arlen. "'Wages for Housework Means Wages Against Heterosexuality': On the Archives of Black Women for Wages for Housework, and the Wages Due Lesbians". *GLQ: A Journal of Lesbian and Gay Studies*, v. 24, n. 4, pp. 445-66, 2018.

CARR, Joetta L.; VANDEUSEN, Karen M. "Risk Factors for Male Sexual Aggression on College Campuses". *Journal of Family Violence*, v. 19, n. 5, pp. 279-89, 2004.

CASTLEMAN, Michael. "Surprising New Data from the World's Most Popular Porn Site". *Psychology Today*, 15 mar. 2018. Disponível em: <www.psychologytoday.com/us/blog/all-about-sex/201803/surprising-new-data-the-world-s-most-popular-porn-site>. Acesso em: 27 ago. 2021.

"CHANCE THE RAPPER Apologizes for Working with R. Kelly". NBC Chicago, 8 jan. 2019. Disponível em: <www.nbcchicago.com/news/local/Chance-the-Rapper-Apologizes-for-Working-With-R-Kelly-504063131.html>. Acesso em: 27 ago. 2021.

CHATEAUVERT, Melinda. *Sex Workers Unite: A History of the Movement from Stonewall to SlutWalk*. Boston: Beacon Press, 2014.

CHEN, Ching-In; DULANI, Jai; PIEPZNA-SAMARASINHA, Leah Lakshmi. *The Revolution Starts at Home: Confronting Intimate Violence Within Activist Communities*. Londres: South End Press, 2011.

CHIN, Heather J. (@HeatherJChin). Twitter, 8 jun. 2018. Disponível em: <https://twitter.com/HeatherJChin/status/1005103359114784769>. Acesso em: 27 ago. 2021.

_____. Twitter, 9 jun. 2018. Disponível em: <https://twitter.com/HeatherJChin/status/1005403920037015552>. Acesso em: 27 ago. 2021.

CHU, Andrea Long. "On Liking Women". *n+1*, inverno 2018. Disponível em: <https://nplusonemag.com/issue-30/essays/on-liking-women/>. Acesso em: 27 ago. 2021.

_____; BERG, Anastasia. "Wanting Bad Things: Andrea Long Chu Responds to Amia Srinivasan". *The Point*, 18 jul. 2018. Disponível em: <https://

thepointmag.com/2018/dialogue/wanting-bad-things-andrea-long-chu-
-responds-amia-srinivasan>. Acesso em: 27 ago. 2021.

CHUA, Charmaine. "Abolition Is a Constant Struggle: Five Lessons from
Minneapolis". *Theory & Event*, v. 23, n. 4 supp., pp. 127-47, 2020.

CLEGG, John; USMANI, Adaner. "The Economic Origins of Mass Incarceration". *Catalyst*, v. 3, n. 3, 2019. Disponível em: <https://catalyst-journal.
com/vol3/no3/the-economic-origins-of-mass-incarceration>. Acesso
em: 27 ago. 2021.

"COALITION for a Feminist Sexuality and against Sadomasochism". Folheto
The Barnard, reproduzido em *Feminist Studies*, v. 9, n. 1, pp. 180-2, 1983.

COKER, Donna. "Restorative Justice, Navajo Peacemaking and Domestic Violence". *Theoretical Criminology*, v. 10, n. 1, pp. 67-85, 2006.

COLEMAN, Phyllis. "Sex in Power Dependency Relationships: Taking
Unfair Advantage of the 'Fair' Sex". *Albany Law Review*, v. 53, n. 1,
pp. 95-142, 1988.

COLLINS, Patricia Hill. *Black Feminist Thought*. Abington: Routledge, 1991
[1990]. [Ed. bras.: *Pensamento feminista negro*. Trad. de Jamille Pinheiro
Dias. São Paulo: Boitempo, 2019.]

COMBAHEE River Collective, The. "A Black Feminist Statement" [1977].
In: SMITH, Barbara (Org.). *Home Girls: A Black Feminist Anthology*.
Nova York: Kitchen Table: Women of Color Press, 1983, pp. 272-92.
[Ed. bras.: "Manifesto do Coletivo Combahee River". Trad. de Stefa-
nia Pereira e Letícia Simões Gomes. *Plural*, USP, São Paulo, v. 26, n. 1,
pp. 197-207, 2019.]

COMITÊ Internacional pelos direitos das prostitutas (ICPR), "World Charter for Prostitutes Rights: February 1985, Amsterdam". *Social Text*, n. 37,
pp. 183-5, 1993.

CONFERÊNCIA Europeia sobre Trabalho Sexual, Direitos Humanos, Trabalho e Migração, "Sex Workers in Europe Manifesto". International Committee on the Rights of Sex Workers in Europe, 2005. Disponível em:
<www.sexworkeurope.org/resources/sex-workers-europe-manifesto>.
Acesso em: 27 ago. 2021.

COOPER, Melinda. *Family Values: Between Neoliberalism and the New Social
Conservatism*. Princeton: Zone Books, 2017.

COOTE, Anna; CAMPBELL, Beatrix. *Sweet Freedom: The Struggle for Women's
Liberation*. Londres: Picador, 1982.

CORBMAN, Rachel. "The Scholars and the Feminists: The Barnard Sex Conference and the History of the Institutionalization of Feminism". *Feminist Formations*, v. 27, n. 3, pp. 49-80, 2015.

COSCARELLI, Joe. "R. Kelly Faces a #MeToo Reckoning as Time's Up Backs
a Protest". *The New York Times*, 1 maio 2018. Disponível em: <www.ny-
times.com/2018/05/01/arts/music/r-kelly-timesup-metoo-muterkelly.
html>. Acesso em: 27 ago. 2021.

COSTA-KOSTRITSKY, Valeria. "The Dominique Strauss-Kahn Courtroom Drama Has Put Prostitution on Trial". *New Statesman*, 20 fev. 2015. Disponível em: <www.newstatesman.com/world-affairs/2015/02/dominique-strauss-kahn-courtroom-drama-has-put-prostitution-trial>. Acesso em: 27 ago. 2021.

COY, Maddy; KELLY, Liz; ELVINES, Fiona; GARNER, Maria; KANYEREDZI, Ava. "'Sex Without Consent, I Suppose that Is Rape': How Young People in England Understand Sexual Consent". *Children's Commissioner*, 2013. Disponível em: <www.childrenscommissioner.gov.uk/report/sex-without-consent-i-suppose-that-is-rape/>. Acesso em: 27 ago. 2021.

CRABTREE, Steve. "Afghans' Misery Reflected in Record-Low Well-Being Measures". Gallup, 26 out. 2018. Disponível em: <https://news.gallup.com/poll/244118/afghans-misery-reflected-record-low-measures.aspx>. Acesso em: 27 ago. 2021.

CRAMER, Katherine J. *The Politics of Resentment: Rural Consciousness in Wisconsin and The Rise of Scott Walker*. Chicago: University of Chicago Press, 2016.

CR10 Publications Collective, The (Org.). *Abolition Now! Ten Years of Strategy and Struggle Against the Prison Industrial Complex*. Oakland: AK Press, 2008.

CREATIVE Interventions. *Creative Interventions Toolkit: A Practical Guide to Stop Interpersonal Violence*, 2012. Disponível em: <www.creative-interventions.org/tools/toolkit/>. Acesso em: 27 ago. 2021.

CRENSHAW, Kimberlé. "Demarginalizing the Intersection of Race and Sex: A Black Feminist Critique of Antidiscrimination Doctrine, Feminist Theory and Antiracist Politics". *University of Chicago Legal Forum*, v. 1989, n. 1, pp. 139-67, 1989.

_____. "I Believe I Can Lie". *The Baffler*, 17 jan. 2019. Disponível em: <https://thebaffler.com/latest/i-believe-i-can-lie-crenshaw>. Acesso em: 27 ago. 2021.

_____; RITCHIE, Andrea J.; ANSPACH, Rachel; GILMER, Rachel; HARRIS, Luke. "Say Her Name: Resisting Police Brutality Against Black Women". *African American Policy Forum*, 2015. Disponível em: <www.aapf.org/sayhername>. Acesso em: 27 ago. 2021.

_____; OCEN, Priscilla; NANDA, Jyoti. "Black Girls Matter: Pushed Out, Overpoliced and Underprotected". *African American Policy Forum*, 2015. Disponível em: <www.atlanticphilanthropies.org/wp-content/uploads/2015/09/BlackGirlsMatter_Report.pdf>. Acesso em: 27 ago. 2021.

CREWE, Tom. "The P-P-Porn Ban". *London Review of Books*, 4 abr. 2019. Disponível em: <www.lrb.co.uk/the-paper/v41/n07/tom-crewe/short-cuts>. Acesso em: 27 ago. 2021.

CRITICAL Resistance-INCITE!. "Statement on Gender Violence and the Prison Industrial Complex". *Social Justice*, v. 30, n. 3, pp. 141-50, 2003.

CROSS, Katherine (@Quinnae_Moon). Twitter, 3 maio 2018. Disponível em: <https://twitter.com/Quinnae_Moon/status/992216016708165632>. Acesso em: 27 ago. 2021.

DAGGETT, Cara. "Petro-Masculinity: Fossil Fuels and Authoritarian Desire". *Millennium*, v. 47, n. 1, pp. 25-44, 2008.

DALLA COSTA, Mariarosa. "A General Strike" [1974]. In: EDMOND, Wendy; FLEMING, Suzie (Orgs.). *All Work and No Pay: Women, Housework, and the Wages Due*. Londres, Bristol: Power of Women Collective, Falling Wall Press, 1975, pp. 125-7.

_____; JAMES, Selma. "Women and the Subversion of the Community" [1971]. In: *The Power of Women and the Subversion of the Community*. Bristol: Falling Wall Press, 1975 [1972], pp. 21-56.

DAVIS, Angela Y. (Org.). *If They Come in the Morning... Voices of Resistance*. Londres, Nova York: Verso, 2016 [1971].

_____. *Women, Race & Class*. Londres: Penguin Modern Classics, 2019 [1981]. [Ed. bras.: *Mulheres, raça e classe*. Trad. de Heci Regina Candiani. São Paulo: Boitempo, 2016.]

_____. *Are Prisons Obsolete*. Nova York: Seven Stories Press, 2003. [Ed. bras.: *Estarão as prisões obsoletas?*. Trad. de Marina Vargas. Rio de Janeiro: Difel, 2018.]

_____; DENT, Gina; MEINERS, Erica; RICHIE, Beth. *Abolition. Feminism. Now.* Chicago: Haymarket Books, 2021.

DAVIS, Mike. *Prisoners of the American Dream: Politics and Economy in the History of the US Working Class*. Londres, Nova York: Verso, 2018 [1986].

_____. "Trench Warfare: Notes on the 2020 Election". *New Left Review*, n. 126, nov.-dez. 2020. Disponível em: <https://newleftreview.org/issues/ii126/articles/mike-davis-trench-warfare>. Acesso em: 27 ago. 2021.

DAWSON, Michael C. "Hidden in Plain Sight: A Note on Legitimation Crises and the Racial Order". *Critical Historical Studies*, v. 3, n. 1, pp. 143-61, 2016.

DECHIARA, Peter. "The Need for Universities to Have Rules on Consensual Sexual Relationships Between Faculty Members and Students". *Columbia Journal of Law and Social Problems*, v. 21, n. 2, pp. 137-62, 1988.

DEDEO, Simon. "Hypergamy, Incels, and Reality". *Axiom of Chance*, 15 nov. 2018. Disponível em: <http://simondedeo.com/?p=221>. Acesso em: 27 ago. 2021.

DELPHY, Christine. *Separate and Dominate: Feminism and Racism after the War on Terror*. Trad. de David Broder. Londres, Nova York: Verso, 2015 [2008].

DENVIR, Daniel; FIELDS, Barbara J.; FIELDS, Karen E. "Beyond 'Race Relations': An Interview with Barbara J. Fields and Karen E. Fields". *Jacobin*, 17 jan. 2018. Disponível em: <www.jacobinmag.com/2018/01/racecraft--racism-barbara-karen-fields>. Acesso em: 27 ago. 2021.

DERESIEWICZ, William. "Love on Campus". *The American Scholar*, 1 jun. 2007. Disponível em: <https://theamericanscholar.org/love-on-campus/>. Acesso em: 27 ago. 2021.

DIARY of a Conference on Sexuality, 1982. Disponível em: <www.darkmatte-rarchives.net/wp-content/uploads/2011/12/Diary-of-a-Conference-on--Sexuality.pdf>. Acesso em: 27 ago. 2021.

DOUTHAT, Ross. "The Redistribution of Sex". *The New York Times*, 2 maio 2018. Disponível em: <www.nytimes.com/2018/05/02/opinion/incels--sex-robots-redistribution.html>. Acesso em: 27 ago. 2021.

DROLET, Gabrielle. "The Year Sex Work Came Home". *The New York Times*, 10 abr. 2020. Disponível em: <www.nytimes.com/2020/04/10/style/cam-soda-onlyfans-streaming-sex-coronavirus.html>. Acesso em: 27 ago. 2021.

DU BOIS, W. E. B. *Black Reconstruction in America: 1860-1880*. Nova York: The Free, 1992 [1935].

DU MEZ, Kristin Kobes. *Jesus and John Wayne: How White Evangelicals Corrupted a Faith and Fractured a Nation*. Nova York: Liveright, 2020.

DULLEA, Georgia. "In Feminists' Antipornography Drive, 42nd Street Is the Target". *The New York Times*, 6 jul. 1979. Disponível em: <www.nytimes.com/1979/07/06/archives/in-feminists-antipornography-drive-42d--street-is-the-target.html>. Acesso em: 27 ago. 2021.

DURBAR (Comitê Durbar Mahila Samanwaya). "Sex Workers' Manifesto: First National Conference of Sex Workers in India" [1997]. Global Network of Sex Work Projects, 2011. Disponível em: <www.nswp.org/sites/nswp.org/files/Sex%20Workers%20Manifesto%20-%20Meeting%20in%20India.pdf>. Acesso em: 27 ago. 2021.

DWORKIN, Andrea. *Intercourse*. Nova York: Basic Books, 2007 [1987], pp. 60-1.
_____. "Suffering and Speech". In: MACKINNON, Catharine A.; DWORKIN, Andrea (Orgs.). *In Harm's Way: The Pornography Civil Rights Hearings*. Cambridge (EUA): Harvard University Press, 1997, pp. 25-36.

DWYER, Rachel E.; WRIGHT, Erik Olin. "Low-Wage Job Growth, Polarization, and the Limits and Opportunities of the Service Economy". *RSF: The Russell Sage Foundation Journal of the Social Sciences*, v. 5, n. 4, pp. 56-76, 2019.

DZIECH, Billie Wright; WEINER, Linda. *The Lecherous Professor: Sexual Harassment on Campus*. Champaign: University of Illinois Press, 1990 [1984].

ECHOLS, Alice. *Daring to Be Bad: Radical Feminism in America 1967-1975*. Minneapolis: University of Minnesota Press, 2011 [1989].
_____. "Retrospective: Tangled Up in Pleasure and Danger". *Signs*, v. 42, n. 1, pp. 11-22, 2016.

EDMOND, Wendy; FLEMING, Suzie (Orgs.). *All Work and No Pay: Women, Housework, and the Wages Due*. Londres, Bristol: Power of Women Collective, Falling Wall Press, 1975.

EDWARDS, Frank; LEE, Hedwig; ESPOSITO, Michael. "Risk of Being Killed by Police Use of Force in the United States by Age, Race-Ethnicity, and Sex". *Proceedings of the National Academy of Sciences of the United States of America*, v. 116, n. 34, pp. 16793-8, 2019.

ELOMÄKI, Anna. "The Price of Austerity: The Impact on Women's Rights and Gender Equality in Europe". European Women's Lobby, 2012. Disponível em: <www.womenlobby.org/IMG/pdf/the_price_of_austerity_-_web_edition.pdf>. Acesso em: 27 ago. 2021.

EPSTEIN, Rebecca; BLAKE, Jamilia J.; GONZÁLEZ, Thalia. "Girlhood Interrupted: The Erasure of Black Girls' Childhood". Georgetown Center on Poverty and Inequality, 2017. Disponível em: <https://ssrn.com/abstract=3000695>. Acesso em: 27 ago. 2021.

ERENS, Bob; PHELPS, Andrew; CLIFTON, Soazig; HUSSEY, David; MERCER, Catherine H., TANTO, Clare; SONNENBERG, Pam; MACDOWALL, Wendy; COPAS, Andrew J.; FIELD, Nigel; MITCHELL, Kirstin; DATTA, Jessica; HAWKINS, Victoria; ISON, Catherine; BEDDOWS, Simon; SOLDAN, Kate; SILVA, Filomeno Coelho da; ALEXANDER, Sarah; WELLINGS, Kaye; JOHNSON, Anne M. "National Survey of Sexual Attitudes and Lifestyles 3". Natsal, 2013. Disponível em: <https://www.natsal.ac.uk/natsal-3.aspx>. Acesso em: 27 ago. 2021.

ETHERINGTON, Norman. "Natal's Black Rape Scare of the 1870s". *Journal of Southern African Studies*, v. 15, n. 1, pp. 36-53, 1988.

FARAI, Sekai (@SekaiFarai). Twitter, 17 mar. 2018. Disponível em: <https://twitter.com/SekaiFarai/status/975026817550770177>. Acesso em: 27 ago. 2021.

FARLEY, Lin. *Sexual Shakedown: The Sexual Harassment of Women on the Job*. Nova York: McGraw-Hill, 1978.

FBI, *Crime in the United States, 1996, Section II: Crime Index Offenses Reported* (1997). Disponível em: <https://ucr.fbi.gov/crime-in-the-u.s/1996/96sec2.pdf>. Acesso em: 27 ago. 2021.

FEDERICI, Silvia. "Wages Against Housework" [1975]. In: _____. *Revolution at Point Zero: Housework, Reproduction, and Feminist Struggle*. Oakland: PM Press, 2012, pp. 15-22. [Ed. bras.: "Salários contra o trabalho doméstico". In: *O ponto zero da revolução: Trabalho doméstico, reprodução e luta feminista*. Trad. de Coletivo Sycorax. São Paulo: Elefante, 2019.]

_____; AUSTIN, Arlen (Orgs.). *The New York Wages for Housework Committee, 1972-1977: History, Theory, and Documents*. Nova York: Autonomedia, 2017.

FERTIK, Ted; MITCHELL, Maurice. "Reclaiming Populism". *The Boston Review*, 29 abr. 2020. Disponível em: <http://bostonreview.net/forum/reclaiming-populism/ted-fertik-maurice-mitchell-we-need-multiracial-working-class-alignment>. Acesso em: 27 ago. 2021.

FIELDS, Barbara Jeanne. "Slavery, Race and Ideology in the United States of America". *New Left Review*, v. 1, n. 181, pp. 95-118 , maio-jun. 1990.

FILIPOVIC, Jill. "Is the US the Only Country where More Men are Raped than Women?". *The Guardian*, 21 fev. 2012. Disponível em: <www.theguardian.com/commentisfree/cifamerica/2012/feb/21/us-more-men-raped-than-women>. Acesso em: 27 ago. 2021.

FIRESTONE, Shulamith. *The Dialectic of Sex*. Londres, Nova York: Verso, 2015 [1970]. [Ed. bras.: *A dialética do sexo*. Trad. de Vera Regina Rabelo Terra. Rio de Janeiro: Labor do Brasil, 1976.]

FISCHEL, Joseph J. *Screw Consent: A Better Politics of Sexual Justice*. Berkeley: University of California Press, 2019.

FORELL, Caroline. "What's Wrong with Faculty-Student Sex? The Law School Context". *Journal of Legal Education*, v. 47, n. 1, pp. 47-72, 1997.

FORMAN, James, Jr. *Locking Up Our Own: Crime and Punishment in Black America*. Nova York: Farrar, Straus and Giroux, 2017.

IV CONFERÊNCIA Mundial sobre a Mulher, "Declaração e plataforma de ação da IV Conferência Mundial sobre a Mulher". Organização das Nações Unidas, Pequim, 1995. Edição em português disponível em: <www. onumulheres.org.br/wp-content/uploads/2015/03/declaracao_pequim1. pdf>. Acesso em: 27 ago. 2021.

FRASER, Nancy. "Behind Marx's Hidden Abode". *New Left Review*, n. 86, pp. 55-72, mar.-abr. 2014.

_____. "Contradictions of Capital and Care". *New Left Review*, n. 100, pp. 99--117, jul.-ago. 2016.

"FRED Hampton on Racism and Capitalism 1". Youtube, 28 maio 2019. Disponível em: <www.youtube.com/watch?v=jnlYAooFfwo>. Acesso em: 27 ago. 2021.

FREUD, Sigmund. "Further Recommendations in the Technique of Psycho--Analysis: Observations on Transference-Love" [1915]. In: ELLMAN, Stephen (Org.). *Freud's Technique Papers*. Trad. de Joan Riviere. Nova York: Other Press, 2002, pp. 65-80. [Ed. bras.: "Observações sobre o amor de transferência". In: *Observações psicanalíticas sobre um caso de paranoia relatado em autobiografia ("O caso Schreber"), artigos sobre técnica e outros textos. Obras completas*, v. 10. Trad. de Paulo César de Souza. São Paulo: Companhia das Letras, 2010, pp. 210-28.]

_____. *An Autobiographical Study*. Trad. de James Strachey. Londres: Hogarth Press; The Institute of Psycho-Analysis, 1950 [1925]). [Ed. bras.: "Autobiografia". In: *O eu e o id, "autobiografia" e outros textos. Obras completas*, v. 16. Trad. de Paulo César de Souza. São Paulo: Companhia das Letras, 2011, pp. 75-167.]

GAGO, Verónica. *Feminist International: How to Change Everything*. Trad. de Liz Mason-Deese. Londres, Nova York: Verso, 2020. [Ed. bras.: *A potência feminista ou o desejo de transformar tudo*. Trad. de Igor Peres. São Paulo: Elefante, 2020.]

GALLOP, Jane. *Feminist Accused of Sexual Harassment*. Durham: Duke University Press, 1997.

GARCIA, Sandra E. "The Woman Who Created #MeToo Long Before Hashtags". *The New York Times*, 20 out. 2017. Disponível em: <www.nytimes.

com/2017/10/20/us/me-too-movement-tarana-burke.html>. Acesso em: 27 ago. 2021.

GERSEN, Jacob; SUK, Jeannie. "The Sex Bureaucracy". *California Law Review*, v. 104, n. 4, pp. 881-948, 2016.

GHOMESHI, Jian. "Reflections from a Hashtag". *New York Review of Books*, 11 out. 2018. Disponível em: <www.nybooks.com/articles/2018/10/11/reflections-hashtag/>. Acesso em: 27 ago. 2021.

GILMORE, Ruth Wilson. *Golden Gulag: Prisons, Surplus, Crisis, and Opposition in Globalizing California*. Berkeley: University of California Press, 2007.

"GIVE Parents the Right to Opt Their Child Out of Relationship and Sex Education". Petitions: UK Government and Parliament, *2019*. Disponível em: <https://petition.parliament.uk/petitions/235053>. Acesso em: 27 ago. 2021.

GLAZEK, Christopher. "Raise the Crime Rate". *n+1*, 2012. Disponível em: <https://nplusonemag.com/issue-13/politics/raise-the-crime-rate/>. Acesso em: 27 ago. 2021.

GOLDBERG, Michelle. "The Shame of the MeToo Men". *The New York Times*, 14 set. 2018. Disponível em: <www.nytimes.com/2018/09/14/opinion/columnists/metoo-movement-franken-hockenberry-macdonald.html>. Acesso em: 27 ago. 2021.

GORZ, André. "Reform and Revolution" [1967]. Trad. de Ben Brewster. *Socialist Register*, v. 5, pp. 111-43, 1968.

_____. *A Strategy for Labor: A Radical Proposal*. Trad. de Martin Nicolaus e Victoria Ortiz. Boston: Beacon Press, 1967.

GOULD, Jon B.; LEO, Richard A. "One Hundred Years Later: Wrongful Convictions after a Century of Research". *Journal of Criminal Law and Criminology*, v. 100, n. 3, pp. 25-68, 2010.

GQOLA, Pumla Dineo. *Rape: A South African Nightmare*. MF Books Joburg, 2015.

GRAFF, Agniezska; KAPUR, Ratna; WALTERS, Suzanna Danuta (Orgs.). "Gender and the Rise of the Global Right". *Signs*, v. 44, n. 3, 2019.

GRANT, Melissa Gira. *Playing the Whore: The Work of Sex Work*. Londres, Nova York: Verso, 2014.

GREEN, Leslie. "Pornographies". *Journal of Political Philosophy*, v. 8, n. 1, pp. 27-52, 2000.

GROSS, Bruce. "False Rape Allegations: An Assault on Justice". *The Forensic Examiner*, v. 18, n. 1, pp. 66-70, 2009.

GROSS, Samuel R.; POSSLEY, Maurice; STEPHENS, Klara. "Race and Wrongful Convictions in the United States". National Registry of Exonerations, 2017. Disponível em: <www.law.umich.edu/special/exoneration/Documents/Race_and_Wrongful_Convictions.pdf>. Acesso em: 27 ago. 2021.

GRUBER, Aya. *The Feminist War on Crime: The Unexpected Role of Women's Liberation in Mass Incarceration*. Berkeley: University of California Press, 2020.

HALD, Gert Martin; MALAMUTH, Neil M.; YUEN, Carlin. "Pornography and Attitudes Supporting Violence against Women: Revisiting the Relationship in Nonexperimental Studies". *Aggressive Behavior*, v. 36, n. 1, pp. 14-20, 2010.

HALL, Stuart. "Race, Articulation and Societies Structured in Dominance". In: *Sociological Theories: Race and Colonialism*. Unesco, 1980, pp. 305-45.

HALLEY, Janet. "Trading the Megaphone for the Gavel in Title IX Enforcement". Cambridge (EUA): *Harvard Law Review Forum*, v. 128, pp. 103-17, 2015.

_____. "The Move to Affirmative Consent". *Signs*, v. 42, n. 1, pp. 257-79, 2016.

HAMBLETON, Alexandra. "When Women Watch: The Subversive Potential of Female-Friendly Pornography in Japan". *Porn Studies*, v. 3, n. 4, pp. 427-42, 2016.

"HATHRAS Case: A Woman Repeatedly Reported Rape. Why Are Police Denying It?". BBC News, 10 out. 2020. Disponível em: <www.bbc.co.uk/news/world-asia-india-54444939>. Acesso em: 27 ago. 2021.

HEIDEMAN, Paul. *Class Struggle and the Color Line: American Socialism and the Race Question, 1900-1930*. Chicago: Haymarket Books, 2018.

HELLER, Zoë. "'Hot' 'Sex & Young Girls". *The New York Review of Books*, 18 ago. 2016. Disponível em: <www.nybooks.com/articles/2016/08/18/hot--sex-young-girls/>. Acesso em: 27 ago. 2021.

HELMAN, Rebecca. "Mapping the Unrapeability of White and Black Womxn". *Agenda: Empowering Women for Gender Equality*, v. 32, n. 4, pp. 10-21, 2018.

HEMINGWAY, Mollie; SEVERINO, Carrie. "Christine Blasey Ford's Father Supported Brett Kavanaugh's Confirmation". *The Federalist*, 12 set. 2019. Disponível em: <https://thefederalist.com/2019/09/12/christine-blasey--fords-father-supported-brett-kavanaughs-confirmation/>. Acesso em: 27 ago. 2021.

HIGGINS, Chris. "Transference Love from the Couch to the Classroom: A Psychoanalytic Perspective on the Ethics of Teacher-Student Romance". *Philosophy of Education*, Philosophy of Education Society, pp. 357-65, 1998.

HILL, Jemele. "What the Black Men Who Identify with Brett Kavanaugh Are Missing". *The Atlantic*, 12 out. 2018. Disponível em: <www.theatlantic.com/ideas/archive/2018/10/why-black-men-relate-brett-kavanaugh/572776/>. Acesso em: 27 ago. 2021.

HITT, Jack; BLYTHE, Joan; BOSWELL, John; BOTSTEIN, Leon; KERRIGAN, William. "New Rules About Sex on Campus". *Harper's Magazine*, pp. 33-42, set. 1993.

HOCKENBERRY, John. "Exile". *Harper's*, out. 2018. Disponível em: <https://harpers.org/archive/2018/10/exile-4/>. Acesso em: 27 ago. 2021.

HONIG, Bonnie. "The Trump Doctrine and the Gender Politics of Power". *Boston Review*, 17 jul. 2018. Disponível em: <http://bostonreview.net/politics/bonnie-honig-trump-doctrine-and-gender-politics-power>. Acesso em: 27 ago. 2021.

HOOKS, bell. *Ain't I a Woman? Black Women and Feminism*. Londres: South End Press, 1981. [Ed. bras.: *E eu não sou uma mulher? Mulheres negras e feminismo*. Trad. de Bhuvi Libanio. Rio de Janeiro: Rosa dos Tempos, 2019.]

_____. *Feminist Theory: From Margin to Center*. Abington: Routledge, 1984. [Ed. bras.: *Teoria feminista: Da margem ao centro*. Trad. de Rainer Patriota. São Paulo: Perspectiva, 2019.]

_____. "Eros, Eroticism and the Pedagogical Process". *Cultural Studies*, v. 7, n. 1, pp. 58-64, 1993. [Ed. bras.: "Eros, erotismo e o processo pedagógico". In: *Ensinando a transgredir: A educação como prática da liberdade*. Trad. de Marcelo Brandão Cipolla. São Paulo: Martins Fontes, 2013, pp. 253-64.]

_____. "Embracing Freedom: Spirituality and Liberation". In: GLAZER, Steven (Org.). *The Heart of Learning: Spirituality in Education*. Nova York: Tarcher, Putnam, 1999.

HOOTON, Christopher. "A Long List of Sex Acts Just Got Banned in UK Porn". *Independent*, 2 dez. 2014. Disponível em: <www.independent.co.uk/news/uk/a-long-list-of-sex-acts-just-got-banned-in-uk-porn-9897174.html>. Acesso em: 27 ago. 2021.

HUNT, Krista. "'Embedded Feminism' and the War on Terror". In: HUNT, Krista; RYGIEL, Kim (Orgs.). *(En)Gendering the War on Terror: War Stories and Camouflaged Politics*. Farnham: Ashgate, 2006, pp. 51-71.

INCITE! Women of Color Against Violence (Org.). *Color of Violence: The INCITE! Anthology*. Durham: Duke University Press, 2016.

"INDIAN Police 'Gang-Rape Woman after She Fails to Pay Bribe'". *The Guardian*, 12 jun. 2014. Disponível em: <www.theguardian.com/world/2014/jun/12/indian-police-gang-rape-uttar-pradesh>. Acesso em: 27 ago. 2021.

INGALA SMITH, Karen (@K_IngalaSmith). Twitter, 2 set. 2019. Disponível em: <https://twitter.com/K_IngalaSmith/status/1168471738604228608>. Acesso em: 27 ago. 2021.

INGLIS, Amirah. *The White Women's Protection Ordinance: Sexual Anxiety and Politics in Papua*. Londres: Chatto and Windus, 1975.

"INTERNATIONAL Technical Guidance on Sexuality Education". Organização das Nações Unidas para a Educação, a Ciência e a Cultura (Unesco), rev. ed. (2018). Disponível em: <www.unaids.org/sites/default/files/media_asset/ITGSE_en.pdf>. Acesso em: 27 ago. 2021.

JACOBS, Katrien. "Internationalizing Porn Studies". *Porn Studies*, v. 1, n. 1-2, pp. 114-9, 2014.

JACOBS, Michelle S. "The Violent State: Black Women's Invisible Struggle Against Police Violence". *William & Mary Journal of Race, Gender, and Social Justice*, v. 24, n. 1, pp. 39-100, 2017.

JAGET, Claude (Org.). *Prostitutes: Our Life*. Bristol: Falling Wall Press, 1980.

JAIN, Uday. "White Marxism: A Critique of Jacobin Magazine". *New Socialist*, 11 ago. 2017. Disponível em: <https://newsocialist.org.uk/white-marxism-critique/>. Acesso em: 27 ago. 2021.

JAMES, Selma. *Women, the Unions and Work: Or What Is Not to Be Done*. Workshop pela Libertação das Mulheres de Notting Hill, 1972.

_____. *Sex, Race and Class*. Bristol: Falling Wall Press, 1975.

JAYANETTI, Chaminda. "Scale of Police Sexual Abuse Claims Revealed". *The Observer*, 18 maio 2019. Disponível em: <www.theguardian.com/uk-news/2019/may/18/figures-reveal-true-extent-of-police-misconduct-foi>. Acesso em: 27 ago. 2021.

JAYAWARDENA, Kumari. *Feminism and Nationalism in the Third World*. Londres, Nova York: Verso, 2016 [1986].

JEFFREYS, Sheila. "The Need for Revolutionary Feminism". *Scarlet Woman*, n. 5, pp. 10-2, 1977.

_____. "Let Us Be Free to Debate Transgenderism without Being Accused of 'Hate Speech'". *The Guardian*, 29 maio 2012. Disponível em: <www.theguardian.com/commentisfree/2012/may/29/transgenderism-hate-speech>. Acesso em: 27 ago. 2021.

JOHNSON, Cedric. "The Wages of Roediger: Why Three Decades of Whiteness Studies Has Not Produced the Left We Need". nonsite.org, 9 set. 2019. Disponível em: <https://nonsite.org/the-wages-of-roediger-why-three-decades-of-whiteness-studies-has-not-produced-the-left-we-need/>. Acesso em: 27 ago. 2021.

_____. "The Triumph of Black Lives Matter and Neoliberal Redemption". nonsite.org, 9 jun. 2020. Disponível em: <https://nonsite.org/the-triumph-of-black-lives-matter-and-neoliberal-redemption/>. Acesso em: 27 ago. 2021.

JOLLY, Joanna. "Does India Have a Problem with False Rape Claims?". BBC News, 8 fev. 2017. Disponível em: <www.bbc.co.uk/news/magazine-38796457>. Acesso em: 27 ago. 2021.

JOLLY, Margaretta. *Sisterhood and after: An Oral History of the UK Women's Liberation Movement, 1968-Present*. Oxford: Oxford University Press, 2019.

JONES, Claudia. "An End to the Neglect of the Problems of the Negro Woman!" [1949]. In: DAVIES, Carole Boyce (Orgs.). *Claudia Jones: Beyond Containment*. Bunbury: Ayebia Clarke Publishing, 2011, pp. 74-86.

JULIAN, Kate. "Why Are Young People Having So Little Sex?". *The Atlantic*, dez. 2018. Disponível em: <www.theatlantic.com/magazine/archive/2018/12/the-sex-recession/573949/>. Acesso em: 27 ago. 2021.

KAJSTURA, Aleks. "Women's Mass Incarceration: The Whole Pie 2019". *Prison Policy Initiative*, 29 out. 2019. Disponível em: <www.prisonpolicy.org/reports/pie2019women.html>. Acesso em: 27 ago. 2021.

KASSIRER, Kay (Org.). *A Whore's Manifesto: An Anthology of Writing and Artwork by Sex Workers*. Portland: Thorntree Press, 2019.

KELLY, Kate; ENRICH, David. "Kavanaugh's Yearbook Page Is 'Horrible, Hurtful' to a Woman It Named". *The New York Times*, 24 set. 2018. Disponível em: <www.nytimes.com/2018/09/24/business/brett-kavanaugh--yearbook-renate.html>. Acesso em: 27 ago. 2021.

KELLY, Liz; LOVETT, Jo; REGAN, Linda. "A Gap or a Chasm?: Attrition in Reported Rape Cases". *Home Office Research Study*, n. 293, 2005. Disponível em: <webarchive.nationalarchives.gov.uk/20100418065544/homeoffice.gov.uk/rds/pdfs05/hors293.pdf>. Acesso em: 27 ago. 2021.

KEMPADOO, Kamala. "Victims and Agents of Crime: The New Crusade Against Trafficking". In: SUDBURY, Julia (Org.). *Global Lockdown: Race, Gender and the Prison-Industrial Complex*. Abington: Routledge, 2005, pp. 35-55.

KIMMEL, Michael. *Angry White Men: American Masculinity at the End of an Era*. Nova York: Nation Books, 2013.

KINCAID, James R. "Pouvoir, Félicité, Jane, et Moi (Power, Bliss, Jane, and Me)". *Critical Inquiry*, v. 25, n. 3, pp. 610-6, 1999.

KIPNIS, Laura. *Unwanted Advances: Sexual Paranoia Comes to Campus*. Nova York: HarperCollins, 2017.

KLEIN, Ezra. "'Yes Means Yes' Is a Terrible Law, and I Completely Support It". *Vox*, 13 out. 2014. Disponível em: <www.vox.com/2014/10/13/6966847/yes-means-yes-is-a-terrible-bill-and-i-completely-support-it>. Acesso em: 27 ago. 2021.

KNOPP, Fay Honey. *Instead of Prisons: A Handbook for Abolitionists*. Prison Research Education Action Project, 1976.

KOLLONTAI, Alexandra. "Love and the New Morality". In: _____. *Sexual Relations and the Class Struggle/Love and the New Morality*. Trad. de Alix Holt. Bristol: Falling Wall, 1972.

KOTISWARAN, Prabha. "Governance Feminism in the Postcolony: Reforming India's Rape Laws". In: HALLEY, Janet; KOTISWARAN, Prabha; REBOUCHÉ, Rachel; SHAMIR, Hila. *Governance Feminism: An Introduction*. Minneapolis: University of Minnesota Press, 2018, pp. 75-148.

KRUG, Etienne G.; DAHLBERG, Linda L.; MERCY, James A.; ZWI, Anthony B.; LOZANO, Rafael (Orgs.). "World Report on Violence and Health". World Health Organisation (2002). Disponível em: <https://apps.who.int/iris/bitstream/handle/10665/42495/9241545615_eng.pdf>. Acesso em: 27 ago. 2021.

KULICK, Don. "Sex in the New Europe: The Criminalization of Clients and Swedish Fear of Penetration". *Anthropological Theory*, v. 3, n. 2, pp. 199-218, 2003.

KUSHNER, Rachel. "Is Prison Necessary? Ruth Wilson Gilmore Might Change Your Mind". *The New York Times Magazine*, 17 abr. 2019. Disponível em: <www.nytimes.com/2019/04/17/magazine/prison-abolition--ruth-wilson-gilmore.html>. Acesso em: 27 ago. 2021.

LANGTON, Rae. "Speech Acts and Unspeakable Acts". *Philosophy and Public Affairs*, v. 22, n. 4, pp. 293-330, 1993.

_____. "Is Pornography Like the Law?". In: MIKKOLA, Mari (Org.). *Beyond Speech: Pornography and Analytic Feminist Philosophy*. Oxford: Oxford University Press, 2017, pp. 23-38.

LAVIN, Talia. *Culture Warlords: My Journey into the Dark Web of White Supremacy*. Paris: Hachette, 2020.

LE Dœuff, Michèle. *Hipparchia's Choice: An Essay Concerning Women, Philosophy, etc.* Trad. de Trista Selous. Nova York: Columbia University Press, 2007 [1989].

LEWIS, Sophie. *Full Surrogacy Now: Feminism Against Family*. Londres, Nova York: Verso, 2019.

LIM, Audrea. "The Alt-Right's Asian Fetish". *The New York Times*, 6 jan. 2018. Disponível em: <www.nytimes.com/2018/01/06/opinion/sunday/alt--right-asian-fetish.html>. Acesso em: 27 ago. 2021.

LIN, Ming-Jen. "Does Democracy Increase Crime? The Evidence from International Data". *Journal of Comparative Economics*, v. 35, n. 3, pp. 467-83, 2007.

LONGEAUX Y VÁSQUEZ, Enriqueta. "The Mexican-American Woman". In: MORGAN, Robin (Org.). *Sisterhood is Powerful: An Anthology of Writings from the Women's Liberation Movement*. Nova York: Vintage, 1970, pp. 379-84.

LORDE, Audre. "Uses of the Erotic: The Erotic as Power" [1978]. In: _____. *Sister Outsider*. Berkeley: Crossing, 1984, pp. 53-9. [Ed. bras.: "Usos do erótico: O erótico como poder". In: *Irmã outsider: Ensaios e conferências*. Trad. de Stephanie Borges. Belo Horizonte: Autêntica, 2019, pp. 67-74.]

LYONS, Matthew N. *Insurgent Supremacists: The U.S. Far Right's Challenge to State and Empire*. Oakland, Montreal: PM Press; Kersplebedeb, 2018.

MAC, Juno; SMITH, Molly. *Revolting Prostitutes*. Londres, Nova York: Verso, 2018.

MACK, Margaret H. "Regulating Sexual Relationships between Faculty and Students". *Michigan Journal of Gender & Law*, v. 6, n. 1, pp. 79-112, 1999.

MACKINNON, Catharine A. *Sexual Harassment of Working Women: A Case of Sex Discrimination*. New Haven: Yale University Press, 1979.

_____. "Feminism, Marxism, Method, and the State: Toward Feminist Jurisprudence". *Signs*, v. 8, n. 4, pp. 635-58, 1983.

_____. "Sexuality, Pornography, and Method: 'Pleasure under Patriarchy'". *Ethics*, v. 99, n. 2, pp. 314-46, 1989.

_____. *Toward a Feminist Theory of the State*. Cambridge (EUA): Harvard University Press, 1991 [1989].

_____. *Only Words*. Cambridge (EUA): Harvard University Press, 1996 [1993].

_____. "Rape Redefined". *Harvard Law & Policy Review*, v. 10, n. 2, pp. 431-77, 2016.

MAKING Herstory (@MakeHerstory1). Twitter, 2 set. 2019. Disponível em: <https://twitter.com/MakeHerstory1/status/1168527528186785794>. Acesso em: 27 ago. 2021.

MALAMUTH, Neil M.; ADDISON, Tamara; KOSS, Mary. "Pornography and Sexual Aggression: Are There Reliable Effects and Can We Understand Them?". *Annual Review of Sex Research*, v. 11, n. 1, pp. 26-91, 2000.

MANNE, Kate (@kate_manne). Twitter, 25 ago. 2018. Disponível em: <https://twitter.com/kate_manne/status/1033420304830349314>. Acesso em: 27 ago. 2021.

MANSON, Marianna; LUST, Erika. "Feminist Porn Pioneer Erika Lust on the Cultural Cornerstones of Her Career". *Phoenix*, 31 maio 2018. Disponível em: <www.phoenixmag.co.uk/article/feminist-porn-pioneer-erika-lust--on-the-cultural-cornerstones-of-her-career/>. Acesso em: 27 ago. 2021.

MATHIESON, Thomas. *The Politics of Abolition Revisited*. Abington: Routledge, 2015 [1974].

MATTHEIS, Ashley. "Understanding Digital Hate Culture". CARR: Centre for the Analysis of the Radical Right, 19 ago. 2019. Disponível em: <www.radicalrightanalysis.com/2019/08/19/understanding-digital-hate-culture/>. Acesso em: 27 ago. 2021.

MCGRATH, Ann. "'Black Velvet': Aboriginal Women and Their Relations with White Men in the Northern Territory 1910-40". In: DANIELS, Kay (Org.). *So Much Hard Work: Women and Prostitution in Australian History*. Fontana Books, 1984, pp. 233-97.

MCLAUGHLIN, Eliott C. "Police Officers in the US Were Charged with More than 400 Rapes Over a 9-Year Period". CNN, 19 out. 2018. Disponível em: <https://edition.cnn.com/2018/10/19/us/police-sexual-assaults-maryland-scope/index.html>. Acesso em: 27 ago. 2021.

MCVEIGH, Tracy. "Can Iceland Lead the Way Towards a Ban on Violent Online Pornography?". *The Observer*, 16 fev. 2013. Disponível em: <www.theguardian.com/world/2013/feb/16/iceland-online-pornography>. Acesso em: 27 ago. 2021.

MESCH, Gustavo S. "Social Bonds and Internet Pornographic Exposure Among Adolescents". *Journal of Adolescence*, v. 32, n. 3, pp. 601-18, 2009.

MGBAKO, Chi Adanna. *To Live Freely in This World: Sex Worker Activism in Africa*. Nova York: NYU Press, 2016.

MILL, John Stuart. "On Liberty". In: PHILP, Mark; ROSEN, Frederick (Orgs.). *On Liberty, Utilitarianism, and Other Essays*. Oxford: Oxford World

Classics, 2015 [1859], pp. 1-112. [Ed. bras.: "Sobre a liberdade". In: *Sobre a liberdade & A sujeição das mulheres*. Trad. de Paulo Geiger. São Paulo: Penguin Companhia das Letras, 2017, pp. 57-197.]

MILLS, Charles W. "European Spectres". *The Journal of Ethics*, v. 3, n. 2, pp. 133-55, 1999.

MILLWARD, Jon. "Deep Inside: A Study of 10000 Porn Stars and Their Careers". *Jon Millward: Data Journalist*, 14 fev. 2013. Disponível em: <https://jonmillward.com/blog/studies/deep-inside-a-study-of-10000--porn-stars/>. Acesso em: 27 ago. 2021.

MINISTÉRIO da Saúde e do Bem-Estar da Família do governo da Índia, "National Family Health Survey (NFHS-4)", 2015-6, p. 568. Disponível em: <https://dhsprogram.com/pubs/pdf/FR339/FR339.pdf>. Acesso em: 27 ago. 2021.

MINISTÉRIO do Interior e Escritório de Estatísticas Nacionais, "An Overview of Sexual Offending in England and Wales", 2013. Disponível em: <https://www.gov.uk/government/statistics/an-overview-of-sexual-offending-in-england-and-wales>. Acesso em: 27 ago. 2021.

MIREN, Frankie. "British BDSM Enthusiasts Say Goodbye to Their Favorite Homegrown Porn". *Vice*, 1 dez. 2014. Disponível em: <www.vice.com/en_uk/article/nnqybz/the-end-of-uk-bdsm-282>. Acesso em: 27 ago. 2021.

MITCHELL, Juliet. *Women's Estate*. Londres, Nova York: Verso, 2015 [1971].

MITRA, Durba. *Indian Sex Life: Sexuality and the Colonial Origins of Modern Social Thought*. New Haven: Princeton University Press, 2020.

MOHANTY, Chandra. "Under Western Eyes: Feminist Scholarship and Colonial Discourses". *boundary 2*, v. 12, n. 3, pp. 333-58, 1984.

MONTGOMERY, Blake (@blakersdozen). Twitter, 31 mar. 2020. Disponível em: <https://twitter.com/blakersdozen/status/1245072167689060353?lang=en>. Acesso em: 27 ago. 2021.

MORAGA, Cherríe; ANZALDÚA, Gloria E. *This Bridge Called My Back: Writings by Radical Women of Color*. Londres: Persephone Press, 1981.

MORGAN, Robin. "Goodbye to All That" [1970]. In: ALBERT, Judith Clavir; ALBERT, Stewart Edward (Orgs.). *The Sixties Papers: Documents of a Rebellious Decade*. Westport: Praeger, 1984, pp. 509-16.

_____. "Theory and Practice: Pornography and Rape" [1974]. In: LEDERER, Laura (Org.). *Take Back the Night: Women on Pornography*. Nova York: William Morrow and Company, 1980, pp. 134-47.

MULVEY, Laura. "Visual Pleasure and Narrative Cinema". *Screen*, v. 16, n. 3, pp. 6-18, 1975. [Ed. bras.: "Prazer visual e cinema narrativo". In: XAVIER, Ismael (Org.). *A experiência do cinema: Antologia*. Trad. de João Luiz Vieira. Rio de Janeiro, São Paulo: Paz & Terra, 2018, pp. 420-39.]

MURPHY, Meghan. "Ross Douthat Revealed the Hypocrisy in Liberal Feminist Ideology, and They're Pissed". *Feminist Currents*, 4 maio 2018.

Disponível em: <www.feministcurrent.com/2018/05/04/ross-douthat--revealed-hypocrisy-liberal-feminist-ideology-theyre-pissed/>. Acesso em: 27 ago. 2021.

NASH, Jennifer C. "Strange Bedfellows: Black Feminism and Antipornography Feminism". *Social Text*, v. 26, n. 4, pp. 51-76, 2008.

_____. *The Black Body in Ecstasy: Reading Race, Reading Pornography*. Durham: Duke University Press, 2014.

NATIONAL Domestic Workers Alliance (2020). Disponível em: <www.domesticworkers.org/>. Acesso em: 27 ago. 2021.

NATIONAL Registry of Exonerations, The. Disponível em: <www.law.umich.edu/special/exoneration/Pages/about.aspx>. Acesso em: 27 ago. 2021.

NEW YORK Radical Feminists, *Rape: The First Sourcebook for Women*. Noreen Connell e Cassandra Wilson (Orgs.). Nova York: New American Library, 1974.

NEWMAN, Sandra. "What Kind of Person Makes False Rape Accusations?". *Quartz*, 11 maio 2017. Disponível em: <https://qz.com/980766/the-truth--about-false-rape-accusations/>. Acesso em: 27 ago. 2021.

NG, Celeste (@pronounced_ing). Twitter, 2 jun. 2015. Disponível em: <https://twitter.com/pronounced_ing/status/605922260298264576>. Acesso em: 27 ago. 2021.

_____ Twitter, 17 mar. 2018. Disponível em: <https://twitter.com/pronounced_ing/status/975043293242421254>. Acesso em: 27 ago. 2021.

_____. "When Asian Women Are Harassed for Marrying Non-Asian Men". *The Cut*, 12 out. 2018. Disponível em: <www.thecut.com/2018/10/when--asian-women-are-harassed-for-marrying-non-asian-men.html>. Acesso em: 27 ago. 2021.

NORTH, Anna. "Plenty of Conservatives Really Do Believe Women Should Be Executed for Having Abortions". *Vox*, 5 abr. 2018. Disponível em: <www.vox.com/2018/4/5/17202182/the-atlantic-kevin-williamson-twitter-abortion-death-penalty>. Acesso em: 27 ago. 2021.

ODDONE-PAOLUCCI, Elizabeth; GENIUS, Mark; VIOLATO, Claudio. "A Meta-Analysis of the Published Research on the Effects of Pornography". In: _____. *The Changing Family and Child Development*. Farnham (ING): Ashgate, 2000, pp. 48-59.

ORENSTEIN, Peggy. *Girls & Sex: Navigating the Complicated New Landscape*. Londres: OneWorld, 2016. [Ed. bras.: *Garotas & sexo*. Trad. de Rachel Botelho. Rio de Janeiro: Zahar, 2017.]

PALAZZOLO, Joe. "Racial Gap in Men's Sentencing". *The Wall Street Journal*, 14 fev. 2013. Disponível em: <www.wsj.com/articles/SB10001424127887324432004578304463789858002>. Acesso em: 27 ago. 2021.

PAPE, John. "Black and White: The 'Perils of Sex' in Colonial Zimbabwe". *Journal of Southern African Studies*, v. 16, n. 4, pp. 699-720, 1990.

PARK, Madison. "Kevin Spacey Apologizes for Alleged Sex Assault with a Minor". CNN, 31 out. 2017. Disponível em: <www.cnn.com/2017/10/30/entertainment/kevin-spacey-allegations-anthony-rapp/index.html>. Acesso em: 27 ago. 2021.

"PERPETRATORS of Sexual Violence: Statistics". *Rainn (Rape, Abuse & Incest National Network)*. Disponível em: <www.rainn.org/statistics/perpetrators-sexual-violence>. Acesso em: 27 ago. 2021.

PETERSON, Jordan. "Biblical Series IV: Adam and Eve: Self-Consciousness, Evil, and Death". *The Jordan B. Peterson*. Podcast, 2017. Disponível em: <www.jordanbpeterson.com/transcripts/biblical-series-iv/>. Acesso em: 27 ago. 2021.

PETERSON, Ruth D.; Bailey, William C. "Forcible Rape, Poverty, and Economic Inequality in U.S. Metropolitan Communities". *Journal of Quantitative Criminology*, v. 4, n. 2, pp. 99-119, 1988.

PETITJEAN, Clément; GILMORE, Ruth Wilson. "Prisons and Class Warfare: An Interview with Ruth Wilson Gilmore". *Verso*, 2 ago. 2018. Disponível em: <www.versobooks.com/blogs/3954-prisons-and-class-warfare-an-interview-with-ruth-wilson-gilmore>. Acesso em: 27 ago. 2021.

PETROSKY, Emiko; BLAIR, Janet M.; BETZ, Carter J.; FOWLER, Katherine A.; JACK, Shane P. D.; LYONS, Bridget H. "Racial and Ethnic Differences in Homicides of Adult Women and the Role of Intimate Partner Violence — US, 2003-2014". *Morbidity and Mortality Weekly Report*, v. 66, n. 28, pp. 741-6, 2017.

PHETERSON, Gail (Org.). *A Vindication of The Rights of Whores*. Nova York: Seal Press, 1989.

PINSKER, Joe. "The Hidden Economics of Porn". *The Atlantic*, 4 abr. 2016. Disponível em: <www.theatlantic.com/business/archive/2016/04/pornography-industry-economics-tarrant/476580/>. Acesso em: 27 ago. 2021.

PLATÃO. *Republic*. C. D. C. Reeve (Org.). Trad. de G. M. A. Grube. Hackett, 1991.

PLATT, Lucy; GRENFELL, Pippa; MEIKSIN, Rebecca; ELMES, Jocelyn; SHERMAN, Susan G.; SANDERS, Teela; MWANGI, Peninah; CRAGO, Anna-Louise. "Associations between Sex Work Laws and Sex Workers' Health: A Systematic Review and Meta-Analysis of Quantitative and Qualitative Studies". *PLoS Medicine*, v. 15, n. 12, pp. 1-54, 2018.

POLAVARAPU, Aparna. "Global Carceral Feminism and Domestic Violence: What the West Can Learn from Reconciliation in Uganda". *Harvard Journal of Law & Gender*, v. 42, n. 1, pp. 123-75, 2018.

PORNHUB Insights, "2017 Year in Review". Pornhub, 9 jan. 2018. Disponível em: <www.pornhub.com/insights/2017-year-in-review>. Acesso em: 27 ago. 2021.

_____, "2019 Year in Review". Pornhub, 11 dez. 2019. Disponível em: <www.pornhub.com/insights/2019-year-in-review>. Acesso em: 27 ago. 2021.

PUGH, Martin. *Women and the Women's Movement in Britain since 1914*. Londres: Palgrave, 2015 [1992].

PURVES, Libby. "Indian Women Need a Cultural Earthquake". *The Times*, 31 dez. 2012. Disponível em: <www.thetimes.co.uk/article/indian-women-need-a-cultural-earthquake-mtgbgxd3mvd>. Acesso em: 27 ago. 2021.

RABUY, Bernadette; KOPF, Daniel. "Prisons of Poverty: Uncovering the Pre-Incarceration Incomes of the Imprisoned". *Prison Policy Initiative*, 9 jul. 2015. Disponível em: <www.prisonpolicy.org/reports/income.html>. Acesso em: 27 ago. 2021.

RANA, Aziz; BRITTON-PURDY, Jedediah. "We Need an Insurgent Mass Movement". *Dissent*, inverno 2020. Disponível em: <www.dissentmagazine.org/article/we-need-an-insurgent-mass-movement>. Acesso em: 27 ago. 2021.

RAND, Jacki Thompson. *Kiowa Humanity and the Invasion of the State*. Lincoln: University of Nebraska Press, 2008.

REAGON, Bernice Johnson. "Coalition Politics: Turning the Century" [1981]. In: SMITH, Barbara (Org.). *Home Girls: A Black Feminist Anthology*. Nova York: Kitchen Table: Women of Color Press, 1983, pp. 356-68.

"REDSTOCKINGS Manifesto" [1969]. In: MORGAN, Robin (Org.). *Sisterhood Is Powerful: An Anthology of Writings from the Women's Liberation Movement*. Nova York: Vintage, 1970, pp. 533-6.

REED JR., Adolph. "Response to Eric Arnesen". *International Labor and Working-Class History*, n. 60, pp. 69-80, 2001.

_____. "Unraveling the Relation of Race and Class in American Politics". *Advance the Struggle*, 11 jun. 2009. Disponível em: <https://advancethestruggle.wordpress.com/2009/06/11/how-does-race-relate-to-class-a-debate/>. Acesso em: 27 ago. 2021.

_____. "Rejoinder". *Advance the Struggle*, 11 jun. 2009. Disponível em: <https://advancethestruggle.wordpress.com/2009/06/11/how-does-race-relate-to-class-a-debate/>. Acesso em: 27 ago. 2021.

_____. "The Limits of Anti-Racism". *Left Business Observer*, set. 2009. Disponível em: <www.leftbusinessobserver.com/Antiracism.html>. Acesso em: 27 ago. 2021.

_____. "Antiracism: A Neoliberal Alternative to a Left". *Dialectical Anthropology*, v. 42, pp. 105-15, 2018.

_____. "The Trouble with Uplift". *The Baffler*, n. 41, set. 2018. Disponível em: <https://thebaffler.com/salvos/the-trouble-with-uplift-reed>. Acesso em: 27 ago. 2021.

_____. "Socialism and the Argument against Race Reductionism". *New Labor Forum*, v. 29, n. 2, pp. 36-43, 2020.

_____; MICHAELS, Walter Benn. "The Trouble with Disparity". *Common Dreams*, 15 ago. 2020. Disponível em:<www.commondreams.org/views/2020/08/15/trouble-disparity>. Acesso em: 27 ago. 2021.

REES, Jeska. "A Look Back at Anger: The Women's Liberation Movement in 1978". *Women's History Review*, v. 19, n. 3, pp. 337-56, 2010.

"RELATÓRIO do Comitê de Revisão da Lei da Prostituição, sobre a operação da reforma de 2003", ministro da Justiça da Nova Zelândia (2008). Disponível em: <https://prostitutescollective.net/wp-content/uploads/2016/10/report--of-the-nz-prostitution-law-committee-2008.pdf>. Acesso em: 27 ago. 2021.

RICH, Adrienne. "Taking Women Students Seriously" [1978]. In: *On Lies, Secrets, and Silence: Selected Prose, 1966-1978*. Londres: Virago, 1984 [1980], pp. 237-45.

_____. "Compulsory Heterosexuality and Lesbian Existence" [1980]. *Journal of Women's History*, v. 15, n. 3, pp. 11-48, 2003.

RICHARDS, Tara N.; CRITTENDEN, Courtney; GARLAND, Tammy S.; MC-GUFFEE, Karen. "An Exploration of Policies Governing Faculty-to-Student Consensual Sexual Relationships on University Campuses: Current Strategies and Future Directions". *Journal of College Student Development*, v. 55, n. 4, pp. 337-52, 2014.

RICHIE, Beth E. *Arrested Justice: Black Women, Violence, and America's Prison Nation*. Nova York: NYU Press, 2012.

ROBIN, Corey. "The Erotic Professor". *The Chronicle of Higher Education*, 13 maio 2018. Disponível em: <www.chronicle.com/article/the-erotic-professor/>. Acesso em: 27 ago. 2021.

ROBINSON, Cedric J. *Black Marxism: The Making of the Black Radical Tradition*. Chapel Hill: University of North Carolina Press, 2000 [1983].

ROBINSON, Russell K.; FROST, David M. "LGBT Equality and Sexual Racism". *Fordham Law Review*, v. 86, n. 6, pp. 2739-54, 2018.

ROEDIGER, David R. *The Wages of Whiteness: Race and the Making of the American Working Class*. Londres, Nova York: Verso, 2007 [1991].

ROMANO, Aja. "#WomenBoycottTwitter: An All-Day Protest Inspires Backlash from Women of Color". *Vox*, 13 out. 2017. Disponível em: <www.vox.com/culture/2017/10/13/16468708/womenboycotttwitter-protest-backlash-women-of-color>. Acesso em: 27 ago. 2021.

_____. "How the Alt-Right's Sexism Lures Men into White Supremacy". *Vox*, 26 abr. 2018. Disponível em: <www.vox.com/culture/2016/12/14/13576192/alt-right-sexism-recruitment>. Acesso em: 27 ago. 2021.

RONSON, Jon. "The Butterfly Effect". *Audible*, 2017, ep. 4: "Children". Disponível em: <www.jonronson.com/butterfly.html>. Acesso em: 27 ago. 2021.

ROSEN, Jeffrey. "Ruth Bader Ginsburg Opens Up about #MeToo, Voting Rights, and Millennials". *The Atlantic*, 15 fev. 2018. Disponível em: <www.theatlantic.com/politics/archive/2018/02/ruth-bader-ginsburg-opens-up-about--metoo-voting-rights-and-millenials/553409/>. Acesso em: 27 ago. 2021.

ROSER, Max; RITCHIE, Hannah; ORTIZ-OSPINA, Esteban. "Internet". *Our World in Data*, 2017. Disponível em: <https://ourworldindata.org/internet>. Acesso em: 27 ago. 2021.

ROSS, Becki L. "'It's Merely Designed for Sexual Arousal': Interrogating the Indefensibility of Lesbian Smut" [1997]. In: CORNELL, Drucilla (Org.). *Feminism and Pornography*. Oxford: Oxford University Press, 2007 [2000], pp. 264-317.

ROYALLE, Candida. "Porn in the USA" [1993]. In: CORNELL, Drucilla (Org.). *Feminism and Pornography*. Oxford: Oxford University Press, 2007 [2000], pp. 540-50.

RUBIN, Gayle. "Blood under the Bridge: Reflections on 'Thinking Sex'". *GLQ: A Journal of Lesbian and Gay Studies*, v. 17, n. 1, pp. 15-48, 2011.

RUSSELL, Polly. *Unfinished Business*. The British Library, 2020. Disponível em: <www.bl.uk/podcasts>. Acesso em: 27 ago. 2021.

RYAN, Lisa. "Hockenberry Accusers Speak Out after *Harper's* Publishes Essay". *The Cut*, 12 set. 2018. Disponível em: <https://www.thecut.com/2018/09/john-hockenberry-accusers-harpers-essay.html>. Acesso em: 27 ago. 2021.

RYZIK, Melena; BUCKLEY, Cara; KANTOR, Jodi. "Louis C. K. Is Accused by 5 Women of Sexual Misconduct". *The New York Times*, 9 nov. 2017. Disponível em: <www.nytimes.com/2017/11/09/arts/television/louis-ck-sexual-misconduct.html>. Acesso em: 27 ago. 2021.

SANGER, Carol. "The Erotics of Torts". *Michigan Law Review*, v. 96, n. 6, pp. 1852-83, 1998.

SAWYER, Wendy "The Gender Divide: Tracking Women's State Prison Growth". *Prison Policy Initiative* (2018). Disponível em: <www.prisonpolicy.org/reports/women_overtime.html>. Acesso em: 27 ago. 2021.

_____; WAGNER, Peter. "Mass Incarceration: The Whole Pie 2020". *Prison Policy Initiative*, 24 mar. 2020. Disponível em: <www.prisonpolicy.org/reports/pie2020.html>. Acesso em: 27 ago. 2021.

SCALES, Ann. "Avoiding Constitutional Depression: Bad Attitudes and the Fate of *Butler*" [1994]. In: CORNELL, Drucilla (Org.). *Feminism and Pornography*. Oxford: Oxford University Press, 2007 [2000], pp. 318-44.

SCULLY, Pamela. "Rape, Race, and Colonial Culture: The Sexual Politics of Identity in the Nineteenth-Century Cape Colony, South Africa". *The American Historical Review*, v. 100, n. 2, pp. 335-59, 1995.

SEDGH, Gilda; BEARAK, Jonathan; SINGH, Susheela; BANKOLE, Akinrinola; POPINCHALK, Anna; GANATRA, Bela; ROSSIER, Clémentine; GERDTS, Caitlin; TUNÇALP, Özge; JOHNSON JR., Brooke Ronald; JOHNSTON, Heidi Bart; ALKEMA, Leontine. "Abortion Incidence between 1990 and 2014: Global, Regional, and Subregional Levels and Trends". *The Lancet*, v. 388, n. 10 041, pp. 258-67, 2016.

SESHIA, Maya. "Naming Systemic Violence in Winnipeg's Street Sex Trade". *Canadian Journal of Urban Research*, v. 19, n. 1, pp. 1-17, 2010.

"SEX and HIV Education". Guttmacher Institute, 1 jan. 2021. Disponível em: <www.guttmacher.org/state-policy/explore/sex-and-hiv-education>. Acesso em: 27 ago. 2021.

SEYMOUR, Richard. "Cultural Materialism and Identity Politics". *Lenin's Tomb*, 30 nov. 2011. Disponível em: <www.leninology.co.uk/2011/11/cultural-materialism-and-identity.html>. Acesso em: 27 ago. 2021.

SHAMIR, Hila. "Anti-Trafficking in Israel: Neo-Abolitionist Feminists, Markets, Borders, and the State". In: HALLEY, Janet; KOTISWARAN, Prabha; REBOUCHÉ, Rachel; SHAMIR, Hila (Orgs.). *Governance Feminism: An Introduction*. Minneapolis: University of Minnesota Press, 2018, pp. 149-200.

SHARPE, Jenny. *Allegories of Empire: The Figure of Woman in the Colonial Text*. Minneapolis: University of Minnesota Press, 1993.

SHAW, Yowei (u/believetheunit). "NPR Reporter Looking to Speak with Asian Women about Internalized Racism in Dating". Reddit, 6 jun. 2018. Disponível em: <www.reddit.com/r/asiantwoX/comments/8p3p7t/npr_reporter_looking_to_speak_with_asian_women/>. Acesso em: 27 ago. 2021.

_____; NATISSE, Kia Miakka. "A Very Offensive Rom-Com". *Invisibilia*, NPR, 2019. Disponível em: <www.npr.org/programs/invisibilia/710046991/a--very-offensive-rom-com>. Acesso em: 27 ago. 2021.

SHEEN, David. "Israel Weaponizes Rape Culture against Palestinians". *The Electronic Intifada*, 31 jan. 2017. Disponível em: <https://electronicintifada.net/content/israel-weaponizes-rape-culture-against-palestinians/19386>. Acesso em: 27 ago. 2021.

SHKLAR, Judith N. "The Liberalism of Fear". In: ROSENBLUM, Nancy L. (Org.). *Liberalism and the Moral Life*. Cambridge (EUA): Harvard University Press, 1989, pp. 21-38.

SIEGEL, Reva B. "Introduction: A Short History of Sexual Harassment". In: MACKINNON, Catharine A.; SIEGEL, Reva B. (Orgs.). *Directions in Sexual Harassment Law*. New Haven: Yale University Press, 2004, pp. 1-39.

SINGH, Nikhil Pal. "A Note on Race and the Left". *Social Text Online*, 31 jul. 2015. Disponível em: <https://socialtextjournal.org/a-note-on-race-and-the-left/>. Acesso em: 27 ago. 2021.

SMITH, Andrea. *Conquest: Sexual Violence and American Indian Genocide*. Londres: South End Press, 2005.

SMITH, Patrick; JAMIESON, Amber. "Louis C. K. Mocks Parkland Shooting Survivors, Asian Men, and Nonbinary Teens in Leaked Audio". BuzzFeed *News*, 31 dez. 2018. Disponível em: <www.buzzfeednews.com/article/patricksmith/louis-ck-mocks-parkland-shooting-survivors-asian-men--and?ref=hpsplash&bftw=&utm_term=4ldqpfp#4ldqpfp>. Acesso em: 27 ago. 2021.

SNITOW, Ann; STANSELL, Christine; THOMPSON, Sharon (Orgs.). *Powers of Desire: The Politics of Sexuality*. Nova York: Monthly Review Press, 1983, p. 460.

SOKOLOFF, Natalie J.; DUPONT, Ida. "Domestic Violence at the Intersections of Race, Class, and Gender: Challenges and Contributions to Understanding Violence Against Marginalized Women in Diverse Communities". *Violence Against Women*, v. 11, n. 1, pp. 38-64, 2005.

SOLANAS, Valerie. *SCUM Manifesto*. Londres, Nova York: Verso, 2015 [1967].

SOLNIT, Rebecca. "A Broken Idea of Sex is Flourishing. Blame Capitalism". *The Guardian*, 12 maio 2018. Disponível em: <www.theguardian.com/commentisfree/2018/may/12/sex-capitalism-incel-movement-misogyny-feminism>. Acesso em: 27 ago. 2021.

_____. "Men Explain *Lolita* to Me". *Literary Hub*, 17 dez. 2015. Disponível em: <https://lithub.com/men-explain-lolita-to-me/>. [Ed. bras.: "Homens me explicam *Lolita*". In: *A mãe de todas as perguntas: Reflexões sobre os novos feminismos*. Trad. de Denise Bottmann. São Paulo: Companhia das Letras, 2017.]

SPACEY, Kevin. "Let Me Be Frank". YouTube, 24 dez. 2018. Disponível em: <www.youtube.com/watch?v=JZveA-NAIDI>. Acesso em: 27 ago. 2021.

"SRE — The Evidence". *Sex Education Forum*, 1 jan. 2015. Disponível em: <www.sexeducationforum.org.uk/resources/evidence/sre-evidence>. Acesso em: 27 ago. 2021.

SRINIVASAN, Amia. "Sex as a Pedagogical Failure". *The Yale Law Journal*, v. 129, n. 4, pp. 1100-46, 2020.

STANLEY, Eric A.; SMITH, Nat (Orgs.). *Captive Genders: Trans Embodiment and the Prison Industrial Complex*. Oakland: AK Press, 2015.

"STATUTORY RSE: Are Teachers in England Prepared?". Sex Education Forum, 2018. Disponível em: <www.sexeducationforum.org.uk/sites/default/files/field/attachment/Statutory%20RSE%20-%20are%20teachers%20in%20England%20prepared.pdf>. Acesso em: 27 ago. 2021.

STEDMAN, Patrick (@Pat_Stedman). Twitter, 30 out. 2020. Disponível em: <https://twitter.com/Pat_Stedman/status/1322359911871819778>. Acesso em: 27 ago. 2021.

STERN, Alexandra Minna. *Proud Boys and the White Ethnostate: How the Alt-Right Is Warping the American Imagination*. Boston: Beacon Press, 2019.

STOYA. "Feminism and Me". *Vice*, 15 ago. 2013. Disponível em: <www.vice.com/en/article/bn5gmz/stoya-feminism-and-me>. Acesso em: 27 ago. 2021.

_____. "Can There Be Good Porn?". *The New York Times*, 4 mar. 2018. Disponível em: <www.nytimes.com/2018/03/04/opinion/stoya-good-porn.html>. Acesso em: 27 ago. 2021.

"STUDY Exposes Secret World of Porn Addiction". University of Sydney, 10 maio 2012. Disponível em: <http://sydney.edu.au/news/84.html?newscategoryid=1&newsstoryid=9176>. Acesso em: 27 ago. 2021.

SUDBURY, Julia. "Transatlantic Visions: Resisting the Globalization of Mass Incarceration". *Social Justice*, v. 27, n. 3, pp. 133-49, 2000.

SULLIVAN, Corrinne Tayce. "Indigenous Australian Women's Colonial Sexual Intimacies: Positioning Indigenous Women's Agency". *Culture, Health & Sexuality*, v. 20, n. 4, pp. 397-410, 2018.

SULLIVAN, Eileen. "Perceptions of Consensual Amorous Relationship Polices (CARPs)". *Journal of College and Character*, v. 5, n. 8, 2004.

SWINTH, Kirsten. *Feminism's Forgotten Fight*. Cambridge (EUA): Harvard University Press, 2018.

TARRANT, Shira. *The Pornography Industry: What Everyone Needs to Know*. Oxford: Oxford University Press, 2016.

TAYLOR, Keeanga-Yamahtta. *From #BlackLivesMatter to Black Liberation*. Chicago: Haymarket Books, 2016.

TAYLOR JR., Stuart. "Pornography Foes Lose New Weapon in Supreme Court". *The New York Times*, 25 fev. 1986. Disponível em: <www.nytimes.com/1986/02/25/us/pornography-foes-lose-new-weapon-in-supreme-court.html>. Acesso em: 27 ago. 2021.

"TECHNOLOGY and Female Hypergamy, and the Inegalitarian Consequences". *Château Heartiste*, 4 jan. 2018. Disponível em: <https://heartiste.org/2018/01/04/technology-and-female-hypergamy-and-the-inegalitarian-consequences/>. Acesso em: 27 ago. 2021.

"THE RECKONING: Women and Power in the Workplace". *The New York Times Magazine*, 13 dez. 2017. Disponível em: <www.nytimes.com/interactive/2017/12/13/magazine/the-reckoning-women-and-power-in-the--workplace.html>. Acesso em: 27 ago. 2021.

THORNEYCROFT, Ryan. "If Not a Fist, then What about a Stump? Ableism and Heteronormativity within Australia's Porn Regulations". *Porn Studies*, v. 7, n. 2, pp. 152-67, 2020.

THREADCRAFT, Shatema. "North American Necropolitics and Gender: On #BlackLivesMatter and Black Femicide". *South Atlantic Quarterly*, v. 116, n. 3, pp. 553-79, 2017.

TICKTIN, Miriam. "Sexual Violence as the Language of Border Control: Where French Feminist and Anti-Immigrant Rhetoric Meet". *Signs*, v. 33, n. 4, pp. 863-89, 2008.

TOLENTINO, Jia. "Jian Ghomeshi, John Hockenberry, and the Laws of Patriarchal Physics". *The New Yorker*, 17 set. 2018. Disponível em: <www.newyorker.com/culture/cultural-comment/jian-ghomeshi-john-hockenberry-and-the-laws-of-patriarchal-physics>. Acesso em: 27 ago. 2021.

TOMPKINS, Jane. *A Life in School: What the Teacher Learned*. Boston: Addison-Wesley, 1996.

TOOBIN, Jeffrey. "X-Rated". *The New Yorker*, pp. 70-8, 3 out. 1994.

_____. "The Trouble with Sex". *The New Yorker*, pp. 48-55, 9 fev. 1998.

TOOMING, Uku. "Active Desire". *Philosophical Psychology*, v. 32, n. 6, pp. 945--68, 2019.

TOUPIN, Louise. *Wages for Housework: A History of an International Feminist Movement, 1972-77*. Londres: Pluto Press, 2018.

TROYAN, Cassandra. *Freedom & Prostitution*. [S.l.]: The Elephants, 2020.

TURNER, Dan A. "Letter from Brock Turner's Father" (2016). Disponível em: <www.stanforddaily.com/2016/06/08/the-full-letter-read-by-brock-turners-father-at-his-sentencing-hearing/>. Acesso em: 27 ago. 2021.

"UK'S Controversial 'Porn Blocker' Plan Dropped". BBC News, 16 out. 2019. Disponível em: <www.bbc.co.uk/news/technology-50073102>. Acesso em: 27 ago. 2021.

VIRDEE, Satnam. *Racism, Class and the Racialised Outsider*. Londres: Red Globe Press, 2014.

"VIRGINIA'S Justin Fairfax Compared Himself to Lynching Victims in an Impromptu Address". YouTube, 25 fev. 2019. Disponível em: <www.youtube.com/watch?v=ZTaTssa2d8E>. Acesso em: 27 ago. 2021.

VITALE, Alex S. *The End of Policing*. Londres, Nova York: Verso, 2017.

WACQUANT, Loïc. *Punishing the Poor: The Neoliberal Government of Social Insecurity*. Durham: Duke University Press, 2009.

WAGNER, Kyle. "The Future of The Culture Wars Is Here, and It's Gamergate". *Deadspin*, 14 out. 2014. Disponível em: <https://deadspin.com/the-future-of-the-culture-wars-is-here-and-its-gamerga-1646145844>. Acesso em: 27 ago. 2021.

WALMSLEY, Roy. "World Female Imprisonment", 3. ed. *World Prison Brief*. Disponível em: <www.prisonstudies.org/sites/default/files/resources/downloads/world_female_imprisonment_list_third_edition_0.pdf>. Acesso em: 27 ago. 2021.

WALSH, Kelly; HUSSEMANN, Jeanette; FLYNN, Abigail; YAHNER, Jennifer; GOLIAN, Laura. "Estimating the Prevalence of Wrongful Convictions". *Office of Justice Programs' National Criminal Justice Reference Service*, 2017. Disponível em: <https://nij.ojp.gov/library/publications/estimating-prevalence-wrongful-convictions>. Acesso em: 27 ago. 2021.

WANDOR, Michelene. *Once a Feminist: Stories of a Generation*. Londres: Virago, 1990.

WANG, Jackie. *Carceral Capitalism*. Cambridge (EUA): MIT Press, 2018.

WARE, Vron. *Beyond the Pale: White Women, Racism and History*. Londres, Nova York: Verso, 1992.

WATKINS, Susan. "Which Feminisms?". *New Left Review*, n. 109, pp. 5-76, jan.-fev. 2018.

WEBER, Max. "Politics as a Vocation" [1919]. In: OWEN, David; STRONG, Tracy B. (Orgs.). *Max Weber: The Vocation Lectures*. Trad. de Rodney Livingstone. Londres: Hackett, 2004, pp. 32-94. [Ed. bras.: *A política como vocação*. Trad. de Maurício Tragtenberg. Brasília: Editora UnB, 2003.]

WEEKS, Kathi. *The Problem with Work*: Feminism, Marxism, Antiwork Politics, and Postwork Imaginaries. Durham: Duke University Press, 2011.

WELLER, Sheila. "How Author Timothy Tyson Found the Woman at the Center of the Emmett Till Case". *Vanity Fair*, 26 jan. 2017. Disponível em: <www.vanityfair.com/news/2017/01/how-author-timothy-tyson-found-the-woman-at-the-center-of-the-emmett-till-case>. Acesso em: 27 ago. 2021.

WELLS, Ida B. "Southern Horrors: Lynch Laws in All Its Phases" [1892]. In: ROYSTER, Jacqueline Jones (Org.). *Southern Horrors and Other Writings:*

The Anti-Lynching Campaign of Ida B. Wells 1892-1900. Boston, Nova York: Bedford Books, 1997, pp. 49-72.

_____. "A Red Record. Tabulated Statistics and Alleged Causes of Lynchings in the United States, 1892-1893-1894". In: _____. *The Light of Truth*. Londres: Penguin, 2014 [1895], pp. 220-312.

WEST, Carolyn M.; JOHNSON, Kalimah. "Sexual Violence in the Lives of African American Women". National Online Resource Center on Violence against Women, 2013. Disponível em: <vawnet.org/sites/default/files/materials/files/2016-09/AR_SVAAWomenRevised.pdf>. Acesso em: 27 ago. 2021.

WEST, Lindy. *Shrill: Notes from a Loud Woman*. Londres: Quercus, 2016.

"WHAT'S the State of Sex Education In the U. S.?". *Planned Parenthood*. Disponível em: <www.plannedparenthood.org/learn/for-educators/whats--state-sex-education-us>. Acesso em: 27 ago. 2021.

WHIPP, Glenn. "A Year after #MeToo Upended the Status Quo, the Accused Are Attempting Comebacks — But Not Offering Apologies". *Los Angeles Times*, 5 out. 2018. Disponível em: <www.latimes.com/entertainment/la-ca--mn-me-too-men-apology-20181005-story.html>. Acesso em: 27 ago. 2021.

WILKERSON, William S. *Ambiguity and Sexuality: A Theory of Sexual Identity*. Londres: Palgrave Macmillan, 2007.

WILLIAMS, Cristan; MACKINNON, Catharine A. "Sex, Gender, and Sexuality: The TransAdvocate Interviews Catharine A. MacKinnon". TransAdvocate, 7 abr. 2015. Disponível em: <www.transadvocate.com/sex-gender-and--sexuality-the-transadvocate-interviews-catharine-a-mackinnon_n_15037.htm>. Acesso em: 27 ago. 2021.

WILLIAMS, Kristian. "A Look at Feminist Forms of Justice That Don't Involve the Police". *Bitch*, 20 ago. 2015. Disponível em: <www.bitchmedia.org/article/look-feminist-forms-justice-dont-involve-police>. Acesso em: 27 ago. 2021.

WILLIAMS, Linda. *Hard Core: Power, Pleasure, and the "Frenzy of the Visible"*. Berkeley: University of California Press, 1999 [1989].

WILLIS, Ellen. "Feminism, Moralism, and Pornography" [1979]. In: SNITOW, Ann; STANSELL, Christine; THOMPSON, Sharon (Orgs.). *Powers of Desire: The Politics of Sexuality*. Nova York: Monthly Review Press, 1983, pp. 460-7.

_____. "Lust Horizons: Is the Women's Movement Pro-Sex?" [1981]. In: _____. *No More Nice Girls: Countercultural Essays*. Minneapolis: University of Minnesota Press, 2012 [1992], pp. 3-14.

WILSON, Elizabeth. "The Context of 'Between Pleasure and Danger': The Barnard Conference on Sexuality". *Feminist Review*, v. 13, n. 1, pp. 35-41, 1983.

WINANT, Gabriel. "We Live in a Society: Organization Is the Entire Question". *n+1*, 12 dez. 2020. Disponível em: <https://nplusonemag.com/online-only/online-only/we-live-in-a-society/>. Acesso em: 27 ago. 2021.

_____. *The Next Shift: The Fall of Industry and the Rise of Health Care in Rust Belt America*. Cambridge (EUA): Harvard University Press, 2021.

WOOD, Ellen Meiksins. "Class, Race, and Capitalism". *Advance the Struggle*, 11 jun. 2009. Disponível em: <https://advancethestruggle.wordpress.com/2009/06/11/how-does-race-relate-to-class-a-debate/>. Acesso em: 27 ago. 2021.

WORDS to Fire (Org.). *Betrayal: A Critical Analysis of Rape Culture in Anarchist Subcultures*. [S.l.]: Words to Fire Press, 2013.

WRIGHT, Paul J.; FUNK, Michelle. "Pornography Consumption and Opposition to Affirmative Action for Women: A Prospective Study". *Psychology of Women Quarterly*, v. 38, n. 2, pp. 208-21, 2014.

WYPIJEWSKI, JoAnn. "What We Don't Talk about When We Talk about #MeToo". *The Nation*, 22 fev. 2018. Disponível em: <www.thenation.com/article/archive/what-we-dont-talk-about-when-we-talk-about-metoo/>. Acesso em: 27 ago. 2021.

YANG, Wesley. "The Face of Seung-Hui Cho". *n+1*, inverno 2008. Disponível em: <https://nplusonemag.com/issue-6/essays/face-seung-hui-cho/>. Acesso em: 27 ago. 2021.

_____. "The Passion of Jordan Peterson". *Esquire*, 1 maio 2018. Disponível em: <www.esquire.com/news-politics/a19834137/jordan-peterson-interview/>. Acesso em: 27 ago. 2021.

_____. "The Revolt of the Feminist Law Profs: Jeannie Suk Gersen and the Fight to Save Title IX from Itself". *The Chronicle of Higher Education*, 7 ago. 2019. Disponível em: <www.chronicle.com/article/the-revolt-of-the-feminist-law-profs/>. Acesso em: 27 ago. 2021.

"YARL'S Wood Centre: Home Office Letter to Protesters Attacked". BBC News, 6 mar. 2018. Disponível em: <www.bbc.co.uk/news/uk-england-beds-bucks-herts-43306966>. Acesso em: 27 ago. 2021.

YOFFE, Emily. "The Uncomfortable Truth about Campus Rape Policy". *The Atlantic*, 6 set. 2017. Disponível em: <www.theatlantic.com/education/archive/2017/09/the-uncomfortable-truth-about-campus-rape-policy/538974/>. Acesso em: 27 ago. 2021.

ZHENG, Robin. "Why Yellow Fever Isn't Flattering: A Case Against Racial Fetishes". *Journal of the American Philosophical Association*, v. 2, n. 3, pp. 400-19, 2016.

Índice remissivo

A

abolição: da prisão e polícia, 216-8, 223-4, 273n; do trabalho sexual, 195-201

aborígenes (mulheres e homens), 89, 96

aborto, 83, 196-7, 208

abstinência, 58, 92, 197; *ver também* celibato

abuso infantil, 56, 89, 210; *ver também* pedofilia

"Acredite nas mulheres" (#IBelieveHer), 27-9, 38

Agente Laranja, 150

Alexander vs. Yale University (assédio sexual e Título IX), 161, 255n

Alexander, Sally, 111

Amazon, 98, 219

anticoncepcionais, 84

antirracismo, 37, 138, 219, 220-2

asiáticas, mulheres, 137-40, 142-3

asiáticos, homens, 39, 116-7, 135, 138, 140, 143, 250n

assédio sexual, 39, 49, 73, 159-63, 165, 169, 175, 177, 178-80, 182-6, 189, 213-5

assistência médica, 197, 206-7, 215, 217

Atkinson, Ti-Grace, 108-9

B

Baartman, Sarah ("Vênus Hotentote"), 62

Baldwin, James, 221

Barnes, Paulette (recorrente no caso *Barnes vs. Costle*), 161-2

Barreca, Regina, 176

Barry, Kathleen, 192

Bartky, Sandra Lee, 133

Bauer, Nancy, 75

Beal, Frances M., 37

Beauvoir, Simone de, 12-3

Bernstein, Elizabeth, 201

Biden, Joe, 210

Bindel, Julie, 192

Black Lives Matter [Vidas Negras Importam] (movimento), 216-8

Bonsu, Kwadwo (e caso de estupro na Universidade de Massachusetts, em Amherst), 46-50, 52-3

Bradford, Danielle (e caso de assédio sexual na Universidade de Cambridge), 179-80

Brownmiller, Susan, 60, 192

Bruno vs. Codd (violência doméstica), 210

Burchill, Julie, 193

Burke, Tarana, 214

Bush, Laura, 212

C

C.K., Louis, 39, 42-3
capacitismo, 88, 99, 117, 127, 134
capitalismo, 57, 111, 130, 157, 189,
    199-200, 206-7, 218-23
Capitólio, motim do (janeiro de
    2021), 154
carceralismo *ver* encarceramento
celibato, 108, 110, 112, 155; *ver*
    também abstinência; *incels*
Cell 16 (grupo feminista), 108-9
Chin, Heather, 138
Cho, Seung-Hui (atirador da
    Virginia Tech), 141-2
Chu, Andrea Long, 121-3, 132-4
classe e opressão de classe:
    e "Acredite nas mulheres"
    (#IBelieveHer), 29; e educação
    superior, 188, 256*n*; e falsas
    alegações de estupro, 21-2; e
    feminismo, 110-1, 189, 198-
    215; e *incels*, 125, 151-2; e
    interseccionalidade, 37; e raça,
    216-9, 221, 269*n*; e sexo, 127,
    149; e Título IX, 184; e violência
    sexual, 31, 223-4
Clinton, Bill, 210
Clover, Carol, 96
"coeducação", mito da, 177
Collins, Patricia Hill, 62, 96
Combahee River (coletivo
    feminista), 37, 201
Comissão Federal de Direitos Civis
    (Estados Unidos), 210
Comissão Meese sobre pornografia,
    84
Conferência Mundial sobre a
    Mulher, realizada pela ONU, 211
Conferência sobre Sexo de Barnard
    (Nova York, 1982), 55, 57

consentimento, 13, 39, 41, 58;
    afirmativo, 51-2; e assédio
    sexual, 162; e feminismo,
    113-8, 215; e garotas, 75-6; e
    pornografia, 99; e sexo no
    campus, 49-52, 162-4,
    181, 187
contracepção e controle de
    natalidade, 84, 197
cooptação, 114, 223
Covid-19, pandemia de, 90, 222
creches, 111, 206-7, 210, 217, 222,
    225
Crenshaw, Kimberlé, 37
Cross, Katherine, 153

D

dalit, homens, 38
dalit, mulheres, 36, 38, 96, 204
Dalla Costa, Mariarosa, 156, 198
Davis, Angela, 30, 33, 37, 198, 217,
    221
decreto de crime motivado por
    preconceito em St. Paul, 79
deficiência, 14, 37, 40, 98, 116; *ver*
    também capacitismo
Devi, Punita (mulher do estuprador
    Jyoti Singh), 36-7
direito sexual, 105-6, 119, 123, 125,
    127, 135, 140, 144, 153, 158;
    e "teto de algodão", 144; e
    incels, 105-6, 125, 148, 150-2;
    e professores homens, 175; e
    trabalho sexual, 194-5
direitos LGBT, 84, 113, 123, 130
Douthat, Ross, 154-5, 157-8
Du Bois, W. E. B., 220
Dunbar-Ortiz, Roxanne, 108
DuVernay, Ava, 214

Dworkin, Andrea, 53, 56, 60, 66, 78, 80, 82, 84, 102, 192; e projeto de lei antipornografia, 78-83

Dworkin, Ronald, 66

E

Echols, Alice, 108

educação sexual, 72, 75, 91-3, 99, 101-2, 120, 197

encarceramento: de mulheres, 205; e classe, 20, 264n; e estupro, 232n; e falsas acusações de estupro, 20; e o Título IX, 185; e violência doméstica, 205; em massa, 20, 185, 264n, 268n; injusto, 232-3n

escravidão, 31, 62, 195, 219; e crime de estupro, 32

Escritório de Direitos Civis (Estados Unidos), 185

Estado, poder do, 20, 23, 44, 120, 157, 225; atitudes feministas em relação ao, 208-17; e mulheres negras, 32, 33; e mulheres pobres, 36; e pornografia, 80-4; e trabalho sexual, 196

estupro, 17-54, 223-4; centros de apoio às vítimas de estupro, 208; de homens, 20, 232n; de mulheres negras, 30-6, 136-7, 236n; e castas, 35-8, 237n; e colonialismo, 22, 233n, 235n; e consentimento afirmativo, 51-2; e direito ao sexo, 119, 126, 155; e polícia, 18, 20, 50, 136-7, 192, 224; e pornografia, 58-9, 61-2, 67, 78-9, 84, 96-7, 99; e punição, 207, 223-5; e universidades dos Estados Unidos, 48-52; falsas

acusações de, 20-2, 29, 33-4, 208; fantasias de estupro, 58, 114; marital, 19, 35, 240n; presunção de inocência, 27-8, 46

Exército indiano, 35

extrema direita, 154, 254n

F

Fairfax, Justin, 34

falsa consciência, 75, 113, 130

família, críticas da, 134, 156-7, 207, 222, 252n

Farley, Lin, 183

Federici, Silvia, 131, 156, 198-9

femcels, 149

feminilidade, 97, 122, 133-4, 198

feminismo: antidiscriminação, 207-8; antipornografia, 55-63, 65, 71, 189; antiprostituição, 189, 190-201; antissexo, 58, 108-12, 116; carcerário, 201-13, 215; e abolição das prisões, 216-7, 223-5, 273n; e anticapitalismo, 111, 155-6, 198, 221-2; e lésbicas, 110-2, 129-31, 134, 144; e liberalismo, 114; e mulheres trans, 57, 121-3, 144-5; Estados Unidos e "global", 207-13; interseccional *ver* interseccionalidade; pró-mulher, 108-10, 112-3; pró-sexo, 57-8, 112; revolucionário, 111; sexo-positivo, 112, 116-7; socialista e marxista, 111, 198, 221

Feministas Radicais de Nova York, 207

Feminists, The (grupo de libertação feminina), 108-9

Firestone, Shulamith, 30, 109

Floyd, George, 216-7, 219
"fodabilidade" e "falta de
fodabilidade", 106, 116, 135-7
Ford, Christine Blasey, 25-6
Forman Jr., James, 217
Fourier, Charles, 120
Fraser, Nancy, 157
Freud, Sigmund, 107, 165-8, 174, 181
Friedan, Betty, 207
Friedman, Jaclyn, 155
Furies, The (coletivo lésbico
radical), 110

G

Gallop, Jane, 159-60, 165, 169
Galston, Arthur (cientista que
descobriu a base química do
Agente Laranja), 149-50
Gamergate, 154
Garganta profunda (filme), 77, 88
Gay, Roxane, 214
gays, homens, 96-7, 117-8, 124, 128,
133, 144,-5, 158
gays, mulheres, 124, 131, 158; *ver
também* lésbicas
genitália, 144
Gersen, Jacob, 49
Gersen, Jeannie Suk, 49
Ghomeshi, Jian, 39, 54
Gilmore, Ruth Wilson, 217-8
Goldberg, Michelle, 40, 41, 54
Gorz, André, 199-200
Green, Leslie, 96-7
Grindr, 117-8
Grove Press, ocupação feminista
da, 59
Grupo Feminista Revolucionário
de Leeds, 111
"guerras da pornografia", 58

H

Halley, Janet, 49, 185
Hampton, Fred, 218
Hanson, Robin, 154-5, 157-8
Heller, Zoë, 76
"heterossexualidade compulsória",
129, 175
Hill, Anita, 34
"hipergamia feminina", 151
Hockenberry, John, 39, 43, 53-4
Holtzclaw, Daniel, 137
homofobia, 110, 112
homossexualidade, 123; *ver também*
gays, homens; gays, mulheres;
lesbianismo; LGBT, direitos
hooks, bell, 13, 37, 168, 178, 204-5,
220
Houston, Shine Louise, 100

I

identitária, política, 219, 271n
imigração e imigrantes, 29, 147-8,
185, 202-5, 214, 215, 217-9, 221;
e #MeToo, 214-5; e capitalismo,
220-1; e carceralismo, 202, 206,
208; e cuidados dos filhos, 208;
e trabalho sexual, 190, 192, 204
incels, 103, 105-7, 119, 125, 148-9, 151-8;
e a extrema direita, 154-5, 254n
indígenas/nativas americanas,
mulheres, 96, 235n, 237n
interseccionalidade, 37-8, 113, 116

J

Jain, Devaki, 211
James, Selma, 37, 156, 198, 222

310

Jeffreys, Sheila, 57, 111, 192
Jones, Claudia, 37
jornais clandestinos e a nova
    esquerda, 59

K

Kavanaugh, Brett, 25-7
Kelly, R., 32-4, 39
Kincaid, James, 169
Kipnis, Laura, 49
Klein, Ezra, 51
Kollontai, Alexandra, 13

L

Langton, Rae, 71
latino-americanos (mulheres,
    homens e crianças), 73, 152,
    203, 209
Le Dœuff, Michèle, 187
Lei da Violência Contra a Mulher
    (VAWA, na sigla em inglês,
    Estados Unidos, 1994), 210
Lei dos Direitos Civis (Estados
    Unidos, 1964), 160-1
Lei Maria da Penha (Brasil, 2006),
    202
Lei SB 967 ("sim significa sim"),
    51-2
lesbianismo, 58, 85, 100, 114, 121,
    129-31, 185, 201; e feministas,
    110-2, 116; e sadomasoquismo,
    112; político, 110-1, 123, 131
LGBT, direitos, 84, 113, 123, 130
liberdade de expressão, 55, 78, 80-
    2, 87, 91
liberdade sexual, 12, 113
Lim, Audrea, 143

linchamento, 34-5, 38, 54
Longeaux y Vásquez, Enriqueta, 37
Lorde, Audre, 13, 133
Lust, Erika, 100, 112, 114-5

M

Mac, Juno, 193-4, 197-8, 200
MacKinnon, Catharine, 13, 41,
    52, 61-2, 65-7, 78, 80-2, 84, 93,
    107, 136, 145, 161, 183, 192, 224;
    e assédio sexual, 161, 183; e
    projeto de lei antipornografia,
    78-84
Manorama, Thangjam, 35
Marjory Stoneman Douglas High
    School, tiroteio na (2018), 146
McGowan, Rose, 214
Meghwal, Delta, 36
mens rea (mente culpada), 41
*Meritor Savings Bank vs.
    Vinson* (assédio sexual e
    consentimento), 162
#MeToo (movimento), 38, 40-2, 53-
    4, 213
mídias sociais, 44, 46, 146, 189, 213
Milano, Alyssa, 214
Miller, Chanel, 24
Mitchell, Juliet, 111, 213
Moraga, Cherríe, 37
Morgan, Robin, 59-60, 84
Movimento Nacional de Libertação
    das Mulheres (Reino Unido),
    110-2
Mras (ativistas pelos direitos dos
    homens), 151
"MRAsians", 138
Mulheres Contra a Pornografia
    (Women Against Pornography,
    WAP), 60

Mulheres Contra a Violência Contra as Mulheres (Women Against Violence Against Women, WAVAW), 61
Mulvey, Laura, 94-5

N

Naragon, Kristine (caso *Naragon vs. Wharton*, relação aluna-professora), 184
Nash, Jennifer, 96
Nassar, Larry, 215
nativas americanas/indígenas, mulheres, 96, 235*n*, 237*n*
negras, mulheres e garotas, 113, 190, 208, 236*n*; e #MeToo, 214; e assédio sexual, 162; e estupro, 27, 30-1, 33-4, 38, 157; e pornografia, 62, 96-7; e racismo sexual, 116, 123, 133, 135; e violência, 32-4, 234*n*, 236*n*; e violência doméstica, 203
negros, homens e garotos, 27, 52, 208, 234; e falsas acusações de estupro, 21-2, 29, 33-4, 208-9; e racismo sexual, 133, 140; e violência doméstica, 203; e violência policial, 32-3, 217
neoliberalismo, 156
New Haven Law Collective, 161
Ng, Celeste, 139, 142
Nixon, Cynthia, 131
Nixon, Richard M., 150, 208
Northam, Ralph, 34
nova direita, 83-4
nova esquerda, 59

O

Olivarius, Ann, 180
"opressão comum", 204-6, 220
Orenstein, Peggy, 73, 75-6
Organização Nacional de Mulheres (NOW, na sigla em inglês), 207
orgasmo, 100, 245*n*
orientação sexual, 110, 144
#OscarsSoWhite (hashtag), 214

P

pandemia de Covid-19, 90, 222
Panteras Negras, 218
patriarcado, 30, 42, 46, 52-3, 55-6, 59, 61, 63, 87, 93, 106-9, 112-3, 116, 119, 122, 156, 175-6, 179, 184, 191, 193-4, 200-1
pedagogia, 69, 160, 164-5, 181, 187, 256*n*
pedofilia, 17; *ver também* abuso infantil
Penny, Laurie, 155
Persky, Aaron, 24
Peterson, Jordan, 141, 151, 154-5
Plataforma de Ação de Pequim (1995), 211-2
Platão, 92, 166, 181
polícia, 17-21, 32-3, 36, 44, 48, 50, 82, 88, 103, 147, 192, 196, 202-3, 216-8; corte de dinheiro da, 216-8; e estupro, 18, 20, 50, 136-7, 192, 224
política identitária, 219, 271*n*
política prefigurativa, 134-5
PornHub, 67-8, 73, 88-9, 98-9
pornografia, 55-102, 112; agressão sexual masculina, 66-7; atos sexuais proibidos, 86-7; campanhas contra, 60-1; como

discurso, 78-82; e algoritmos, 98;
e estupro, 58-9, 61-2, 67, 78-9, 84,
96-7, 99; e identificação egóica,
94; e legislação antipornografia,
78-91, 210; e raça, 62, 96; efeitos
ideológicos, 68-72; espectadoras
mulheres, 95; filmes pornô,
77, 88, 94-5, 101; "guerras da
pornografia", 58; pornografia
femdom (de dominação
feminina), 85-7; pornografia
feminista e alternativa, 99-101;
pornografia gay, 96-7; produtoras
mulheres, 99
prazer sexual, 55, 59, 95, 113; e
feminismo pró-sexo, 113; e
mulheres jovens, 64, 75, 245*n*;
e Platão, 166; e pornografia, 94-
5, 97, 100
preferência sexual, 110, 120, 124,
129, 159
prefigurativa, política, 134-5
presunção de inocência, 27-8, 46
prostituição *ver* trabalho sexual
Proud Boys, 154
psicanálise, 166, 170, 174, 181; *ver
também* Freud, Sigmund;
transferência
psicoterapia, 180-1
punição, 41, 46, 53, 104, 194-5, 207,
215, 223, 226
Purves, Libby, 31

racismo, 23, 117, 125-7, 130, 137, 148-
9, 202, 219-21; e capitalismo,
269-70*n*; sexual, 116, 118,
123, 133-5, 140; *ver também*
antirracismo
Reagan, Ronald, 84, 163, 209
Reagon, Bernice Johnson, 15
Red Pill, 154
Reddit, 105, 119, 138-9, 151
"redistribuição de sexo", 154-5
Redstockings (grupo feminista
radical), 109-10
Reed, Adolph, 218-20
reformismo, 111, 199, 207
Registro Nacional de Exonerações
(Estados Unidos), 21
Reign, April, 214
renda básica, 120, 217, 222
Rich, Adrienne, 13, 129-30, 163,
175, 177
Richie, Beth, 209
Robin, Corey, 256*n*
Rodger, Elliot, 103-7, 119, 125-6, 139,
146-9
Roe vs. Wade (legalização do aborto),
83
Roediger, David, 15
Ronell, Avital, 174
Ronson, Jon, 68
Rowbotham, Sheila, 111
Royalle, Candida, 99
Rubin, Gayle, 57

R

R. vs. Butler (pornografia), 82
R. vs. Cogan e Leak (estupro e *mens
rea*), 41-2
R.A.V. vs. cidade de St. Paul
(queima da cruz e liberdade de
expressão), 79

S

Salah, Alaa, 15
Salários pelo trabalho doméstico,
campanha [Wages for
Housework], 198-9
SB 967 ("sim significa sim"), 51-2
Scalia, Antonin, 79

Schroeder, Renate, 26
Scully, Pamela, 236*n*
separatismo, 35, 58, 108-9, 111, 134
Shaw, Yowei, 138, 142
Shitty Media Men [Homens de
    merda da mídia] (lista), 45
Shklar, Judith, 119
Singh, Jyoti, 30-1, 35-6
slash fiction yaoi (gênero pornô), 88
Smith, Karen Ingala, 190
Smith, Molly, 193-4, 197-8, 200
Snitow, Ann, 163
Snuff (filme), 60
Sobrevivi a R. Kelly (dream
    hampton), 32
Sócrates, 166
Solanas, Valerie, 87, 108
Solnit, Rebecca, 119, 155-6
"solucionismo pessoal", 109
Spacey, Kevin, 39-40
Spencer, Richard, 143
Stansell, Christine, 163
Stoltenberg, John, 70
Stoya (atriz pornô), 72, 86, 91

T

Tarrant, Shira, 99
"teto de algodão", 121, 144
Thomas, Clarence, 34
Thompson, Sharon, 163
Thorneycroft, Ryan, 88
Threadcraft, Shatema, 32-3
Three Percenters, 154
Till, Emmett, 22
Time's Up (fundo de defesa legal),
    215
Tinder, 118
Título IX (lei federal que proíbe a
    discriminação sexual em campus

universitários dos Estados
    Unidos), 49-50, 52, 161, 174, 184-5
Tolentino, Jia, 54
Tompkins, Jane, 188
Toronto, ataque de van em (2018),
    146, 150, 154
trabalho sexual, 115, 189-201, 204,
    217, 261-2*n*; e "camming"
    (exibição sexual em câmeras),
    90; legislação contra, 89-91
trans, mulheres e homens, 39, 121,
    133, 185; e direitos trans, 121-
    2, 130; e feministas lésbicas,
    144; e fodabilidade, 116; e
    interseccionalidade, 113; e
    pornografia, 100; e transfobia,
    117, 120, 145; feminismo e
    mulheres trans, 57, 121-3, 144-5
transferência (noção freudiana),
    165-6, 174, 180
Trump, Donald, 146-7, 152-4, 209
Turner, Brock, 24, 215
Tyson, Vanessa, 34

U

Unite the Right, 154
universidades dos Estados Unidos:
    e assédio sexual, 160, 162-
    3, 174, 180, 184-5; e estupro,
    48-52; e regulamentação dos
    relacionamentos professor-
    aluno, 160, 162-3; *ver também*
    Título IX
Universidade Colgate (e Título IX),
    29, 185
University College London (e sexo
    entre professor-aluno), 163
Urban Chick Supremacy Cell (site),
    86-7

Urrutia, Itziar Bilbao (dominatrix), 86-7

V

Vance, Carole, 55, 57
Vidas negras importam (movimento Black Lives Matter), 216-8
Vingança de Jennifer, A (filme), 61
Vinson, Mechelle (autora da ação no caso *Meritor Savings Bank vs. Vinson*), 162
violência doméstica, 33, 66, 202-3, 205, 208-10, 212; e políticas de detenção, 202-3, 210

W

Wages for Housework, campanha [Salários pelo trabalho doméstico], 198-9
Walker, Alice, 62, 96
Watkins, Susan, 206-8
Watson, Meredith, 34
Weber, Max, 194
Weinstein, Harvey, 28-9, 39, 41, 45, 214-5
Wells, Ida B., 21-2, 38
West, Lindy, 124, 132
Wilkerson, William, 131
Williams, Cristan, 145
Williams, Linda, 100
Williamson, Kevin, 197
Willis, Ellen, 83, 96, 109, 112-6
Women Against Pornography (WAP, Mulheres Contra a Pornografia), 60
Women Against Violence Against Women (WAVAW, Mulheres Contra a Violência Contra as Mulheres), 61
#WomenBoycottTwitter (hashtag), 214
Workshop pela Libertação das Mulheres de Notting Hill (grupo), 222
Wortham, Jenna, 43-4

Y

Yale, Universidade, 27, 161, 163, 180, 186
Yang, Wesley, 141
yaoi, *slash fiction* (gênero pornô), 88

The Right to Sex: Feminism in the Twenty-First Century © Amia Srinavasian, 2021

Todos os direitos desta edição reservados à Todavia.

Venda proibida em Portugal.

Grafia atualizada segundo o Acordo Ortográfico da Língua Portuguesa de 1990, que entrou em vigor no Brasil em 2009.

capa
adaptação da capa original de Rodrigo Corral
para Farrar, Straus and Giroux
composição
Jussara Fino
preparação
Julia Passos
índice remissivo
Luciano Marchiori
revisão
Ana Maria Barbosa
Jane Pessoa

Dados Internacionais de Catalogação na Publicação (CIP)

Srinivasan, Amia (1984-)
O direito ao sexo : Feminismo no século XXI / Amia Srinivasan ; tradução Maria Cecilia Brandi. — 1. ed. — São Paulo : Todavia, 2021.

Título original: The Right to Sex : Feminism in the Twenty-First Century
ISBN 978-65-5692-205-8

1. Ensaios. 2. Feminismo. 3. Sexo. 4. Pornografia.
5. Assédio. 6. Sociedade patriarcal. 7. Estudos femininos. 8. Sociologia. 9. Ciência política.
10. Desigualdade. I. Brandi, Maria Cecilia. II. Título.

CDD 305.42

Índice para catálogo sistemático:
1. Feminismo : Emancipação da mulher 305.42

Bruna Heller — Bibliotecária — CRB 10/2348

todavia
Rua Luís Anhaia, 44
05433.020 São Paulo SP
T. 55 11. 3094 0500
www.todavialivros.com.br

fonte
Register*
papel
Pólen soft 80 g/m²
impressão
Geográfica